現代社会を読む経営学 ④

転換期の株式会社

拡大する影響力と改革課題

Hosokawa Takashi　Sakurai Toru
細川 孝・桜井 徹 編著

ミネルヴァ書房

「現代社会を読む経営学」刊行にあたって

　未曾有の経済的危機のなかで「現代社会を読む経営学」（全15巻）は刊行されます。今般の危機が20世紀後半以降の世界の経済を圧倒した新自由主義的な経済・金融政策の破綻の結果であることは何人も否定できないでしょう。

　しかし，新自由主義的な経済・金融政策の破綻は，今般の経済危機以前にも科学的に予測されたことであり，今世紀以降の歴史的事実としてもエンロンやワールドコム，ライブドアや村上ファンドなどの事件（経済・企業犯罪）に象徴されるように，すでに社会・経済・企業・経営の分野では明白であったといえます。とりわけ，近年における労働・雇用分野における規制緩和は深刻な矛盾を顕在化させ，さまざまな格差を拡大し，ワーキング・プアに象徴される相対的・絶対的な貧困を社会現象化させています。今回の「恐慌」ともたとえられる経済危機は，直接的にはアメリカ発の金融危機が契機ではありますが，本質的には20世紀後半以降の資本主義のあり方の必然的な帰結であるといえます。

　しかし他方では，この間の矛盾の深刻化に対応して，企業と社会の関係の再検討，企業の社会的責任（CSR）論や企業倫理のブーム化，社会的起業家への関心，NPOや社会的企業の台頭，若者のユニオンへの再結集などという現象も生み出されています。とりわけ，今般の危機の中における非正規労働者を中心とした労働・社会運動の高揚には労働者・市民の連帯の力と意義を再認識させるものがあります。

　このような現代の企業，経営，労働を取り巻く状況は，経営学に新たな課題を数多く提起すると同時に，その解明の必要性・緊急性が強く認識されています。現実の変化を社会の進歩，民主主義の発展という視点から把握し，変革の課題と方途について英知を結集することが経営学研究に携わる者の焦眉の課題であるでしょう。

　しかも，今日，私たちが取り組まなければならない大きな課題は，現代社会の労働と生活の場において生起している企業・経営・労働・雇用・環境などをめぐる深刻な諸問題の本質をどのように理解し，どのように対処すべきかを，そこで働き生活し学ぶ多くの労働者，市民，学生が理解できる内容と表現で問いかけることであるといえます。従来の研究成果を批判的に再検討すると同時に，最新の研究成果を吸収し，斬新な問題提起を行いながら，しかも現代社会の広範な人々に説得力をもつ経営学の構築が強く求められています。「現代社会を読む経営学」の企画の趣旨，刊行の意義はここにあります。

「現代社会を読む経営学」編者一同

はしがき

　本書は「現代社会を読む経営学」(全15巻)の1冊として刊行される。本書の冒頭にも示された「『現代社会を読む経営学』刊行にあたって」には，今日の状況が簡潔に示されているが，それは同時に「現代社会を読む経営学」が求められる時代背景でもある。

　20世紀末から21世紀の初めの時期にかけて，世界を席捲した新自由主義，市場原理主義の潮流は今日，その矛盾を露呈し，世界経済は，深刻な危機のまっただ中にある。同時に，それを克服し，新しい時代の胎動を示す動きも広がりつつある。このような下で，現状を深く解明し，改革の課題と展望を示していくことが，わたしたちの経営学研究にも期待されていると受け止めたい。

　さて，本書は，資本主義経済の発展にとって不可欠の役割を果たし，資本主義最大の発明とさえいわれる株式会社を対象に，経営学の立場から考察を試みたものである。終章で指摘するとおり，株式会社はまさに現代のリバイアサン(巨大生物)として存在し，われわれの生活に大きな影響を与えるようになっている。

　同時に，注目しなければならないのは，新自由主義，市場原理主義が広がるもとで，株式会社のありようも大きく転換されてきたということである。株式会社論の研究にとって，今日の株式会社の実態を解明することは喫緊の課題となっている。

　株式会社のありようが大きく変化したという点で，日本はとりわけ顕著な国の一つであった。20世紀末に新たな展開を見せるようになったグローバリゼーションは，新自由主義的なグローバリゼーションであった。それはアメリカへの一極集中，アメリカ・モデルのスタンダード化という様相が強く，日本はその影響を最も強く受けてきたのである。そのことは，「株主資本主義」と表現される株式会社の実態だけでなく，制度面でもアメリカの会社制度をモデル

にしたことに端的に示されている（例えば，委員会（等）設置会社の導入）。

このようなことから，本書のタイトルにある「転換期」は次のようなことを意図している。まず，グローバリゼーションと新自由主義経済政策の下で，株式会社のありようが大きく変化していくという実態をとらえるということである。そして，そのような実態を踏まえ，株式会社について問い直し，株式会社を社会的に規制する方向を考察するということである。この点に関わっては，社会的規制とあいまって，企業の社会的責任が果たす機能が重要になっていることにも言及している。

本書は，「第Ⅰ部　現代日本の株式会社」と「第Ⅱ部　株式会社の国際比較」の2部から構成される。第Ⅰ部では，新自由主義，市場原理主義が広がるもとで，日本の株式会社のありようが大きく転換されたことを，商法等の改正や会社法の制定という制度面だけでなく，株式所有の実態や，株主行動と経営者行動の変化などの考察を通じて明らかにしている。第Ⅱ部では，アメリカ，ドイツ，ロシア，中国を対象にして，株式会社の多様なあり方を解明し，日本の株式会社の特質を明らかにしようとしている。その上で，終章は，株式会社改革の展望に言及している。

本書は，現代日本の株式会社をめぐる全体像を示そうとしたものであるが，同時に，株式会社論（あるいは企業論）のテキストということを強く意識して編集している。この点で，本書の意図がどれだけ実現できたかについて，読者の忌憚のないご批判を心よりお願いしたい。

なお，本書では，今日の株式会社論にとって重要なテーマとなっているコーポレート・ガバナンスやCSR（企業の社会的責任）には十分には言及していない。これはそれぞれ直接に主題とする巻が「現代社会を読む経営学」には含まれているためである（第5巻『コーポレート・ガバナンスと経営学』と第6巻『CSRと経営学』）。本書とあわせて一読願いたい。また，株式会社論から見ても注目される，新しい経営組織の胎動を明らかにしている『NPOと社会的企業の経営学』（第10巻）も参照されたい。

本書の各章を執筆いただいた執筆者各位に，編者として心より御礼申し上げたい。編者の願いを受け入れてくださり，その意図に添って短期間のうちに執

はしがき

筆いただいた。

　本書の作成にあたって，ミネルヴァ書房編集部の梶谷修氏には，企画の段階から完成に至るまで多大な労をとっていただいた。当初の刊行予定よりもやや遅れたもののこうして本書を刊行できるのは，同氏の温かいご支援とご配慮があってのことである。

2009年6月

細川　孝
桜井　徹

転換期の株式会社
――拡大する影響力と改革課題――

目　次

はしがき

序　章　現代社会と株式会社 …………………………………細川　孝… *1*
　　　　——グローバリゼーションと新自由主義経済政策の下で——
　　1　存在意義を問われる今日の株式会社 ………………………………… *1*
　　2　グローバル資本主義と日本経済 ……………………………………… *2*
　　3　転換期を迎えた日本の株式会社 ……………………………………… *6*
　　4　現代における株式会社と株式会社論の課題 ……………………… *12*

第Ⅰ部　現代日本の株式会社

第**1**章　企業形態の発展と株式会社 ……………………芳澤輝泰… *17*
　　1　企業形態の発展過程 ………………………………………………… *17*
　　2　株式会社普及の歴史的経緯 ………………………………………… *23*
　　3　株式会社の制度的特徴 ……………………………………………… *25*
　　4　大規模公開会社の実態 ……………………………………………… *30*

第**2**章　会社法の制定と株式会社 ………………………小松　章… *36*
　　1　会社法の誕生 ………………………………………………………… *36*
　　2　会社法前史：商法の歴史 …………………………………………… *37*
　　3　会社法の検討 ………………………………………………………… *42*
　　4　会社法と現実の経営課題 …………………………………………… *54*

第**3**章　株式会社の機関設計とコーポレート・ガバナンス
　　　　……………………………………………………佐久間信夫… *57*
　　1　機関設計の多様化 …………………………………………………… *57*
　　2　監査役会設置会社 …………………………………………………… *62*
　　3　監査役設置会社における取締役会の問題点とその改革 ………… *70*
　　4　委員会設置会社の機関と運営 ……………………………………… *74*

目　次

第4章　取締役会の改革と会社経営者……………………片岡　進…78
　　1　株式会社における会社機関と取締役会 ……………………78
　　2　株式会社における会社経営者 ………………………………82
　　3　取締役会改革の方向性 ………………………………………91
　　4　取締役会改革の意義と限界 …………………………………94

第5章　株式所有構造と株主行動の変化 ……………瀬川新一…98
　　1　戦後日本の株式所有構造 ……………………………………98
　　2　額面発行増資と時価発行増資 ……………………………104
　　3　バブル経済崩壊後の株式所有構造 ………………………108
　　4　米国機関株主とコーポレート・ガバナンス ……………112
　　5　日本における機関投資家と株主行動 ……………………116

第6章　持株会社解禁と企業集団の新展開 …………安達房子…126
　　1　独占禁止法9条と企業集団 ………………………………126
　　2　持株会社に対する規制の変遷 ……………………………127
　　3　純粋持株会社解禁を契機にした企業グループの展開 …131
　　4　六大企業集団の展開 ………………………………………136
　　5　純粋持株会社解禁と企業集団の展望 ……………………140

第Ⅱ部　株式会社の国際比較

第7章　アメリカにおける株式会社 ……………………今西宏次…145
　　　　——新自由主義と株式会社——
　　1　アメリカにおける株式会社の歴史的展開 ………………145
　　2　アメリカにおけるコーポレート・ガバナンス論の展開 …150
　　3　取締役会の改革とコーポレート・ガバナンス …………155
　　4　日本へのインプリケーション：むすびにかえて ………159

ix

第8章　ドイツにおける株式会社 …………………………前田　淳… 165
　　　　──社会的市場経済と株式会社──
　　1　社会的市場経済の理念と政策 ……………………………… 165
　　2　ドイツの株式会社とその特質 ……………………………… 175
　　3　近年の動向：EUとグローバル化の中で ………………… 188

第9章　ロシアにおける株式会社 …………………………藤原克美… 193
　　　　──移行経済と株式会社──
　　1　ロシアにおける株式会社の復活 …………………………… 193
　　2　株式会社の法的枠組み ……………………………………… 197
　　3　株式会社の所有構造とコーポレート・ガバナンス ……… 203
　　4　超巨大企業と国家関与 ……………………………………… 210
　　5　ロシアの株式会社と移行経済：まとめにかえて ………… 213

第10章　中国における株式会社 ……………………………中屋信彦… 217
　　　　──「社会主義市場経済」と株式会社──
　　1　中国と株式会社 ……………………………………………… 217
　　2　中国政府と株式会社 ………………………………………… 218
　　3　中国の株式会社の趨勢 ……………………………………… 222
　　4　国有企業の株式会社化の現実 ……………………………… 223
　　5　「社会主義市場経済」と株式会社 ………………………… 228
　　6　創業者株の流動化と生産手段の公的所有をめぐって …… 230
　　7　今後の展望 …………………………………………………… 234

終　章　現代株式会社の社会的責任と社会的規制 ………桜井　徹… 239
　　　　──企業不祥事を中心に──
　　1　現代日本における株式会社の位置 ………………………… 239
　　2　株式会社規制の3つの方法 ………………………………… 243
　　3　企業不祥事とその原因 ……………………………………… 246
　　4　社会的規制の下でのCSR：株式会社の将来 …………… 254

索　引……255

序　章

現代社会と株式会社
——グローバリゼーションと新自由主義経済政策の下で——

　株式会社は資本主義経済の発展にとって不可欠の役割を果たしてきました。しかし，今日では，巨大化した株式会社のもつ社会性，公共性の側面と，私的資本としての側面のもつ矛盾は深刻なものになっています。それは，どのような背景から生じているのでしょうか。資本主義のありようの変化との関係で考えてみましょう。そして，巨大化した株式会社の社会に対する責任を果たさせるために，何が必要となっているか考えてみましょう。

1　存在意義を問われる今日の株式会社

　資本主義企業形態には，個人企業，合名会社，合資会社，株式会社など，多様な形態が含まれている。企業形態の具体的なありようは国や地域によって様々であるが，共通しているのは，株式会社が大きな社会的影響力をもっているということである。大企業といわれる場合には，ほとんどの企業が株式会社の形態をとっている。

　今日の資本主義経済の発展にとって，株式会社の存在は不可欠のものであったといえよう。広く社会から資本を調達し，生産力の発展を可能にしてきたのは，株式会社に他ならない。株式会社は，資本主義企業形態の中で最も発展した形態であるといわれるのは，このような意味においてである（詳しくは，第1章を参照）。

　株式会社制度本来の趣旨にそった株式会社，すなわち巨大化し，株式公開されている株式会社の存在は，社会的な生産力を高める一方で，否定的な側面をあわせもっている。社会性，公共性を高める一方で，私的資本としての性格との矛盾を強めているのである。今日の社会は企業，とりわけ株式会社の存在なしには，成り立たない。その一方で，利潤追求によって，市民生活や地球環境

などに深刻な影響を与えている。

今日では,社会における株式会社のありよう,社会からの株式会社に対する制御のあり方が厳しく問われている。コーポレート・ガバナンス（企業統治）やCSR（企業の社会的責任）をめぐる議論と実践が活発になっているのも,このような背景からである。

本書は,以上のような問題意識に基づいて,日本の株式会社の現状を経営学的に考察し,日本の株式会社を改革していく上での課題と展望を明らかにしようとするものである。そのような課題を考察するに際して,歴史的な視点と同時に国際比較の視点が重要であると思われる。それは,グローバル資本主義といわれる今日の社会にあって,とりわけ日本では,アメリカ的なグローバリゼーションへの追随がみられ,株式会社のありようも大きく様変わりしているからである。

本章では,第Ⅰ部,第Ⅱ部での考察に先だって,グローバル資本主義の下での日本の株式会社の動向を概括的に論じることによって,本書の課題に言及していきたい。以下では,まず,20世紀末における資本主義の変容を,グローバル資本主義の展開として認識し,その下での日本経済の動向を概観する。そして,日本経済の動向が,株式会社制度に与えた影響を考察し,1990年代以降に進んだ株式会社制度改革のもつ意味について考えていきたい。

2　グローバル資本主義と日本経済

1　1990年代に進展したグローバリゼーション

グローバリゼーションは,今日の企業・経営を考察するのに不可欠なキーワードである。グローバリゼーションが,今日的な意味で検討されるようになったのは,1980年代末から1990年代はじめにかけての時期に,グローバリゼーションが新たな段階に達したからに他ならない。

グローバリゼーションの進展は,資本主義のありようを変革し,今日の資本主義は,「グローバル資本主義」と表現される。グローバル資本主義は,20世紀末に広がり,新自由主義,グローバリゼーション,金融化の3つによって特

徴づけられる。

　新自由主義は，今日のグローバリゼーションの支柱となった理論である。第二次世界大戦後の資本主義諸国では，ケインズ主義の経済政策が展開された。経済過程への国家の積極的な介入が行われ，いわゆる福祉国家がめざされた。しかし，1970年代のドル危機，石油危機を契機として，国家財政の赤字が深刻化し，ケインズ主義の有効性が問われるようになった。

　そのような下で影響力を強めたのが，新自由主義の経済政策である。新自由主義の考えに基づけば，経済過程への国家の介入は極力抑制されるべきであり，経済活動を市場に委ねることによって，最大の利益が得られると考えられている。このような特徴をもつ新自由主義は，今日のグローバリゼーションと密接にかかわっている。

　グローバリゼーションは，地球的規模の一体化を意味しており，政治や経済，文化など多様な領域で進行している。1990年代におけるグローバリゼーションは，経済の領域で大きく進展した。それは，ソ連・東欧の旧社会主義諸国の市場経済化，さらには中国の社会主義市場経済の進展によって促進された。そして，グローバリゼーションは，1990年代中葉のIT（情報技術）革命と一体となって進んだ。

　グローバリゼーションの主役は，多国籍企業のグローバルな活動であり，多国籍企業の活動は，国境を越えた市場の一体化を促進した。同時に，注目しなければならないのは，新自由主義経済政策による多国籍企業の活動の支援である。国際的には，WTO（世界貿易機関）の貿易ルールや，IMF（国際通貨基金），世界銀行等の国際機関が果たした役割にも注目しなければならない。「ワシントン・コンセンサス」といわれるアメリカ多国籍企業中心のグローバリゼーションを推進し，様々な問題をもたらすことになった。

　さて，1970年代以降の世界経済の構造変化の下で進んだのが，金融自由化と金融のグローバリゼーションである。戦後の国際通貨体制は，アメリカのドルを基軸通過とする固定為替相場制が採られてきたが，1971年のドル危機（金とドルとの交換停止）を経て，1973年には変動為替相場制へ移行し，翌年にはアメリカによる国際的資本取引の自由化が行われた。

アメリカにおける金融自由化は，国際的にも広げられ，金融の分野でも規制緩和が進んだ。金融自由化によって金融が肥大化するとともに，実体経済への影響力が高まっていった。また，金融の証券化*がすすみ，活発化した金融投機が世界経済に深刻な影響を与えるようになっている。

 * 金融において証券分野の比重が高まることに加えて，銀行の貸付債権の証券化の意味を含んでいる。この後者の問題が深刻に問われているのが，アメリカの住宅バブル崩壊に端を発したサブプライムローン問題である。

それでは，項を変えて，グローバル資本主義の下での日本経済の動向について，1990年代以降を対象にして考察しよう。

2　1990年代以降における日本経済

1985年9月の**G5**（先進5カ国大蔵大臣・中央銀行総裁会議）**プラザ合意**を契機とする円高・ドル安の進展によって，日本経済は円高不況に見舞われた。金融・財政政策によって，日本経済は短期のうちに不況を脱した。しかし，景気が回復しても，対米協調のために低金利政策が維持されたために，バブル経済に突入した。土地や株式などの資産価格が，実体経済の動きとかけ離れて上昇したのである。

バブル経済は，異常な地価の高騰などの深刻な影響をもたらしたが，対米協調を重視する政府や日本銀行は十分な対応を行わないままであった。ようやく1989年5月に金融引締め政策に転換した。1990年3月には，不動産融資の総量規制が実施された。これを契機に，高騰した資産価格の下落が始まり，バブルは崩壊に向かった（株価は1989年12月29日の東京証券取引所の日経平均株価3万8915円87銭をピークに，翌年に入ると下落が始まった）。

日本経済はバブル崩壊後の深刻な不況に直面することとなった。バブル期に過剰融資を進めた銀行は，巨額の不良債権を抱えるようになった。1990年代前半には，公共投資中心の景気対策が行われ，不良債権問題は先送りされたが，

G5プラザ合意：G5プラザ合意は，アメリカの対外不均衡の解消を目的にしたものである。とりわけ対日貿易赤字の是正がめざされ，国際協調によって，円高・ドル安への誘導が図られた。

1990年代後半には深刻な事態が生じるようになった。1997～1998年には，北海道拓殖銀行，日本長期信用銀行，日本債券信用銀行といった大手銀行や，四大証券の1つであった山一証券が経営破綻したのである。

金融危機に対応し1998年に，預金保険機構の改革（従来の「預金者の預金保護」に加え，「健全行への資本注入」という機能を加える）が行われる（2月）とともに，金融再生法と早期健全化法を制定（10月）し，**公的資金投入**が本格化した。

不良債権問題は1995～1996年の時期には景気の回復によって改善に向かった。しかし，橋本内閣は，行政，金融システム，経済，社会保障，財政，教育の六大改革を掲げるとともに，9兆円の国民負担増（消費税率引き上げ，特別減税の廃止，医療費の負担増）を行い，1997年4月以降景気は悪化した。同年7月のタイ・バーツの下落に端を発したアジア通貨危機，そしてそれを受けた株価の下落によって，不良債権問題が深刻化し，金融危機の状況に至ったのである。

このような下で，非金融企業では，雇用，設備，負債の「3つの過剰」が強調されるようになった。大企業では，人員削減や設備投資の抑制が続き，銀行への融資返済が進んだ。中小企業では，長期化する不況と消費の低迷の影響を受けるとともに，銀行の貸し渋り・貸し剥がしに苦しめられた。不良債権の処理に直面する銀行は，BIS（国際決済銀行）の**自己資本比率規制**を達成するために，融資を抑制したのである。企業倒産は増加し，完全失業者の数も増大し，不況が深刻化した。

プラザ合意を契機とする円高・ドル安は，一時，1995年には1ドル＝80円

公的資金投入：民間の金融機関への公的資金の投入は，破綻した金融機関の損失の穴埋め，あるいは公的管理における損失と破綻処理における資金援助のために投入されるものと，健全な金融機関（健全行）に対する自己資本等の強化のための「資本注入」に大別される（井村喜代子〔2005〕『日本経済——混沌のただ中で』勁草書房，216頁）。当初60兆円であった公的資金投入枠は，70兆円まで拡大され，2008年3月末現在約46兆8000億円が投入され，約10兆4000億円が国民負担となっている。なお，バブル期に，本業である住宅ローン以外の分野への融資を増大させた住宅金融専門会社が破綻した際には，一次損失分として6850億円の公的資金が投入された（1996年）。
自己資本比率規制：BISの自己資本比率規制では，国際業務を行う場合には8％，国内業務のみの場合には4％の自己資本比率が求められている。

を超えるまでに進展した。日本企業は，生産拠点の海外移転を進めた。日本企業の本格的な多国籍企業化が進行し，日本企業はグローバル体制を構築した。そのような下で，産業の空洞化が広がっていくことになった。

　橋本内閣を継いだ小渕内閣（1998年7月～），森内閣（2000年4月～）は積極財政政策に転じたが，2001年4月に発足した小泉内閣は「構造改革」を強力に推進した。小泉内閣の「構造改革」は，日本経済が直面する課題を，サプライ（供給）サイドの強化として認識した。そして，「成長分野」の重視，規制緩和，「小さな政府」などを特徴としており，自由競争，市場原理を重視するものであった。

　規制緩和は，1980年代以降，民営化とともに，日本政府が推進してきた政策であるが，小泉「構造改革」によって，いっそう強化されるようになった。規制緩和は，後述する会社法制など，様々な領域で進められているが，注目すべきは，アメリカからの強い要求（1990年に合意した「日米構造協議」や，2001年以降毎年作成されている「年次改革要望書」など）を受けて実施されていることである。

3　転換期を迎えた日本の株式会社

1　1990年代以降における日本の株式会社をめぐる動向

　前節でみた1990年代における長期不況，そして日本経済の変容は，株式会社の動向にも大きな影響を与えることとなった。ここでは，株式所有・株主行動と経営者行動という2つの点から見てみよう（株式所有・株行動のより詳細な考察は，第5章を参照。同じく経営者行動のより詳細な考察は，第4章を参照）。

　先に述べたように，1989年12月をピークに株価は下落した。2003年3～5月には，8000円台を割り込むまでに下落した（2008年後半からの世界的な金融危機・経済不況の下で，株価は2009年3月には7054円98銭まで下落した）。戦後日本における株式所有は，法人中心の株式所有と株式の相互持ち合いによって特徴づけられるが，バブル崩壊以降，大きく様変わりした。

　全国証券取引所協議会の「株式分布状況調査」によると，1990年度には金

融機関（都銀・地銀等，信託銀行，生命保険，損害保険，その他の金融機関）43.0％と事業法人等 30.1% であり，両方をあわせると 7 割以上が，法人部門（事業法人等＋金融機関）の所有であった。これが，金融機関は 2007 年度に 30.9% にまで落ち込んでいる。事業法人等は 2006 年度に 20.7% にまで落ち込んでいる（2007 年度は 21.3%）。両者をあわせて 2 割以上が減少したことになる。

金融機関の中でもとりわけ減少が激しいのが都銀・地銀等であり，この間に 10% 以上の下落を示している（1990 年度の 15.7% が，2006 年度には 4.6%，2007 年度には 4.7%）。これは，バブル崩壊後の不良債権処理や**時価会計**の導入への対応のために，所有株式を売却したことによる。この銀行と事業法人等の著しい所有割合の減少は，株式の相互持ち合いの見直しを伴って進行したのである。

法人部門の所有割合が低下する一方で，増加したのが外国人の所有割合である。1989 年度の 4.2% 以降，年々増加を続け，途中一時わずかに減少する時期があったものの 2006 年度には 28.0% にまで達した（2007 年度は，27.6%）。このような株式所有の変化は，株主行動にも影響するようになった。

法人中心の株式所有と株式の相互持ち合いで特徴づけられた時期には，株主総会も短時間で終了する「シャンシャン総会」が一般的であったが，今日では「もの言う株主」の存在が注目されるようになっている。また，M&A（企業の合併・買収）が活発化し，敵対的買収の動きも広がってきている。

1999 年に設立された村上ファンドは，2000 年の昭栄に対する敵対的 **TOB**（株式公開買い付け）や，2002 年の東京スタイル株主総会における株主提案などの動きで注目された。これ以降も，大阪証券取引所の筆頭株主化（2005 年），阪神電鉄に対する株主提案（2006 年）などで注目を集めたが，2006 年 6 月に村上世彰代表が証券取引法違反で逮捕されるに至った。

時価会計：時価会計は，企業の財務状態（資産と負債）を毎期末の時価で評価するものである。取得価額（帳簿価額）では，時価との乖離が生じ，正確な財務状態を表していないという考えに基づき，2001 年 3 月期決算から一部の金融商品について導入された。時価会計導入の動きの背景には，国際会計基準をめぐる動きがある。

TOB：TOB は，Take Over Bid の略であり，証券取引所を通さずに，市場外で株式を大量に取得する方法である。あらかじめ購入価格，購入期間，購入株式数を明らかにした上で，不特定多数の株主から一挙に株式を取得する。

外国人投資家の動きも活発になっている。アメリカのスティール・パートナーズは日本企業への投資を活発化し，TOBにも積極的である。ブルドッグソースに対して，新株予約権の発行の差止めを求めた訴訟では，ブルドックソースの適法を認め，スティールの敗訴が確定している（2007年）。

　一方，株式所有と株主行動の変化は，経営者の行動にも影響を与えている。ここでは，財務省「法人企業統計調査」の数値を見てみよう。以下の数値は，資本金10億円以上の企業（金融保険業を除く）を対象としたものである。1990年度の当期純利益は，約8兆9209億円であった。これが2006年度には，約19兆6883億円と2.21倍に増加している（2007年度は，約17兆6463億円）。

　まず，特徴的なのは，配当の増大と配当性向の高まりである。配当額は，1990年度の約2兆8711億円が，2006年度には約11兆9750億と4倍以上に伸び，初めて10兆円を突破している（2007年度は約10兆2803億円）。この間に配当性向は，32.2から60.8とほぼ倍増している（2007年度は58.3）。

　そして，役員報酬（給与＋賞与）の増大と，その一方での従業員給与の伸び悩みである。役員賞与の会計基準が変更（利益処分項目から費用項目へ）される前の2005年度を見てみると，1990年度の約7061億円が約1兆5454億円と2倍以上に増加している。同じ期間の従業員給与をみると，約36兆4127億円から約40兆2873億円と1割程度の伸びに過ぎない。また，この時期には，正規雇用を削減し，非正規雇用を増大させている。

　以上のような数値から確認できるのは，株主重視という考え方である。アメリカ的な「株主資本主義」が日本に広がっていることを示している。この点は，自己株式の取得の活発化にも表われている。それは，1株あたりの価値を向上させて，株主に還元することにもつながるものである。2001年の**金庫株**解禁以降，活用する企業が増えている。

　先にみたような敵対的買収の動きが活発化するとともに，2005年6月に成立した会社法が**三角合併**を制度化したことを受けて，日本企業の経営者は，買

金庫株：金庫株は，いったん発行した自社の株式を買い戻して保有しているもの。2001年の商法改正までは，自社株所有の目的は，ストックオプションや株式消去などに限定されていた。

収防衛策の導入を進めた。その際にも，M&Aが活発なアメリカにおける買収防衛策が導入されている。例えば，ポイズンピル（毒薬条項）は，既存の株主に，有利な条件で株式を取得できる権利をあらかじめ与えておき，敵対的買収が起こった際には，買収者以外の株主が権利を行使することによって，買収を困難にすることを目的としている。

買収防衛策の導入の動きが広がる一方で，近年では，株式の相互持ち合いを強める動きも出てきている。安定株主を増大することによって，買収を阻止しようとする動きである。また，ワールドやすかいらーくのように，MBO（経営陣による買収）によって株式の非公開化，上場廃止を行う動きも生じている。

以上のように，1990年代以降，日本の株式会社のありようは大きく転換された。それは，端的に表現すれば「株主資本主義」への転換と言えよう。1990年代以降は同時に，株式会社をめぐる法改正が活発に行われた時期でもあった。この点について，項を変えて考察しよう。

2 1990年代以降における株式会社をめぐる法改正

バブル崩壊後，大企業の倒産や企業不祥事などが相次ぎ，日本企業のガバナンス・システムのもつ問題点が厳しく問われるようになった。このような事態に対応して，商法等の改正が行われ，経営者に対する監視・牽制を強化するために，株主の権利が強化されようとした。監査役の機能強化，株主代表訴訟などである。

1993年の商法等改正では，**大会社**には，3人以上の監査役で構成される監査役会の設置が義務づけられた。監査役のうち1人を社外監査役とし，監査役の任期は2年から3年に延長された。2001年の改正では，監査役の任期が3年から4年に延長されるとともに，監査役の半数以上は社外監査役としなければ

三角合併：会社を合併する際に，消滅会社の株主に対して，存続会社の親会社の株式を交付することによって行う合併のこと。三角合併によって，外国企業による日本企業の買収が活発化されるとの懸念が指摘され，施行は1年延期された（会社法の施行は2006年5月，三角合併は2007年5月からの施行となった）。
大会社：資本金5億円以上ないしは負債総額200億円以上の会社のことである。なお，大会社には，会計監査人の設置が義務づけられている。

ならないこと，監査役の取締役会出席義務が規定された。

　一方，株主代表訴訟は，すでに1950年の商法改正で導入されていたものであるが，実際に活用される事例はわずかであった。株主代表訴訟は，株主が会社に代わって，取締役や監査役などの会社に対する責任を追及する制度である。1993年の商法改正で手数料が引き下げられ，これ以降，株主代表訴訟が活発化した。

　以上にみた，監査役の機能強化，株主代表訴訟の手数料引き下げは，従来の商法等の仕組みを前提にしてのものといえよう。しかし，2002年の商法等改正では，委員会等設置会社の導入という抜本的な制度改革が行われる。

　委員会等設置会社は，アメリカの会社法をモデルにしたものであり，ガバナンスとマネジメントの機能を分離し，前者を取締役会に，後者を執行役に担当させようとするものである。取締役会には，指名，報酬，監査の3委員会が置かれ，それぞれの委員会の過半数は**社外取締役**でなければならない。実際のマネジメントの機能は，取締役会によって選任された執行役が担うのである。会社を対外的に代表するのは，取締役会によって選任された代表執行役である。

　2001年，2002年の商法等の改正では，額面株式制度の廃止（2001年），単位株制度の廃止・単元株制度の導入（2001年），種類株式の自由化（2001年，2002年）など，株式制度に関する改正が相次いでいる。総じて，これらは，株式に対する規制緩和であり，2000年代に入って以降，株式会社をめぐる法改正でも，規制緩和の側面が強まっていく。

　2005年6月に制定され，2006年5月から施行された会社法は，そのような流れに位置づけられる。会社法は，これまで存在してきた「実質的意義の会社法」（商法の「第2編　会社法」，有限会社，商法特例法など）をまとめるとともに，抜本的に見直し「現代化」したものである。それは，「定款自治」の考えに基づき，会社制度を自由化し，規制緩和したものといえよう（会社法の内容および制定の背景については，第2章に詳しい）。

社外取締役：社外取締役とは，現在も過去も，その会社・子会社の業務執行取締役や執行役，使用人となったことがない取締役のこと。

具体的には，株式会社の機関設計は自由化され，株主総会と取締役のみが必置機関となった（株式会社の機関設計の詳細については，第3章を参照）。会社形態でも，有限会社が廃止されるとともに，合同会社が新設され，従来あった株式会社と有限会社の最低資本金制度は廃止された。また，先にみた三角合併が解禁された。委員会等設置会社は，委員会設置会社に改められ，会社の規模にかかわらずすべての株式会社が導入可能となった。

以上のように，日本の会社制度は，1990年代以降，とりわけ2000年代に入って大きく転換された。それは，日本企業の競争力を高めるための産業政策の一環としての位置づけをもっている。内容的には，委員会（等）設置会社の導入にみられるように，アメリカ的なシステムの導入という特徴をもっている。規制緩和が重視され，新自由主義的な改革という性格が色濃くなっている。

株式会社に関する法改正とあわせて注目しなければならないのが，持株会社解禁と企業組織再編法制である（持株会社と企業組織再編法制の詳細については，第6章を参照）。会社は法的に独立した存在であると同時に，会社間で様々な形態で結合している。株式所有，人的関係，融資関係，取引関係などを通じてである。したがって，個人企業，合名会社，合資会社，株式会社など，個別企業の存在形態（企業組織形態）と同時に，企業集中形態が考察される必要がある。

戦後日本においては，戦前の財閥は解体させられ，**六大企業集団や独立系企業集団**の形態でコンツェルンが存在してきた。戦前の財閥にみられた，持株会社を通じた経済力の集中は，独占禁止法（1947年制定）によって禁止されてきた。

しかし，制定後間もない時期の独占禁止法改正によって，すでに事業持株会社は容認され，禁止されているのは，純粋持株会社のみとなっていた。前者は，製造，サービスなどの事業を経営しながら，持株会社であるという形態である。

六大企業集団と独立系企業集団：六大企業集団は，社長会，企業集団内のメンバー企業による株式の相互持ち合い，ワンセット主義（方式），役員派遣，系列融資によって特徴づけられる。旧財閥系（三井，三菱，住友）と銀行系（第一勧銀，芙蓉（富士），三和）がそれぞれ3つずつ存在してきたが，今日では再編の時期にある。一方，独立系企業集団（トヨタ自動車，松下電器産業〔現在のパナソニック〕など）は，集団内の親会社による一方的な株式所有や一方的な役員派遣などで特徴づけられる。

これに対し，後者は，持株会社であることのみを事業とする会社である。

1997年に独占禁止法が改正され「解禁」されたのは，この純粋持株会社であり，持株会社は原則自由化されることとなった。財界は戦後の早い時期から持株会社の「解禁」を求めており，バブル崩壊後にはその要求はいっそう強まった。国内外における規制緩和の強まりも追い風になった。

持株会社を通じた経営統合が本格化するには，企業組織再編法制の整備が必要であった。独占禁止法の改正に続いて，株式交換・株式移転の制度（1999年商法改正），会社分割法制（2000年商法改正），労働契約継承法（2000年制定），連結納税制度（2002年法人税法改正）を通じた企業組織再編法制の整備が進んだ。

持株会社を通じた経営統合の代表的事例が，みずほフィナンシャルグループである。1999年12月に，第一勧業銀行，富士銀行，日本興業銀行の3行が，全面統合に向けて契約を締結して以降，共同持株会社の設立（2000年9月），証券子会社や信託子会社の合併（2000年10月），3行のみずほ銀行・みずほコーポレート銀行への統合・再編（2002年4月），中間持株会社の設立（2003年3月）と，大胆な組織再編を実施してきた。このような組織再編は，産業活力再生特別措置法（1999年）によって，税制上の優遇措置などの政策的支援も得て進められた。

4 現代における株式会社と株式会社論の課題

前節でみたように，会社法の制定を含め，1990年代以降における株式会社をめぐる法改正は，規制緩和の流れにそったものであり，経済政策という位置づけを強くもっている。グローバル資本主義の下で低迷する日本経済を活性化することに主眼が置かれたのであり，株式会社がどうあるべきかといった議論は十分になされないままであった。

一連の法改正によって「株式会社が暴走する時代」が到来したとさえいわれている（上村達男・金児昭〔2007〕『株式会社はどこへ行くのか』日本経済新聞社，1頁）。企業中心的な日本社会におけるアメリカ的な市場原理主義の導入は，

序　章　現代社会と株式会社

> ▶▶ *Column* ◀◀
>
> **持株会社**
>
> 　2006年春，村上ファンドによる阪神電鉄の株式大量取得が注目を集めました。村上ファンドによる株主提案などありましたが，最終的には，阪急ホールディングスがTOB（株式公開買い付け）によって，阪神電鉄の株式を取得しました。
>
> 　同年10月1日，阪急ホールディングスと阪神電鉄が経営統合し，阪急阪神ホールディングスが発足しました。同社は現在，阪急電鉄，阪神電鉄，阪急阪神交通社ホールディングス，阪急阪神ホテルズを主な子会社としています。ここで，阪急阪神ホールディングスは，グループ全体の経営戦略を策定し，経営資源の最適配分を行っている会社です。このような会社のことを持株会社といいます。
>
> 　持株会社は，「他の会社の株式を所有し，その会社を支配することを事業とする」会社のことです。1947年に独占禁止法が制定されて以降，持株会社は規制の対象となってきましたが，1997年の改正以降，設立が自由化されました。近年増えているのは，1997年の改正で「解禁」された純粋持株会社の設立です。これは，持株会社であることのみを事業とする会社です。
>
> 　純粋持株会社は，複数の企業が経営統合し，規模を拡大していく際に設立されています。代表的な事例が，金融です。日本の銀行は1990年代末から巨大化していきます。今日「3大金融グループ」といわれる，みずほフィナンシャルグループ，三菱UFJフィナンシャル・グループ，三井住友フィナンシャルグループはすべて，純粋持株会社の傘下に銀行や証券会社などの事業会社を有しています。
>
> 　他にも，鉄鋼（JFEホールディングス），運輸（日本航空），商社（双日ホールディングス）など，様々な産業で純粋持株会社は設立されています。持株会社について知ることは，今日の日本企業の動向を理解する上で，不可欠のことといえるでしょう。

株式会社に対する市民社会のコントロールが不在の下で，企業不祥事の頻発や敵対的買収の活発化など，深刻な問題を生んでいるのである。

　21世紀を迎えた今日，グローバリゼーションは新たな展開をみせるようになっている。1990年代にみられた，アメリカへの一極集中・アメリカモデルのスタンダード化とは異なる様相を呈するようになっている（鶴田満彦〔2008〕「激動の世界経済——グローバル化の変容と日本経済」『経済』2008年3月号）。このような下で改めて問われているのは，株式会社のありようである。

今日の社会にあって，株式会社のもつ公共性，市民性を果たしていくためには，市民社会の側からの制御が必要である。その際に，久留間健氏の以下のような主張は傾聴に値するだろう。

　21世紀に求められているのは，市場を合理的に機能させることではなく，市場の論理をどのようにして抑制し，それに対抗する論理を経済社会の中に組み込んでいくかということである。そして，人間の理性か市場の論理かという問題は，「国家か市場か」の問題ではなく，「民主主義か市場か」の問題である（久留間健〔2003〕『資本主義は存続できるか』大月書店，84-86頁）。

　日本でも，「格差社会」の深刻化，サブプライムローン問題に端を発した金融危機など，新自由主義経済政策のもつ問題性が鋭く問われている。理念なき制度改革を進めてきた株式会社のあり方もまた，問われなければならない。株式会社論もまた，そのような課題を究明すべき役割を担っている。この点で，第Ⅰ部のみならず，第Ⅱ部における各国の株式会社の考察から学ぶべき点が多いであろう。

[推薦図書]
上村達男・金児昭（2007）『株式会社はどこへ行くのか』日本経済新聞社
　商法等の改正や会社法の制定によって生じている「株式会社の暴走」の原因と解決策（公開株式会社法の制定など）を論じている。
久留間健（2003）『資本主義は存続できるか』大月書店
　本書を通じて，資本主義社会が直面する課題を知ることは，これからの株式会社のあり方を考える上でも有益であろう。
小松章（2006）『企業形態論　第3版』新世社
　株式会社以外を含め企業形態の基礎や，現実の企業の動向について，体系的に学ぶことができるテキストである。

[設　問]
1．グローバル資本主義について，詳しく調べてみましょう。
2．株式会社を改革していくために，どのような具体的課題があるか考えてみましょう（本書全体を読んでから考えてみてください）。

（細川　孝）

第Ⅰ部

現代日本の株式会社

第1章

企業形態の発展と株式会社

　現代を代表する大企業のほとんどすべては株式会社です。株式会社は多くの資本を必要とする事業展開を可能とし，今日の経済発展を我々にもたらしました。そのため，株式会社は資本主義最大の発明ともいわれています。その一方で，株式会社は会社機関が機能不全を起こしたり，不祥事を頻発したりもしています。なぜ，株式会社は企業規模を拡大することができ，また制度的理念と実態が乖離する事態に陥ってしまったのでしょうか。

1　企業形態の発展過程

　企業とは，営利を目的として継続的に商品生産を行う経済単位である。そして，これら企業の一部は巨大化し，世界的な企業へと発展してきている。しかしながら，大規模化した企業の多くは株式会社であり，その他の企業形態で大企業へと発展したケースは極めて稀である。では，なぜ株式会社だけが大企業になりうるのであろうか。

　本節では，株式会社以外の企業形態を発展段階順に概観し，それら企業の制度的特徴と資本集中における限界を明らかにしていく。

1　個人企業

　企業の発展過程において，最初の形態といえるのが個人企業である。個人企業とは，特定の個人が全額出資して設立される企業のことであり，**出資者**個人がそのまま経営者となる。また，個人企業は資本主義的労使関係が成立した最初の企業形態でもあるが，出資者個人が企業運営のすべてにあたり従業員を雇

出資者：企業を設立し事業を遂行するために必要な資金を提供する者。

用しないケースも少なくない。

　個人企業の主なメリットは，①法人形態をとらないので極めて簡単に設立できる，②出資者である経営者個人が，所有者として他者から何らの制約を受けることなく自由に経営が行える，③経営活動で得た利潤は全て自己のものにできる等である。

　一方，デメリットとしては，①企業財産と出資者個人の財産の区別が明確でなく，企業の負債に対しては出資者個人が全責任（無限責任）を負わねばならない，②個人では出資能力に限界があるため大規模な事業活動の展開が難しく，また企業の信用は出資者の個人的信用力に依拠しているため，金融機関等から多額の融資を受けることも困難，③企業の存続が出資者個人の生命を基盤にしているため永続性がないといったことなどが挙げられる（芳澤輝泰〔2007〕「企業経営の仕組み」東京農業大学産業経営学科編『現代社会における産業経営学のフロンティア』学文社，9‐10頁）。こうしたことから，個人企業は小規模事業には適しているが，多くの資本を有する大規模な事業展開には不向きな企業形態であるといえる。

2　合名会社

　合名会社とは，個人企業に比べ規模拡大を行いやすくするために，複数出資者の資本を結合させた企業形態である。その歴史的起源は，中世イタリアの商業都市において家族や血縁関係者を基礎として発達したソキエタスであるといわれている。当時の商業資本は，支店開設などの際に血縁関係者を出資者として組み込むことによって必要な資金を工面し，また自己資本の拡大をはかっていった。

　日本においては，合名会社の設立には2名以上の出資者が必要であったが，2006年の新会社法施行後は出資者1名での設立も可能となり，加えて**法人**が出資者になることも認められることとなった。また，出資者数の上限規定はな

法人：法人とは，法的に権利能力（法人格）を付与された組織体のことであり，合名，合資，有限，合同，および株式の各会社はすべて法人企業である。

く，資本金に関する規定もない。

　出資者は**社員**と呼ばれ，社員全員が共同で会社経営にあたる。会社の代表権や業務執行権は全社員がもち，また会社の債務に関しては全社員が無限連帯責任の義務を負う。無限責任とは出資額を限度としない責任ということであり，仮に会社資産で返済しきれない債務が生じた際には，各社員は自身の私財（個人の貯蓄，住居，家財等）を投じてでも，その借金を連帯して完済しなければならない。また，無限責任を負うこれらの社員のことを無限責任社員という。

　業務執行権をもつ社員が複数になると，経営方針を決定する際に社員相互間の合意形成が必要となる。そのため，個人企業では必要のなかった社員総会が設置され，これが合名会社における最高意思決定機関となる。また，この合意形成の必要性と無限連帯責任制のリスクから，社員の範囲はおのずと親族を中心とする血縁者か，または強い信頼関係にある知人どうしなどに限定されるのが一般的である。さらに，社員が自らの**持分**を第三者に譲渡する場合は全社員の承認が必要となるため，会社設立後も社員と信頼関係にない者が会社経営に加わる可能性は基本的にないといえる（芳澤〔2007〕10頁）。

　以上，社員の範囲の限定性は資本の集中に限界をもたらすこととなり，合名会社は個人企業と同様に小規模企業向けのものであり，大企業には適さない企業形態といえる。

3　合資会社

　合資会社とは，さらなる出資の拡大を目的として，経営者としての社員とは別に出資のみを行う社員を加えた企業形態である。中世イタリアの商業都市で発達したコンメンダがその起源とされている。

　合資会社は，無限責任社員1名以上と有限責任社員1名以上の2種類の社員から構成される。無限責任社員とは，前述の通り債務履行に対してそれが完済するまで際限なく責任を負う社員のことである。一方，有限責任社員とは，自

社員：社員といえば一般的には従業員のことを意味するが，法的には出資者のことを指す。株式会社以外の会社の出資者はすべて社員と呼ばれる。
持分：出資したことにより発生する権利義務や社員としての地位のことを持分という。

己の出資額を限度とした責任しか負わない社員のことをいう。例えば，100万円を出資した有限責任社員の責任範囲は，会社がどれだけ負債を抱えようが最大で100万円であり，それ以上の責任を問われることはない。

このように，無限責任社員と有限責任社員とでは債務に対する責任の重さが異なるのであるが，会社の代表権や業務執行権は無限責任社員にのみ与えられている。有限責任社員は会社の意思決定に加わることはできず，出資額に応じた利益の分配を受け取る存在でしかない。つまり，個人企業と合名会社では完全に一致していた所有者（出資者）と経営者が，合資会社では部分的に分離するわけである。なお，新会社法では，法人が有限責任社員に加え無限責任社員になることも可能となった。

合資会社の最高意思決定機関は，合名会社と同じく社員総会である。また，持分の譲渡に関しては，無限責任社員が譲渡する場合には全社員の承認が，有限責任社員が譲渡する場合には無限責任社員の承認が必要となり，合名会社と同様に閉鎖的である。資本金に関する規定はないので1円から設立可能である。

合資会社は，配当目的の有限責任社員が加わる分だけ合名会社に比べると資本は幾分集まりやすいが，会社の規模拡大に関しては依然として限界がある。なぜなら，経営権をもつ無限責任社員によほどの人的信用がない限り，有限責任といえども出資に応じてくる者の数は限定されてくるからである。また，持分の譲渡自由性がなく，いったん出資した後は限りなく出資金の回収が困難なことも，出資者を限定させ資本の集中に限界を生じさせる要因となっている。さらに，事業が拡大し借入金が増すほどに，その負債額と担保される無限責任社員の個人資産価額との間の隔たりは大きくなっていくため，無限責任社員の責任能力の相対的低下とともに融資の面からも事業拡大にはブレーキがかかることとなる。こうしたことから，合資会社に関してみても中規模以上の事業には適さない企業形態であるといえる（芳澤〔2007〕10-11頁）。

4 有限会社

有限会社とは，後述する株式会社制度を中小企業向けに作りかえた企業形態である。日本では，ドイツの有限責任会社法を参考に1938年に導入された。

有限会社がこれまで述べてきた会社制度と大きく異なる点は，出資者である社員全員が有限責任社員であるということである。ただし，有限会社では社員が会社に対して出資額を限度とした責任を負い，会社が自身の資産をもって債権者に対して有限責任を負うという仕組みになっている（次節で述べる株式会社も同様）ため，社員が債権者に対して直接的に責任を負うことはない。よって，社員が債権者に対して直接的に責任を負う合名会社や合資会社とは幾分システムが異なる。また，このことから合資会社の有限責任社員の責任を直接有限責任，有限会社の社員や株式会社の株主の責任を間接有限責任という。

こうした責任関係からもわかるように，債権者から融資を受ける際などは，合名会社や合資会社においては直接的に無限・有限の責任を負う社員の信用力が重要であったが，会社資産が担保となる有限会社や株式会社では会社それ自体の信用が最も重要視されることとなる。06年の新会社法施行以前において，有限会社と株式会社にのみ資本金の規定があったのもこうしたことが理由である。なお，もし仮に有限会社や株式会社が会社資産を大幅に超える多額の負債を抱えたまま倒産したような場合，その損失は債権者側が背負うこととなり，この回収困難になった債権のことを一般に不良債権と呼ぶ。

日本では，新会社法施行以前の有限会社の最低資本金額は300万円であった。この資本金は均一に分割・口数化され，出資者である社員は出資口数に比例した支配権を得る。すなわち，最高意思決定機関である社員総会において，各社員は1口につき1票の議決権を有することとなる。社員数は50名以下と規定され，社員がこの出資持分を社員以外の者へ譲渡する際は，合名会社や合資会社と同じく社員総会での承認を必要とする。

また，有限会社では会社機関として上記社員総会と取締役が設置される。取締役は会社の代表権をもつが，任期に関しては特に規定がない。この取締役は最低1名いればよく，取締役が複数の場合には任意で代表取締役を置くこともできる。監査役に関しても任意での設置が可能となっている。

有限会社は，全社員が有限責任社員の会社であるが，社員数や持分の譲渡に関して意図的に制限を設けており，閉鎖的で大規模化できない仕組みになっている。そのため，広く社会一般から出資者を募る株式会社とは異なり，**決算公**

告などは義務化されていない。

　以上，有限会社の仕組みについて述べてきたが，新会社法では株式会社でも定款の定めによって有限会社のような閉鎖的形態（株式譲渡制限会社）をとることが容易になった。そのため有限会社は廃止され，同法において株式会社への一本化がはかられた。これにより，有限会社は株式会社に組織変更するか，または**特例有限会社**へ移行することとなった。この特例有限会社には株式会社の規定が適用されることから，これまであった資本金の規定はなくなり（株式会社は新会社法施行以前の最低資本金は 1000 万円であったが，新会社法では資本金の規定がなくなった），社員数の上限規定などもなくなることになった。また，今後新たに有限会社を設立することもできなくなった（芳澤〔2007〕12 頁）。

5　合同会社

　合同会社は，有限会社とは逆に新会社法において新たに設けられた企業形態である。アメリカの有限責任会社（LLC：Limited Liability Company）をモデルにしたものであり，資本金に関する規定はなく，出資者 1 名（上限規定なし）から設立できる。出資者は全員が有限責任社員で，法人も社員になることができる。最高意思決定機関は社員総会であり，株式会社のように取締役会や監査役を置く必要はない。ただし，会社の代表者（代表社員）や業務執行社員を**定款**で定めることができる。この際，株式会社で必要とされる**公証役場**での定款認証は不要である。また，合同会社は会社法上，株式会社と対比する形で合名，

決算公告：貸借対照表をはじめ財政状態や経営状況などを官報や日刊新聞などを用いて一般社会に報告すること。
特例有限会社：有限会社から特例有限会社へは，手続きの必要なく自動的に移行する。また，特例有限会社の商号は有限会社のままとなる。
定款：定款とは，会社をはじめとする社団法人の目的や組織活動などに関する基本規則を定めたものである。定款への記載事項には，絶対的記載事項，相対的記載事項，および任意的記載事項がある。絶対的記載事項とは，会社の目的や商号など必ず定款に記載しなければならない事項であり，相対的記載事項とは定款に定めなければ効力をもたない事項である。また，任意的記載事項とは定款以外に定めたとしても効力をもつが，定款に定めることによって変更の際の手続きを厳格化させた事項である。なお，作成された定款は，公証人の認証を経た後に効力を発揮する。
公証役場：公証役場とは公証人が執務を行っている事務所であり，全国で約 300 カ所設置されている。また，公証人は，原則として 30 年以上の実務経験のある法曹の資格をもった者の中から法務大臣によって任命され，公正証書の作成や会社の定款に対する認証の付与といった業務を行っている。

合資とともに持分会社に分類され，持分の譲渡に関しては全社員の承認を必要とする非公開会社である。

　合同会社の最も大きな特徴は，定款での定めにより出資比率とは異なる利益の分配の設定が可能となっていることである。つまり，出資金以外にも社員のもつ知識・技術や会社への貢献度などを配当に反映させることができ，この点が株式会社とは大きく異なっているところである。また，こうした特徴をもつことから，合同会社は技術者等が社員に含まれる研究開発事業などに適しているといわれる。なお，利益分配に関して定款に定めがない場合は，出資比率に応じた利益分配となる（芳澤〔2007〕11-12頁）。

　合同会社は株式会社に比べ設立手続きが簡単で，利益分配などに関して定款で自由に定められるというメリットはあるが，合名，合資と同様に持分に譲渡制限のある閉鎖的企業であることに変わりはなく，中小企業向けの企業形態であるといえる。

2　株式会社普及の歴史的経緯

1　株式会社の起源

　前節で確認してきたように，個人企業および合名，合資，有限，合同の各会社形態は，その全てが資本の集中に関して制度的限界をもっている。しかし，資本主義的生産の発展とともに，各企業では特定の出資者だけでは到底まかなうことができない多くの資本を必要とする状況が出始める。このような状況下において，整備・普及されてきたのが株式会社制度である。株式会社は，社会的遊休資金を広範囲に集め，大規模な資本集中を可能とした企業形態であり，現時点における企業発展段階の最高の形態といってもよい。

　株式会社の起源は，1602年に設立された**オランダ東インド会社**であるといわれる。15世紀末，ヨーロッパでは大西洋からアフリカ大陸の南端を経由し

オランダ東インド会社：同社の資本金は約650万ギルダーであり，本社はアムステルダムに置かれた。また，同社は貿易権だけでなく，条約の締結，植民地経営，および他国との交戦に関する権利など様々な特権が国家から与えられていた。

インドや東南アジアへ渡る航路が発見され，以降，大型船を使った海上貿易が盛んとなる。この海上貿易では香辛料などの運搬が行われ，航海輸送が成功すれば貿易商人は極めて大きな利益を獲得することができた。反面，船の建造費が高額なのに加え，長い航海中に船が難破する危険性もあり多くのリスクをともなった。そのため，出資者を募ることによってこれらのリスクを多人数で分割負担し，利益が出れば出資に応じた分配を行うという仕組みが生み出された。さらに，オランダ東インド会社は，出資者の無限責任を免除する条項が盛り込まれた特許状を国民議会から与えられ，出資者全員が有限責任社員の会社となった（吉田準三〔1994〕「出資者多数の企業」増地昭男・佐々木弘編著『現代企業論』八千代出版，108-109頁）。出資に応じた利益分配の仕組みと全出資者の有限責任制が確立したことが，オランダ東インド会社が株式会社の起源といわれる所以である。

ところで，このオランダ東インド会社は，出資者による意思決定機関が設置されておらず，会社の運営は終身取締役である都市貴族によってなされていた。そのため，出資者は利益の分配を受け取る存在にすぎず，会社の意思決定に参加することさえできなかった。また，同社は東洋貿易振興のために設立された国策会社でもあり，制度面や自身がおかれた立場からして現代の株式会社からはほど遠い存在であった。17世紀以降，株式会社の制度的進展には紆余曲折があるのだが，近代株式会社が一般に普及し始めたのは産業革命以降のことである。

2　資本主義生産の発展と株式会社

18世紀後半にイギリスで産業革命が起こると，資本主義的工業生産は**マニュファクチュア**の段階から**機械制大工業**の時代へと移行していく。機械制生産は生産効率を飛躍的に上昇させ大量生産を可能としたが，この生産過程への

マニュファクチュア：マニュファクチュア（工場制手工業）とは，作業労働者を1カ所に集めて作業を行う協業に，各労働者が特定の作業のみを担当する分業が取り入れられた生産形態のことをいう。
機械制大工業：機械制大工業とは，マニュファクチュアの生産過程に機械が導入された生産形態のことをいう。分業に基づく協業に生産手段としての機械が加わったことにより，労働生産性は急速に向上することとなった。

機械の導入には莫大な資本が必要となった。こうした中，資本調達の最良の手段として注目されたのが株式会社制度である。当時のイギリスでは，特許状のない会社が株式を発行し資金を調達することは**泡沫会社条例**によって禁止されていた。しかし，巨額の資本を必要とする産業部門の要請に応える形で，1825年に同条例は廃止されることとなった。さらに，1856年に有限責任法，1862年には一般会社法が制定され，法の規定に従えば誰もが自由に株式会社を設立できるようになった。信用制度の発達と証券取引制度の普及とともに，その後こうした流れは世界的な広がりをみせ，20世紀初頭には各国の主要産業部門において大規模株式会社が成立する運びとなった（林昭〔2003〕「資本主義経済と企業」林昭編著『現代の大企業——史的展開と社会的責任』中央経済社，14-17頁）。

3　株式会社の制度的特徴

すでに述べてきたように，株式会社は広く一般から資金を集め，大規模な資本の集中を可能とするために法的に整備された制度である。よって，これまで述べてきた企業形態とは，制度・機関の設計思想自体が根本的に異なっている。株式会社のうち証券市場に上場している会社や店頭登録会社を公開会社，それ以外を非公開会社と呼ぶが，以下，株式会社の本来の姿ともいえる上場会社を念頭におきながら，その制度的特徴を説明していく。

1　資本の証券化

株式会社は，資本を均一の小単位である証券（株式や社債）に分割し，それが証券市場で投資家等に売買されることで巨額の資本を調達している。会社は市場で売却された発行株式を買い取る必要はなく，調達した資金は自己資本として長期的に使うことができる。一方，出資者である株主は自身の保有する株

泡沫会社条例：実体のない株式会社の設立や，行き過ぎた投機熱を抑えることを目的として，イギリス政府により制定された。

式を市場で自由に売却でき，いつでも投下資本を回収・換金することが可能となっている（林昭〔2003〕「株式会社制度」林，前掲書，25頁）。この点が，持分の譲渡に関して全社員の承認を必要とする持分会社とは大きく異なる部分であり，規模の拡大を可能としている最大の要因となっている。

なお，株式価格はその会社の営業状態や景気変動などにより日々変化するため，株価は購入時点と売却時点で同じであるとは限らない。一般の個人株主は，この価格差を利用して利ざやを稼ぐことを目的とした者がほとんどであり，日常における会社の経営活動自体に関心のある者は極めて少ない。

2 出資者全員の有限責任制

株式会社では，合同会社などと同様に株主全員が有限責任である。ただし，この出資額を限度とする有限責任は，会社に対してのものであり債権者に対して直接負うものではない。つまり，間接有限責任ということになる。

また，株式会社における株主の有限責任は，合資会社の有限責任社員，および有限会社や合同会社の社員が負う責任に比べリスクが少ないといえる。なぜなら，株主は自身の保有する株式を売却することによって，出資金の回収とともに出資額を限度とした責任をも回避できるからである。株式会社が，広く社会一般から資本を集めることを可能としているのは，資本の証券化と証券譲渡の自由性，および出資者全員の有限責任制が上手く重なり合い，有効に機能しているからだといえる（芳澤〔2007〕13－14頁）。

3 所有と経営の分離

第1節で確認したように，株式会社以外の企業では，合資会社の有限責任社員など一部の社員を除き，出資者が直接企業経営にあたるというのが基本形態であった。つまり，所有者と経営者が一致していた。しかしながら，これは出資者が固定され，かつその数が少人数に限定されていたことにより可能なものであった。

株式会社では，出資者である株主によって株主総会が構成され，これが株式会社の最高意思決定機関となる。この株主総会では，定款の変更を始め次項で

示す重要事項を決定する。その際，決議は1株1票の原則に基づいた多数決によってなされる。しかし，この株主総会の決定に従って日常の経営を行うのは株主ではない。

　一般株主の多くは他に専業の職をもち，株価の動向によっては保有株式をいつ売却するかもわからない人々である。このような株主を日常の経営に加えることは非現実的であり，永続的な会社経営を危険にさらすことにもなる。また，大規模公開会社においては株主が何万人にもなるケースがある。こうした会社ですべての株主に会社の代表権を与え，業務執行にあたらせるといったことは，そもそも無理がある話である。さらに，事業規模が拡大していくと必然的に管理組織が不可欠となり，細分化された管理機能を統括し指揮・調整する能力を持つ専門経営者が必要にもなってくる。

　こうしたことから，株式会社では日常の経営を行うための機関として取締役会が設置される。これにより，出資者と経営者は別の者となり，所有と経営は分離することになる。取締役会を構成する取締役は株主総会で選出されるが，この取締役は株主である必要はない。また，取締役会では代表取締役を選任し，この代表取締役が業務執行の責任者として経営幹部に対して指揮を執り，取締役会はこの代表取締役の業務を監督する役割を担っている（芳澤〔2007〕14頁）。

　以上，資本の証券化，出資者全員の有限責任制，および所有と経営の分離の3点が，近代株式会社のもつ最大の特徴となっている。

［4］ 株式会社制度と会社機関

　株式会社には，会社機関の設置が義務づけられている。会社機関には，前項でふれた株主総会，取締役会に加え，監査役（会）と会計参与がある。

　株主総会は，すでに述べたように出資者である株主によって構成される会社の最高意思決定機関である。よって，株式会社は他の企業形態と同様に制度上は所有者支配を維持している。総会での主な決議事項は，定款の変更，会社の合併・解散や営業権の譲渡，決算や利益配当の承認，および取締役や監査役の任免等である。これらの事項は1株1票の原則による多数決で決議されるので，発行株式の過半数を保有する大株主がいる場合には，その大株主は会社を完全

支配することができる。

　株主には株主権が与えられる。主な株主権には，**共益権**である議決権，**自益権**である利益配当請求権や残余財産分配請求権などがある。議決権は株主総会の決議の際に1株につき1票与えられる上記の権利であり，利益配当請求権とは会社が事業活動で得た利益の一部を配当として受け取ることができる権利である。また，残余財産分配請求権とは，会社が解散する際，債務清算後に残った会社財産を持ち株数に応じて受け取ることができるという権利である。

　取締役会は，株主総会で選出された取締役によって構成される，日常の業務執行における意思決定を任された合議制の機関である。この取締役会では，株主総会の招集，重要財産の処分や譲受，支店の設置や廃止，新株や社債の発行，代表取締役の選任，およびその他会社の業務執行に関わる事項について審議を行う。また，取締役会は過半数の取締役が出席することにより成立し，出席した取締役の過半数の賛成によって審議事項が可決される。取締役の人数は原則として3名以上であり，任期は原則2年である。取締役の互選によって選出された代表取締役が対外的に会社を代表し，また取締役会での決定事項を実施する際に指揮をとる。なお，代表取締役は合議体ではなく個人であるが，会社法上は会社機関の1つとして位置づけられる。

　監査役は，取締役の職務遂行に関する監査を行う機関であり，監査には業務監査と会計監査の2つがある。業務監査とは，取締役が法令や会社の定款を遵守し業務を行っているかを監督・調査することであり，会計監査とは決算書類が正しく作成されているかどうか検査することである。監査役は株主総会で選任され任期は原則4年である。また，監査役会を設置する会社は3名以上，設置しない会社は1名以上の監査役が必要となる。資本金5億円以上または負債総額200億円以上の大会社では監査役会の設置が義務化されており，メンバーの半数以上を社外監査役（就任前にその会社またはその会社の子会社の従業員でなかった者）としなければならないことになっている（芳澤輝泰〔2003〕「現代日

共益権：共益権とは，株主が会社の運営・管理に参加することを目的とした権利のことをいう。
自益権：自益権とは，株主が経済的利益の獲得を目的とした権利のことをいう。

本企業とコーポレート・ガバナンス」林，前掲書，69頁）。なお，監査役会を設置しない会社の監査役は，代表取締役と同様に個人ではあるが会社機関の1つとされる。

　会計参与は，新会社法で新たに設けられた会社機関であり，その設置に関しては各会社の任意となっている。会計参与は株主総会で選任されるが，会計参与になる資格をもつ者は，税理士（税理士法人を含む）および公認会計士（監査法人を含む）のみである。また，会計参与を設置する会社は，その旨を会社の定款に定める必要がある。会計参与は取締役と共同で計算書類を作成し，株主総会で報告説明の義務を負う。任期は原則2年であるが，定款の定めにより最大10年まで延長できる。大企業に関しては，これまでも決算書に関して監査法人のチェックを受けるのが通常となっており，今回の会計参与新設の主な目的は中小企業の計算書類の信頼性を高めることにあるといわれている。

⑤　株式譲渡制限会社の会社機関

　株式会社は大規模な資本集中を可能とするために生み出された企業形態ではあるが，有限責任制や税面でのメリット等から，実際には家族数名で経営しているような閉鎖的企業であっても株式会社形態をとっているケースが多い。そのため，新会社法ではそうした実態に合わせる形で株式譲渡制限会社に関する規定が整備された。

　株式譲渡制限会社とは，会社にとって好ましくない者に株式が譲渡されないよう，会社の承認なくしては株式の売却や贈与ができないように定款で規定を設けた会社である。この株式譲渡制限会社では，取締役の人数が最低1名でよいことになった。また，定款への記載によって，①取締役会を設置しない，②取締役や監査役の任期を最大で10年まで延長，③監査役の業務を会計監査のみに限定，といったことが可能になった。なお，取締役が1名の場合，その取締役は会社の代表者であっても名称は代表取締役とはならず取締役のままとなる。

　上述の通り，こうした法整備は社会的実情を考慮した結果なされたものだといえるが，株式会社が制度化された意図・目的からすると，株式譲渡制限会社

の規定・制度は株式会社本来の姿からはかけ離れたものであるといえる。

4 大規模公開会社の実態

1 所有と支配の分離（経営者支配）

　株式会社では，代表取締役が指揮を執る業務執行は取締役会の決定に則していなければならず，取締役会での意思決定は株主総会での決定に準じたものでなければならない。また，代表取締役を選任するのは取締役会であり，取締役会の構成員である取締役を選任するのは株主総会である。ということは，株式会社を支配するためには最高意思決定機関である株主総会を支配すればよいということになる。そして，株主総会は1株1票の多数決で決議がなされるから，会社の発行済み株式の51％以上を所有していれば，その会社を完全に支配できるということになる。このことは，前節ですでに述べた通りである。しかしながら，大規模公開会社の場合，創業者一族などの大株主による完全所有支配や過半数所有支配が成立している会社は皆無といってもよい。

　株式会社が成長し規模が拡大するのにともない，調達する資本も巨額になっていくが，それは社会全体に対して株式の購入を募るという形で進められる。発行株式数が増大すると，全ての株主は自身が所有する株式数に変化がなくとも，会社の発行済み株式総数に占める自身の持株比率は低下していくこととなる。そのため，会社の大規模化にともなって，大株主はしだいに過半数所有を維持するのが困難となってくる。しかしながら，株式保有比率が低下するのは全ての株主に共通したことであり，また新たに発行された株式は分散化して群小株主を増やすだけなので，大株主は株式の過半数を所有しなくとも所有に基づく支配を継続することが可能となる。ところが，株式の分散化がさらに進んでいくと，最大株主でさえ保有株式が発行株式総数の1％にも満たない*というケースが現れてくる。こうした状況になってくると，会社の経営に影響力を与えるだけの力をもつ株主は存在しなくなり，日常の経営にあたる取締役が会社の支配権を握るようになってくる。取締役を選任する力は株主総会から取締役自身（特に代表取締役社長）の手に移っていき，また株主総会は取締役の思

惑通りに議事進行がなされ形骸化していくこととなる（A. A. バーリ＝G. C. ミーンズ／北島忠男訳〔1958〕『近代株式會社と私有財産』文雅堂書店，105-109頁）。このように，大規模公開会社の多くは，所有と経営の分離のみならず所有と支配もが分離した状態に陥っている。こうした状況は一般に経営者支配と呼ばれ，頻発する企業不祥事などの原因にもなっている。

* 例えば，バーリ＝ミーンズの調査（1929年）では，ペンシルベニア鉄道会社の最大株主の発行株式総数に占める株式所有比率が0.34%にすぎないことが明らかにされた。また，同調査では，同社の20大株主の持株を合計した所有比率でさえ全株式の2.7%に過ぎず，これら20名の株主は誰一人として取締役にはなっていなかったことも確認されている。こうしたことから，株式の分散化は80年以上前からすでに見受けられた傾向であることがわかる。

なお，経営者支配の構造が生み出された背景には，株主の分散化以外にもいくつかの要因がある。例えば，そうした要因の1つとして取締役と株主の間に生じている情報の非対称性を挙げることができる。取締役は，日常の経営を任されているために経営上の重要な情報が集中しやすい立場におり，逆に株主はそうした情報から遠い立場に置かれてしまっている。また，取締役が株主や社会に対して公開すべき情報を意図的に開示しないというケースも少なくない。そのため，複雑で高度化した現代企業の経営において，経営上の機密情報をもたない株主が取締役に対して牽制機能を発揮することは極めて困難なものとなり，取締役の経営における自由度は非常に大きなものとなっている。

またわが国においては，複数の株式会社が互いの株式を相互に持ち合う株式相互持ち合いの構造が存在し，この構造が長く経営者支配の体制を支えてきた。この株式相互持ち合いは，もともとは相場師などによる株の買い占め（橋本寿朗〔1995〕『戦後の日本経済』岩波書店，112-113頁）や，60年代以降の資本自由化に対する防衛策として進められたものであった。しかし，この持ち合い構造は経営権を安定させる一方で，会社は互いに議決権を行使しない物言わぬ株主となったため，株主総会の形骸化や経営者の無責任体制といった弊害をもたらす要因にもなってしまった（芳澤輝泰〔2002〕「株式相互持合」経営学史学会編『経営学史事典』文眞堂，181頁）。

以上，所有と支配の分離について述べてきたが，他方で，こうした経営者支配の状況は近年徐々に変化しつつあるともいえる。例えば，90年代以降のアメリカでは，それ以前から保有株式を増大させてきていた機関投資家（投資信託，保険会社，および年金基金等）が物言う株主として台頭し始め，収益の悪い投資先企業に対しては積極的に経営に関与するようになってきた。特に，世界最大の機関投資家であるカリフォルニア州公務員退職年金基金（カルパース）は，これまで多くの企業において議決権行使や株主提案を行うなどし，経営状況に改善が見られない企業に対しては経営陣を退陣に追い込むなどしてきている。1992年，GMのCEO解任に関して同年金基金が主導的役割を果たしたのはその一例である。なお，機関投資家がこのように直接的に経営に介入するようになってきたのは，それらの保有する株式が膨大なため，業績の悪い企業の株式を一度にまとめて売り払うことが困難になってきたという事情がある。

　日本においても，バブル経済崩壊以降，①多くの企業が利益維持のため系列企業の株式を売却し始め，それにより株式相互持ち合いの構造が以前ほど強固ではなくなってきたこと，②海外投資ファンドなどの持株比率が増加したこと，③商法改正によって株主権の強化やアメリカ型経営体制の導入がはかられたこと等により，これまでに比べ経営者に対する株主の牽制力が強まることとなった。そして，こうした企業経営に対する株主の影響力の高まりは，その後の経営健全化に一定の役割を果たしてきた。しかし反面，こうした状況が株価至上主義的風潮を生み出し，経営者を近視眼的な経営に陥らせたり，粉飾決算などの企業不祥事を頻発させることにもなった。ライブドア事件などは，まさに株価至上主義のもとで起こった不祥事の典型であるといえる。

2　株式会社の大規模化と社会的影響力の増大

　株式会社制度が可能とした資本の集中と，それによる企業規模の拡大は，企業の社会的性格を急速に高めることとなった。例えば，日本を代表する企業であるトヨタ自動車についてみると，従業員数は6万9478名（2008年3月末現在）であり，連結会社を合わせると31万6121名にものぼっている。これは，地方都市の人口にも匹敵する数である。また，売上高は26兆2892億円（08年

3月期)にも達しており，この額は各国のGDPランキングに当てはめると約30位に相当し，トヨタの生産力は一国の生産力をも凌駕するまでになっている。さらに，生産台数は07年3月からの1年間だけで国内外合わせ854万7000台であり，同社製の車を保有する人々は日本のみならず世界各国に存在している(トヨタ自動車ホームページ，2008年8月1日アクセス)。

　さて，上記トヨタ自動車のように，現代の大規模株式会社は従業員，顧客・消費者，および地域住民など，関係する**ステークホルダー**の数が膨大であり，極めて強い社会的影響力をもつに至っている。そのため，こうした企業が経営判断を誤ったり，法令に反するような行為をとると，社会はたちまちの内に大きな混乱に陥ることとなる。例えば，都市銀行であった北海道拓殖銀行が経営破綻した時には，従業員が職を失っただけでなく北海道経済全体が大打撃を受けたし，四大証券の一角であった山一証券が廃業した際も大きな社会的混乱を招く事態となった。また，アメリカのリーマン・ブラザーズの経営破綻では，その影響が世界各国に飛び火し，わが国では金融庁や証券取引所によって債権者や顧客の損害を最低限に抑えるための措置が講じられるなどした。さらに，近年の**食品偽装**を始めとした企業不祥事でも被害者は全国各地に発生することとなり，消費者や市民の抱く企業不信と社会不安はこれまでになく強いものとなってきている。

　このように，現代の大規模株式会社は社会的性格をより強めてきているがゆえに，その意思決定は一民間企業のものでありながら，社会に対して多大な影響をおよぼすに至っている。そのため，これらの大企業をどう統制していくのかが，今後に課せられた大きな社会的問題となってきている。また，各企業においてもCSR（企業の社会的責任），コンプライアンス（法令遵守），ビジネス・エシックス（企業倫理），およびコーポレート・ガバナンス（企業統治）といっ

ステークホルダー：ステークホルダーとは企業に関わる利害関係者のことであり，株主，債権者，従業員，顧客，取引業者，および地域住民などが含まれる。
食品偽装：食品偽装とは，食品の産地，賞味期限，および含有物などに関して示したラベルなどに虚偽の情報を記載することをいう。ここ数年，不二家，ミートホープ，石屋製菓，赤福，比内鶏，船場吉兆，魚秀，および三笠フーズなど食品偽装問題が立て続けに発生し，食に対する安全が脅かされている。

>> *Column* <<

株価の決まり方

　皆さんは，株式市場で流通する株式の価格がどのように決まるかご存知ですか？
　株式とは，本文でも触れたように会社の資本を均一の小単位に分割したものですから，原則的には1株の価格は会社の資本金を発行済み株式総数で割った額ということになるはずです。しかし，株価は様々な要因によって日々変動し続けています。こうした要因の内，株式市場全体に影響を与えるのが，経済動向（景気見通し等）や政治情勢（戦争・内乱，政権交代等）です。例えば，景気が後退期に入り，半年先には完全に不況期に入ると判断されるような場合，市場に流通する株式の平均価格は一般的に下降・低迷していきます。また，個々の企業の株価変動要因となるのが，企業収益，財務状況，設備投資，他社との業務提携，および製品開発といったものです。例えば，企業が増益，増配したり，新製品の開発に成功したりすると株価は上昇し，逆に業績低迷や減配，不祥事の発覚等は株価の下落につながることとなります。

　さて，こうした要因が株主や投資家の行動に影響を与えることにより，各企業の具体的な株価は刻々と変動していくこととなります。株取引は，まず株式を売却したい株主と購入したい投資家が，それぞれ売り注文と買い注文を証券会社に対し行います。次に，証券会社がそれらの注文を証券取引所（全国に5カ所）に対し行い，同所で株式の売買が実施されることとなります。その際，基本的にはオークション方式が採られます。この方式では，成行優先（売買価格を指定しない成行注文を価格指定のある指値注文より優先），価格優先（売却価格が低い注文，購入価格が高い注文を優先），時間優先（売却・購入希望価格が同じ場合は注文時刻の早い方を優先）で取引が進められます。売買取引が成立することを約定といい，この約定時の価格がその時点における当該株式の価格ということになります。こうした取引が繰り返し行われることにより，株価が常時変動していくわけです。

た指針や概念に基づいて，経営活動や企業改革の取り組みがなされるなどしてきている。コーポレート・ガバナンスに関しては法整備も進んできており，株主・監査役の権限強化や取締役会の改革など，経営者に対する監視機能の一層の強化がはかられてきている。なお，こうした点の詳細については，第3章や第4章を参照して頂きたい。

　以上，本章では，資本主義における企業形態の発展過程と株式会社制度の基

本的特徴について論じてきた。そして，このことから，①株式会社は資本や企業規模の拡大，および大規模事業の展開や多大な利潤の獲得を目指すことが可能な唯一の企業形態であること，②資本の集中と株式の分散，および株式会社間における株式相互持ち合いなどが，企業経営における株主の影響力を後退させ経営者支配の構造を生んでいること，③その一方で，近年企業経営に対する株主の影響力が高まりを見せてもきていること，④②および③の状況は，そのどちらもが企業不祥事の一因になってしまっていること，⑤資本の集中とそれによる規模の拡大は，企業の社会的影響力を急速に増大させてきていること，⑥企業の社会的影響力の増大は，経営破綻や企業不祥事などによって起こる社会的混乱をより大きなものとしていること，等を確認するに至った。株式会社を超える資本主義的企業形態が出てきていない以上，われわれは株式会社の制度的メリットを最大限に享受しつつも，大規模化して社会的性格を強めた株式会社をいかにしてコントロールしていくのかということについて，今後も継続して模索していかなければならないといえる。

推薦図書

A. A. バーリ＝G. C. ミーンズ／北島忠男訳（1958）『近代株式會社と私有財産』文雅堂書店
　　会社の支配形態や経営者支配を可能とする要因などについて，調査結果を基に詳細に論じられている。

林昭編著（2003）『現代の大企業——史的展開と社会的責任』中央経済社
　　資本主義的企業の発展過程や，現代企業のもつ社会的性格などについて多方面から学ぶことができる。

小松章（2006）『企業形態論　第3版』新世社
　　企業形態や会社制度のあり方について，新会社法施行以降の最新動向にも触れながら詳しく述べられている。

設問

1. 所有と経営の分離，および所有と支配の分離について説明してください。
2. 上場企業の株主構成に関して調査してみましょう。

（芳澤輝泰）

第2章 会社法の制定と株式会社

商法が抜本改正されて，会社法が制定されました。なぜ，新たに会社法が必要とされたのでしょうか。会社法とは，どのような内容の法律なのでしょうか。また，それによって，現実の株式会社がどのように変化することになったのでしょうか。現実の株式会社の制度を理解する前提として，会社法が制定されるにいたった背景と，株式会社形態に関する会社法の主要な内容規定を検討してみましょう。

1 会社法の誕生

今日，株式会社は，日本では「会社法」によって規定され，したがってまた会社法に立脚した会社形態の1つとして存在している。現行の会社法は，2005年7月に公布され，2006年5月に施行された。それ以前には，会社法という正式名称をもつ法律はなく，一般に会社法といえば，実質的に会社に関する諸規定を定めた「商法第二編」(会社編)と「有限会社法」ならびに「株式会社の監査等に関する商法の特例に関する法律」(いわゆる商法特例法)の3つを総称する概念であった。あるいは，時に会社に関するすべての法律を総称する幅広い概念であった。そして，株式会社も，基本的には商法によって規定され，監査に関する規定が追加的に商法特例法によって規定されていたのである。

通称としての会社法から固有の会社法制定への移行は，会社に関する分散した法規定を一本化して整理するという法形式上の理由から導かれた一面も大きいが，同時に，会社に関する規定を，グローバル化した今日の経済事情に合わせて抜本改正するという必要性が背景にあったことも見逃せない。実際，新しい会社法に盛り込まれた株式会社の規定は，従来の商法に定められていた株式会社の規定とは，質的に大きく異なるものとなったのである。

ここでは，会社法の制定にいたるまでの背景事情と会社法における会社規定（特に株式会社に関する規定）の内容およびその問題点などについて論じることにする。

2　会社法前史：商法の歴史

　会社法は，その名のとおり会社に関する法律として，いまや株式会社をはじめとする諸種の会社について，設立手続き，機関設計，計算書類，組織変更，事業譲渡など多面にわたる様々な事柄について規定している。しかし，会社それ自体は，けっして法律の完成を待って導かれた制度ではない。日本の場合，商法は1890（明治23）年に公布され3年後の1893（明治26）年に部分施行されたのであるが，株式会社はすでにそれ以前から存在した。ちなみに，日本で最初の確たる株式会社は，1873（明治6）年に開業した第一国立銀行（現みずほ銀行）であり（これは1872年の国立銀行条例に立脚している），また事業会社として最初の株式会社は1882（明治15）年に設立された大阪紡績会社（現東洋紡績株式会社）である。しかし，これらの株式会社が誕生をみたときには，商法はまだ制定されていなかったのである。

　商法の部分施行（1893年）によって，例えば株式会社は初めてその商号のうちに株式会社という形態名を名乗ることを義務づけられることになったのであるが，それゆえに，それ以前の株式会社には，商号中に株式会社の名称が付されていない。第一国立銀行は単に第一国立銀行であり，大阪紡績会社は単に大阪紡績会社であった。

　しかし，ひとたび商法が制定されると，会社は，**法人格**を与えられ，法律によってその行動を規律づけられることになる。会社は，本来，利益をめざす自律的な経済制度として内在的な行動原理を有しているのではあるが，法律がそ

法人格：法律上，会社は，出資者が構成する組織体（社団）として位置づけられる。その場合，法律は，会社を構成する個々の自然人としての出資者とは別に，組織それ自体としての会社にも，個人と同じように，法律上の人格を認めている。これが法人格であり，法人格を認められた組織が「法人」である。法人の意思は「代表」によって表明される。

の行動原理を包み込むことになったのである。

それゆえ，会社の行動様式を解明するためには，会社を規定する法律そのものを理解しておくことが不可欠である。

以下では，まず会社法の前身ともいうべき商法が，第二次世界大戦後どのように会社（特に株式会社）を規定してきたのかを簡潔に跡付けてみよう。

1　1950 年改正商法

戦後，大改正された商法（1950 年 5 月 1 日公布，1951 年 7 月 1 日施行）は，株式会社の設立要件を，株主（発起人）数について最低 7 人，取締役員数について 3 人以上と定めていた。これはあくまでも株式会社を大規模事業向きの会社形態として想定した上での要件であったのだが，実際にはこの株式会社の設立要件は，中小事業主にとっても，クリアしようと思えば，そう難しい条件ではなかった。親族 7 人で 1 株（1 円）ずつ引き受けて家族を取締役にすれば，それで株式会社を作る条件は整ったからである。

法律は，中小事業主に対しては，合名会社・合資会社さらには有限会社法に基づく有限会社を準備していたが，株式会社の設立条件がこのようにきわめて緩やかであったところから，会社形態の採用にあたっては，いわば最高格の株式会社が初めから好んで選択される結果となった。

2　1981 年改正商法

1981 年の商法改正（1981 年 6 月 9 日公布，1982 年 10 月 1 日施行）によって単位株制度ができ，それ以降に新設される株式会社については 1 株 5 万円と定められた。とはいえ，それでも株式会社は最低 35 万円（5 万円×7 人）の資本金で設立することができた。

また，このときの商法改正の主な目的の 1 つは株主総会の活性化であった。それ以前の株式会社では，1 株 1 票の原理で議決権が付与されており，50 円額面の会社などでは，きわめて小額で議決権を有することができたため，総会屋と称される特殊株主が 1 株を購入しては，株主総会で経営者を追及するケースが目立った。また時には公害被害者を支援する団体などのメンバーが，各自で

1株を購入しては株主総会に多数で出席して経営者を追及するようなことが行われた。そこで，いわば株主権の「乱用」を防ぐためとして，議決権の付与される単位を5万円に括るべく，単位株制度が導入されたのである。同時に，企業が総会屋に金品を送るなどの利益供与行為を厳しく禁じて，株主総会を本来の株主のための機関とするための方向が示された。1984年1月にソニーの経営陣が商法改正の趣旨にのっとっていかなる株主の質問にも回答し13時間に及ぶマラソン総会を演じたのも，このときの出来事である。真摯な姿勢であったが，メディアはこれをまったく評価せず，「新社長の不手際」の一言で片付けた。このメディアの側の軽薄な対応は，せっかくの経営陣の努力を無に帰するものであり，商法改正の精神そのものを踏みにじるものであった。他社がソニーに追随することはなく，ソニーの株主総会も翌年には，従来どおりの形態に逆戻りした。

③ 1990年改正商法

1990年に商法（1990年6月29日公布，1991年4月1日施行）は，諸会社の実態を法律の趣旨に近づける努力として，株式会社に「最低資本金」制度を導入し，実体のない株式会社の設立を抑制する方向を明確にした（同時に，有限会社法も有限会社に300万円の「最低資本金」を義務づけた）。これは，会社形態が税金逃れの手段と化している実態への世論の批判の高まりを受けてのことであった。

最低資本金制度の導入によって，新設のみならず既存の株式会社についても，資本金額1000万円をみたさないものは株式会社としては認められないことになり，その結果，1990年代半ばには，株式会社の数は抑止されて，会社形態の分布は，有限会社が，それまでの株式会社に代わって，最多数を占めることになった。

実体を伴わない節税動機の株式会社の濫立を防ぐという点では一定の効果をおさめた1990年の商法改正であったが，半面，この商法改正の内容は，株式会社の本質に照らすとき，重要な問題を生じさせた。というのは，改正商法は，最低資本金制度の導入と引き換えに，それまでの最低株主人数規定を廃止して，

出資者1人の株式会社である「一人会社」を認めることにしたからである。

株式会社を含め,「会社」とは,もともと出資者が複数化した企業を意味する概念であるから,「一人会社」は明らかに概念矛盾である。もっとも,株主7人以上(複数)でスタートしても,株主が徐々に死亡して1人だけになってしまう可能性もあり得るところから,海外には初めから一人会社を認める国もないではない。

改正商法が株式会社について一人会社の設立を認めることにしたのは,100％出資になる完全子会社の迅速な設立を願う産業界の強い要請を受けてのことであった。株式会社の設立には7人以上の株主(発起人)を必要とすると規定していた改正前商法の下では,株式会社が親会社として,完全子会社を設立しようとする場合には,まず自社本体のほかに6人の株主を準備した上で設立登記を行い,設立後にその6人の株主から株式を買い取ることによって100％出資を完成させるという無駄な手順を踏んでいたのである。そこで,産業界の要請に応えて会社の設立手続きを簡素化するために,商法は一人会社の設立を認めたのである。

しかし,その場合,子会社設立の迅速化が真の目的であったのなら,あくまでも子会社設立の場合に限って,つまり株式会社という法人が単独で設立する株式会社の場合に限って「一人会社」を認めればよかったのである。その場合には,一人株主といっても親会社自体が株式会社としてすでに多数の株主を擁しているのであるから,当該子会社は,親会社のそうした多数株主の「間接出資」によって設立されたことになる。株式を公開している真の株式会社の完全子会社は,元をたどれば,親会社の多数株主の出資に由来するのであって,一人会社といえども,概念矛盾を生じることはない。

だが,このときの商法改正にあたった立法者たちは,「法人による会社設立」と「個人による会社設立」との本質的な違いを識別しなかった(正確には,識別できなかったというべきであろう)。改正商法は,法人による会社(子会社)設立の要求に応えるため,設立主体が法人であるか個人であるかの別を問うことなく資本金1000万円以上という条件を付しただけで,結果的に個人による一人会社まで認めることにしたのである。好んでではないにしても,個人によ

る一人会社の設立を容認したことは，商法が想定していた株式会社形態の趣旨，すなわち株式会社は多人数規模の事業主によって経営される大規模事業向きの企業形態であるという理念とのあいだに自己矛盾を引き起こした上，さらには会社を「社団」と規定する商法みずからの会社定義を自己否定してしまうことにもなったのである（この点に関しては，後で詳しく論じる）。

[4] 2002年改正商法

2002年の改正（2002年5月29日公布，2003年4月1日施行）で，商法は新たに「委員会等設置会社」を導入することとした。背景には，アメリカの機関投資家の日本企業への投資が増大し，それとともに，経営陣への要求が増えだしたという状況がある。一般に株主が投資先企業の経営姿勢に疑問や不満を抱いた場合，1つの対応として，株式を売却する方法がある。これは**ウォールストリート・ルール**（Wall Street rule）に基づく「退出」（exit）と呼ばれる行動である。しかし，機関投資家の場合には，大株主であるところから，その大量の株式を売却しようとすると，株価を大幅に下落させかねず，せっかくの利益機会を失うことになる。そこで，むしろ大株主であることの特権を生かして，経営陣に注文をつける「発言」（voice）という行動様式を選択するようになる。

アメリカの機関投資家が日本企業の経営に対して提示した要求は，当初は配当の増大というケースが多かったが，次第に日本企業の経営が株主を重視していないのではないかという不満から，様々な経営改善要求を提出する事態に発展した。それらの要求をしいて一言で表せば，株主によるガバナンスの強化を図るべきであるという内容にまとめられる。

このため，日本企業の中にもアメリカ型の経営機構（会社機関構造）を採用すべきであるという考え方に傾く経営者が現れ始め，それを受けて商法は，選択肢の1つとして，社外取締役を活用したアメリカ型の「委員会等設置会社」

ウォールストリート・ルール（Wall Street rule）：ウォールストリートは，ニューヨーク市マンハッタンにある金融街。通りに面したニューヨーク証券取引所（NYSE）の通称でもある。ウォールストリート・ルールとは，投資先企業の経営に不満がある場合には，当該株式を売却して去るという原則をいう。

を導入した。ちなみに，この委員会等設置会社は，その後，会社法に「委員会設置会社」として継承されることになる。

3 会社法の検討

さて，以上のように商法は，一定の時代背景の下に，あるいはその時々の必要性に応じて，逐次改正を積み重ねてきたのであるが，2005年にいたって，制定以来の抜本的な改正の機会を迎えた。会社規程の分離・独立すなわち固有の会社法の制定（2005年7月26日公布，2006年5月1日施行）である。

つまり，逆に会社法の視点からいうならば，会社法の制定はまさしく商法改正の必要性の中から生起したのである。では，会社法の制定につながる商法の抜本改正の必要性とは，そもそもどのようなものであったのだろうか。

[1] 制定の背景

まず形式面からは，2つの点があげられる。第一は，「商法の現代語化」である。商法（新商法）は，1890（明治32）年に制定された古い法律だけに，その条文は漢字・カタカナ混じりで表記されていた。今日までいくたびかの改正を経ているが，改正文はそのつど元の文体に合わせてカタカナ表記で継ぎ足されてきた。当初は当たり前であった普通の表記が，いまや古文書のようになって，条文はすっかり難しくなってしまった。そこで，条文をわかりやすく現代語に変えようということになったわけである。

改正の形式面の第二は，「会社法制の一本化」である。商法以後，有限会社法（1938年），商法特例法（1974年）などが加わり，会社を規定する法律が分散化したため，会社運営にあたって法律のどこを見たらよいのか，利用が煩雑になってきた。そこで，使い勝手を高めるために規定を一本化して，「会社法」という独立の法律をつくることにしたわけである。

さて，形式面の改正にあたっては，当然，それ以上に「内容」も併せて現代化しようということが考えられた。時流に則って，企業に対する「規制緩和」を念頭に置いた抜本的な会社法体系の見直しが図られることになったのである。

新しく制定された会社法には，特に不況下の現状では「起業」を促進することが日本経済再生のためには不可欠であるという政策的判断が色濃く反映され，その結果，会社法には「企業形態」に関して旧来の商法とはまったく異なる扱いが持ち込まれたのである。

関連して，新事業創出促進法の一部改正（2003年2月，中小企業挑戦支援法に統合）により，5年間の時限立法としてではあるが，最低資本金規制の特例措置として，創業する株式会社に限り最低資本金1000万円の設立要件が免除され，資本金1円から株式会社（確認株式会社）の設立が認められることとなったため，実質的に商法規定が骨抜きにされたことも，商法見直しの動機となった。ちなみに，会社法は，新事業創出促進法が時限立法として打ち出した1円株式会社を恒久化することとし，最低資本金制度そのものを廃止するにいたった。

さらに，既述したように，2002年の改正商法の下では委員会等設置会社の導入が図られたのであるが，取締役会の権限に関して，既存の監査役会を設置するタイプの会社との間に，不均衡が生じていた。姑息な改正の連続で，商法は，上場会社規定についても，一貫制を欠く状態になっていたのである。

加えて，世界の流れでもあったのであるが，経営不祥事を防ぐための内部統制を織り込むことも，期待された。

ここに，商法の抜本改正の動きは，新たに独立の会社法規体系としての固有の「会社法」の制定となって結実したのである。

2　会社の定義

新しい会社法は，しかし必ずしも理想の会社法規の体系として完成を見たわけではない。商法が抱えた多くの問題点を解消した一面があることは当然であるにしても，他面では，商法が有していた理念を放棄し，矛盾を残したまま，実利に徹した法律として誕生したという安易さも指摘されなければならない。とりわけ株式会社の規定に注目するとき，会社法の規定の底流にある企業形態への認識の浅薄さには，大きな疑問と批判を呈さざるを得ない。

会社法の特質は，それ以前の商法並びに有限会社法と比較することによって

明白となる。

まず，会社の定義から検討しよう。

商法は，会社を「本法ニ於テ　会社トハ　商行為ヲ為スヲ　業トスル目的ヲ以テ　設立シタル　社団ヲ謂フ」と定義していた。つまり，営利行為を継続事業として遂行する目的をもって設立した出資者の集団であると，明確に定義していたのである。ところが，会社法は，公式に「会社法」を名乗りながらも，会社概念については実質的な定義を設けていない。

同法は，「定義」と題する第2条で，いくつかの用語について定義を与えている。その筆頭に「会社」が置かれているのであるが，そこでは「会社　株式会社，合名会社，合資会社又は合同会社をいう」とだけ定められている。これではまるで，人間とは何かという問いに「男と女をいう」と答えているのと同じであり，しかも，会社を定義する説明文の中に会社という用語が使われているのであるから，そもそも定義の実体をなしていない。つまるところ，会社法における会社の定義は，会社とはこの4種類を指すという対象の限定を与えているにすぎず，旧来の商法の会社の定義に比較すれば，その中身がいかに無内容化しているかがわかるであろう。

いかなる実体をもつものを会社とみなすかという本来の定義について，会社法が新たに規定することをやめたのは，1990年の改正商法が株式会社への「最低資本金制度」の導入と引き換えに，株式会社の「最低人数規定」をなくしていわゆる一人会社を認めた時点で，会社を「社団」（人的集団）と規定する定義との間に矛盾が生じ，解決がつかなくなったことが大きな理由である。ただし，会社法は，持分会社の出資者を「社員」と表現していることから，会社の社団性を否定したわけではなく，あくまでも社団性の明示規定をやめることによって表面的矛盾を回避したのだと考えられる。

会社法は，商法を継承しながらも，他方で，このように商法の理念をドライに放棄するという断絶した一面をも有しているのである。

3　会社の種類

会社法制定以前の日本の会社形態は，商法ならびに有限会社法によって，以

下のように分類されていた。

　　　合名会社（商法に立脚）

　　　合資会社（商法に立脚）

　　　株式会社（商法に立脚）

　　　有限会社（有限会社法に立脚）

　これら4種の会社形態は，カッコ内にも記したように，合名・合資・株式会社は，商法を根拠法として有し，有限会社は有限会社法を根拠法として有していた。有限会社のみが商法の規定をはずれ独自の扱いを受けていたのは，合名・合資・株式会社の3形態が明治時代の商法制定時から日本に導入されていたのに対して，有限会社は時期的に遅れて1938年に導入されたため，商法規定に組み込まれることなく独自に立法化されたという事情による。

　ところで，商法ならびに有限会社法は，これら4種の会社形態を，けっして並列的に準備していたのではない。両法は，事業者がその営む事業の規模に応じて4種の会社を適切に選択することを想定していたのである。すなわち，零細・小規模事業者は合名会社を，中小規模事業者は合資会社を，中規模事業者は有限会社を，そして大規模事業者は株式会社をそれぞれ選択の上，採用することを想定して，各会社形態を法規定していたのである。

　それゆえ，商法ならびに有限会社法は，合名会社，合資会社，有限会社，株式会社の各会社形態については，事業者がそれぞれ自己の事業規模に応じて適切に選択・採用することを期待し，とりわけ株式会社については，株式会社本来の趣旨に即して，大企業が採用すべき形態であることを前提に，諸規定を設けていたのである。株式会社への1000万円の最低資本金制度の導入も，まさにその表われであった。

　しかし，会社法は，そのような商法の理念を引き継ぐことなく，まったく異なる発想から，会社形態を規定するにいたった。すなわち現実に事業者の間に株式会社形態をとることへの願望が強いのであれば，むしろ株式会社形態を中小零細事業者にも広く認めた方が起業促進につながる可能性が高いとして，最低資本金制度を廃止し，株式会社形態を中小零細企業にも開放したのである。その結果，株式会社を中小規模事業者向けにアレンジした有限会社は，その存

在意義を失い，法制上は株式会社とみなされることになった（特例有限会社）。

また，株式会社では議決権や利益配分が1株1票で出資割合に比例しているため，資本よりも事業アイディアなどがものをいう，例えばソフト産業などの事業分野では，むしろ経営への関与度などを考慮に入れて，議決権や利益配分を出資割合とは独立に自由に決められるようにした方が起業を促進するという判断から，株式会社のメリットである全出資者の有限責任制を有しながらも同時に運営原則については「**定款自治**」による自由を認めた「合同会社」形態が新設されることになった。

結局，会社法の下で，日本の法制上の企業形態は，旧来とはまったく異なる新体系に組み直された。つまり，株式会社が最も一般的な会社形態に位置づけられ，それ以外は「持分会社」の名の下に，一括して扱われることになったのである。整理すると，次のようになる。

　　株式会社
　　持分会社
　　　　合名会社
　　　　合資会社
　　　　合同会社

ちなみに，持分会社の定義も，理論的にはなされていない（詳しくは後述する）。

会社の定義および分類の仕方を旧来の商法（ならびに有限会社法）と比較するならば，商法が会社の「理念」を重んじていたのとは対照的に，会社法は起業促進等の便宜を優先させた，極めて実利的な性格の強い法律になっていることがわかる。

定款自治：定款とは，会社経営の根本原則を定めた文書をいう。商号，目的，本店（本社）の所在地，役員名などのほか，会社機関の設計なども規定することができる。ただし，株式会社は，議決権や利益分配など出資者間の権利関係を基本的に法定されているが，持分会社では，法に干渉されることなく定款で自由に定めることができる。これを定款自治という。

第2章　会社法の制定と株式会社

④ 株式会社範疇の拡大と区分

さて，会社法は，日本経済再生のための起業促進政策を受けて，最低資本金制度を廃止することにより，株式会社形態を大小すべての事業主に開放した。中小事業者でも，株式会社を望むのであれば，無条件に設立を認めることにしたのである。それゆえ，株式会社の範疇は，規模の下方に向かって大きく拡張された。

ただし，実際には，中小事業者が設立する株式会社と本来の大規模事業向きの株式会社を同一次元で扱いうるわけがなく，そこで会社法は，逆に株式会社の中に新たなる区分を設けて対応する方途をとるにいたった（正確にいえば，従来も，商法特例法によって，株式会社の中に規模区分が設けられてはいたのであるが，初めから一般法の中に区分を設けたところに，会社法の大きな特徴がある）。

具体的にいうならば，会社法は，新たに株式会社それ自体の範疇の中に，質と規模の区分を設けるにいたったのである。質の区分は，「公開会社」であるか否かであり，規模の区分は，「大会社」であるか否かである。

まず会社法のもとで新たに設けられた公開会社概念について，みておこう。

これまで一般に，公開会社といえば，株式を市場に公開している「上場会社」を意味するのが普通であったが，会社法の定める公開会社の概念はそれとは異なっているから注意が必要である。

会社法は，公開会社を「その発行する全部又は一部の株式の内容として譲渡による当該株式の取得について株式会社の承認を要する旨の定款の定めを設けていない株式会社をいう」と定義している。この定義の仕方は，公開会社とは株式譲渡制限会社でないものをいう，という形式になっていて，あたかも男とは女でない個人をいう，という定義の仕方と同じである。回りくどい表現だが，ストレートにいえば，公開会社とは，少なくとも1種類以上の株式について譲渡の自由を株主に保証している株式会社を指す。実際に株式市場に株式を「公開」（上場）しているか否かにかかわらず，必ずしも全部の株式について譲渡制限を定款に設けていなければ，つまり自由に譲渡できる株式が一部でもあれば，法律上は「公開会社」ということになるのである。

さて，会社法は一方で，「大会社」という規模概念をも設けている。大会社

の概念自体は，商法特例法から継承されたものであるが，時点をはっきりさせて，「最終事業年度に係る貸借対照表に資本金として計上した額が5億円以上」または「最終事業年度に係る貸借対照表の負債の部に計上した額の合計額が200億円以上」の会社が「大会社」と定義される。

それゆえ，結局，会社法の下では，株式会社は，その範疇内に導入された，公開会社であるか否か，及び大会社であるか否かの別によって，以下のように4つのカテゴリーに分類されることになった。

①公開会社であり，かつ大会社である株式会社。
②公開会社であるが，大会社でない株式会社。
③公開会社でなく，大会社である株式会社。
④公開会社でなく，大会社でもない株式会社。

そして，会社法は，このうち本来の株式会社とは最もかけ離れた非公開で小規模なタイプ（上記の分類でいう④）の株式会社を対象に，最低限の一般ルールを定め，類型が高度化（つまり公開かつ大規模化）するにつれて，一般ルールの上に，特殊ルールを付加していくという方式で条文を構成することにしたのである。そのため，本来ならば株式会社形態である必要のない中小規模の閉鎖的な株式会社が株式会社の一般型とみなされ，株式会社の名にふさわしい大規模な上場会社が特殊視されるという逆転構造になっているのである。こうすることによって，「条文数の節約や準用条文の廃止等，立法の形式面の合理化が図られた」（「新会社法の意義と問題点」『商事法務』No.1775. 2006年8月25日号，10頁）というが，法律の都合を優先するあまり，株式会社の本質規定を見失った感がある。つまり，もともと株式会社にふさわしくない中小規模の株式会社を基準（出発点）にして論を組み立てる展開になっているため，株式会社の本質がついにどこにもみえてこないのである。

5 株式会社の機関設計

一般に，会社の経営や監査業務は，個人が個人として行うのではなく，会社機関を通じて実行される。そして，株式会社の場合には，従来は，株主総会，取締役（会），代表取締役，監査役（会）の設置がおおむね一律に義務づけら

①公開・大会社	②公開・非大会社
取締役会	取締役会
監査役会または委員会	監査役または委員会
会計監査人	
③非公開・大会社	④非公開・非大会社
取締役	取締役
監査役	
会計監査人	

図2-1　株式会社の4カテゴリー
(出所)　筆者作成。

れていたのであったが，会社法の下では，必要とされる会社機関は，4カテゴリーごとに異なる規定を受けることになった。

　あらかじめ，各カテゴリーに最低限，設置が必要とされる会社機関を整理して示すと，図2-1のようになる（なお，株主総会はすべてに必置ゆえ，省略。以下の説明にあたっては，この図を参照しながら理解してほしい）。

　上記類型④の「公開会社でなく，大会社でもない株式会社」には，株式会社にとっての最低限のルールが適用される。この類型に必要とされる機関は，「株主総会」と「取締役」の2つだけである。旧来の商法は，株式会社の取締役について一律に3人以上と定め，かつ「取締役会」の設置を義務づけていたが，会社法の下では取締役は1人でよく，「取締役会」の設置は「公開会社」（後述）のみに要求される。

　株式会社にかぎらず，会社法がすべての会社形態に共通して求める設立要件の1つに「定款」の作成がある。

　それゆえ，株式会社の設立に要求される実質的な最低条件は，結局，「株主総会」と「取締役」の2機関の設置および「定款の作成」だけであるが，会社機関に関しては，会社法は，必要であれば任意機関としての「会計参与」を利用する方途を開いている。会計参与とは，会社法によって新設された機関で，その職務は「取締役と共同して計算書類を作成する」ことであり，就任資格は公認会計士または税理士に限られる。起業促進のために株式会社形態を中小事業者に開放したのはよいが，中小事業者の中には財務・会計の知識にうとい者も少なくないであろうから，このような任意機関が導入されたと考えられる。

さて、次に公開会社（上記類型①と②）では、3人以上の取締役が全員で「取締役会」を組織しなければならないとされる。さらに、公開会社では、取締役の業務をチェックする「監査制度」が必要となる。日本では商法制定時からの「監査役」制度に従い、株主総会で選任された監査役が会計監査とともに取締役の職務監査を担当してきた。しかし、近年、企業経営上の不祥事が頻発するに及んで監査制度の充実・徹底が叫ばれ、2002年の商法改正により、アメリカ型の「委員会」による監査制度を選択することも可能になった。

会社法はこの監査制度の選択方式を引き継いでおり、その結果、公開会社は、いずれの監査制度を採用するかによって、監査役型（監査役設置会社および監査役会設置会社）と委員会型（委員会設置会社）との2形態に大別されることになる。

A）監査役設置会社と監査役会設置会社

会社法は、公開会社については、委員会設置会社を除いて監査役を置かなければならないと定めた上で、さらに大会社は「監査役会及び会計監査人」を置かなければならないと規定している。大会社ではない監査役を設置した公開会社が「監査役設置会社」であり、大会社で監査役会を設置した公開会社が「監査役会設置会社」に該当する。

公開会社では、取締役会で「代表取締役」が選定される。代表取締役は、対外的に株式会社を代表し、また株式会社の業務に関する一切の権限を有して業務の執行にあたる。代表取締役の数に制限はなく、通常は定款に定められる。一般的慣行としては、代表取締役は、社長、副社長、専務取締役、常務取締役などの、いわゆる役付き取締役の形で就任しており、取締役の中の上位層を形成して、経営業務の執行にあたっている。

「監査役」は、取締役の職務の執行を監査するための機関である。株式会社の事業経営を株主から委任された取締役がその職務を忠実に執行しているかどうかを監査する役目を、同じく株主から委任された機関が監査役にほかならない。上述のように、大会社においては監査役は全員で「監査役会」を組織しなければならない。

大会社には、さらに会計監査人が要求される。会計監査人とは、会計監査を

行う公認会計士または監査法人を指し，株主総会で選任される。

　B）委員会設置会社

　会社法は，委員会設置会社を「指名委員会，監査委員会および報酬委員会を置く株式会社」と定義している。委員会設置会社は，アメリカの株式会社の経営・監査構造をモデルに導入された公開会社である。取締役の職務の監査については監査役に代えて「社外取締役」を中心とする「監査委員会」が担当する仕組みになっているが，同時に経営上の意思決定と執行を分離させるために，取締役のほかに「執行役」という機関が置かれている。このため監査役型の公開会社と委員会設置会社との違いは，単に監査構造だけでなく経営構造そのものの違いということができる。

　委員会設置会社では，その名称どおり「指名委員会」「監査委員会」および「報酬委員会」の3つの委員会が重要な位置を占める。各委員会は委員3名以上であることが必要とされ，委員は取締役の中から取締役会によって選定される。なお，各委員会の過半数は社外取締役でなければならない。

　委員会設置会社では，監査役型公開会社の取締役が経営の「意思決定」と「執行」を兼務するのとは対照的に，取締役はもっぱら取締役会に参加する「意思決定者」としてのみ位置づけられ，経営の執行は執行役に委ねられる。

　経営業務の執行を担当する「執行役」は，取締役会で選任される。その際，取締役会は，執行役の中から「代表執行役」を選定しなければならない。委員会設置会社においては，この代表執行役が対外的に会社を代表する。執行役は取締役を兼ねることが認められるため，通常，代表執行役は取締役を兼務して取締役会の意思決定に参加するとともに，社長，副社長といった慣用上の役職を名乗って経営業務の執行にあたっている。

　会計監査人については監査役型公開会社の場合と同じである。

６ 株主の権利

　株式会社である以上，区分された4カテゴリーのすべてを通じて，株主総会が最高の機関であることはいうまでもない。株主の基本権利は，会社法のもとでも実質的な変更はないが，会社法は，株主の権利について，その名称をわか

りやすく変更した。株主の3大権利は，次のように表現される。
1)「剰余金の配当を受ける権利」
2)「残余財産の分配を受ける権利」
3)「株主総会における議決権」

　このうち，配当を受ける権利については，旧来の商法は，企業活動の成果として得られた利益剰余金のみを配当原資として認めていたが，資本剰余金を含めて剰余金はすべて株主のものという発想から，会社法は，配当の原資を「剰余金」一般に拡大した。この変化が，「剰余金の配当を受ける権利」という名称にも反映されている。また，同じ発想から，配当は，従来の期末ならびに中間という時期の限定を取り払われ，原則として期中に何回でも可能となった。

7　持分会社

　最後に，会社法によって導入された他の会社形態についても，言及しておこう。他の形態との比較によって，株式会社の特徴がいっそう明らかになると思われるからである。

　持分会社は，会社法において合名・合資・合同会社の3会社形態の「総称」として導入された概念である。会社法にはそれ以上の定義はなされていないが，しいていえば「持分」とは所有権の単位であり，株式会社では「株式」がそれにあたるから，持分が株式化されていない3会社については共通にこの言葉で括ることにしたのであろう。もっとも，歴史的には，明治期に制定された旧商法において，持分会社概念は合名・合資会社の総称であったから，それを復活させて，新たに合名・合資・合同会社の総称として使うことにしたともいえる。

　持分会社に共通する基本的特質は，「定款自治」が尊重されることである。会社法は，持分会社についてはその運営を一律に法定するのでなく，最低限の事項だけを法定するにとどめて，あとの設計は会社の自主性に委ねている。それは，持分会社が基本的には限られた数の社員（出資者）によって設立され，かつ社員みずからが事業経営にあたることを前提した会社形態であるため，社員が互いに事業経営への関与度によって出資者面での権利関係を調整しても不公平を生じないという理由による。

なお，旧来の商法は，合名・合資会社については個人による設立・加入のみを認めていたが，会社法の下では，持分会社は，法人出資による設立・加入も認められるようになった。ちなみに，ドイツには，「有限合名会社」という独自の会社形態がある。有限責任社員のみからなる法人（例えば株式会社）が出資して設立する合名会社がそれである。会社法の下では，規制が緩和されて，これと実質的に同じ会社形態が合名会社範疇の中に認められたことになる。

合名会社と合資会社については，旧来からの形態であるから，次に会社法によって新設された合同会社について述べておこう。

合同会社は，アメリカの LLC（Limited Liability Company）をモデルに，会社法の下で導入された新しい企業形態である。

アメリカの LLC は，1977 年にワイオミング州で法制化され，次いで 1982 年にフロリダ州でも法制化された。1990 年代に入ると他の多くの州でも法制化されるにいたったが，課税上のあいまいさがネックになっていた。1996 年に内国歳入庁が連邦税制上は「組合」とみなすことによって法人税の対象とはせず，出資者に所得税を課す「パススルー課税」とするものの，「会社」として法人税を支払う方式を自己選択することも認めるというチェック・ザ・ボックス・ルールを導入したことにより，全米諸州に普及した。

合同会社の特質は，定款自治を原則としつつも社員全員の責任が有限責任とされていることである。既存の合名・合資会社形態にも共通する定款自治は，もともと「組合」に由来する制度であり，一方，全出資者の有限責任制はもともと株式会社に由来する特質であるところから，合同会社は組合と株式会社の利点を合わせもつハイブリッド型の企業形態といわれる。それゆえ，合同会社においては，社員は有限責任を認められた上で，例えば各自の出資割合とは独立に議決権の割合や利益配分の割合を定款に自由に定めることができるのである。

合同会社が定款によって議決権や利益配分を自由に決められるのは，持分会社が社員みずから事業経営にあたることを前提した，出資と経営が未分離の会社形態であるところから，むしろ経営への関与度によって出資者面の権利を調整しても，それがかえって公平性につながりうるからである。合同会社は，個

人のみならず法人による設立も認められるため，例えば技術力はあるが資金の乏しい中小企業が，資金力のある大企業と組んで事業を起こした場合でも，中小企業の側が，出資割合上のハンディを技術力でカバーして，大企業と議決権や利益配分に関して対等な立場を確保することも可能となる。

アメリカでは，LLC が IT 起業ブームに寄与したという一面をもつため，日本にも起業促進のための政策の目玉の 1 つとして導入されたのであるが，税制の違いから，日本の合同会社は初めから法人扱いとなり，有限会社の打ち切りと引き換えに新設・導入されたことの意味は大幅に薄れた。

結局，日本では，経済再生のための起業促進策として，①この合同会社形態の新設と②株式会社の設立要件緩和とを打ち出したといえるのであるが，その後の経済状況は，これらが必ずしも目に見えた効果を示すところまでは達していない。

4　会社法と現実の経営課題

会社法は，明治期に制定された「商法」の 100 年ぶりの大改正によって制定されるにいたった文字通りの新しい法律であるが，日本の置かれた現実面への政策的対応に重きを置くあまり，実利に徹して，理念を著しく欠く内容の法律として誕生した。株式会社についても，商法が一貫して大規模事業向きの形態として位置づけてきた姿勢を 180 度転換して，中小事業者にも開放した。

およそ法律は世の中の秩序を定める基準であり，会社法は会社の行動を定める基準として位置づけられるものであるが，その会社法がこれでは，現実の会社それ自体の行動を本当に正しく律することができるのかという疑問が残る。

しかし，法が理念を欠いたからといって，現実の会社行動がどうあってもよいということにはならない。規制緩和は，現実企業の自由度を高めることになるが，「自由」には「責任」が伴う。現実の株式会社の経営は，グローバル化した競争市場の中で，世界に通用する行動を求められているのである。

また，会社法には，日本経済の再生という大きな目標が暗黙裡に掲げられている。しかし，現実に日本経済が再生できるかどうかは，もはや法律の問題で

▶▶ *Column* ◀◀

法律の日本語

　会社法の制定につながった商法の抜本改正の理由の1つに，本文で紹介したように「商法の現代語化」があります。

　旧来の商法は，例えば，会社を以下のように規定していました。

「第五十二条　本法ニ於テ会社トハ商行為ヲ為スヲ業トスル目的ヲ以テ設立シタル社団ヲ謂フ……

第五十三条　会社ハ合名会社，合資会社及株式会社ノ三種トス」

　明治時代からの漢字カタカナ混じり文ですから，読みにくいといえば読みにくいかもしれません。

　しかし，見渡してみれば，今日，私たちの周りには，実に多くのカタカナ言葉があります。コンピュータ，コマーシャル，セクハラ，バラエティ，エコロジーなどなど。そして，企業経営においても，例えば以下のように，多くのカタカナ用語が使われています。

「アライアンス」「イノベーション」「オートメーション」「キャッシュ・フロー」「コスト」「コーポレート・ガバナンス」「コンプライアンス」「サプライ・チェーン・マネジメント」「ステークホルダー」「ストック・オプション」「ゼロ・エミッション」「パフォーマンス」「ブランド」「ベンチャー・ビジネス」「リサイクル」……

　なかには，もうカタカナにするのも面倒くさいというわけか，ちゃんとした日本語訳がないわけではないのに，CSRとかNPOとかM&Aなどと，アルファベットそのままで使われる用語もあります。

　カタカナ文が読みにくいといいますが，もう少したてば，日本はカタカナ言葉があふれて，かえってカタカナ文のほうが「現代的」ということになったかもしれません。

　それに，現代語化したとはいえ，会社法の公開会社の定義である「その発行する全部又は一部の株式の内容として譲渡による当該株式の取得について株式会社の承認を要する旨の定款の定めを設けていない株式会社をいう」なんていう奇妙な言い回しに接すると，「立法にあたった皆さん，もっと日本語表現を学んでください」と言いたくなります。

はない。現実の企業が，グローバル化した競争市場の中で発展し続けることができるかどうかにかかっていることを，肝に銘じなければならない。

> [推薦図書]

小松章（2006）『企業形態論 第3版』新世社
　　日本の株式会社の制度や実態を，歴史に即して客観的に叙述している。
中央経済社編（2005）『会社法（机上版）』中央経済社
　　商法との対比で，会社法の条文を説明しているので，変更点が明快。
商事法務研究会（2006）『旬刊 商事法務』No.1775. 商事法務研究会
　　会社法に関する日本私法学会のシンポジウム資料が有用。

> [設　問]

1．会社法は，どのような背景のもとで制定されたか述べてください。
2．一口に株式会社といっても，多くの種類があります。会社法では，株式会社はどのように分類されることになったか，詳しく説明してください。

　　　　　　　　　　　　　　　　　　　　　　　　　　　　（小松　章）

第3章

株式会社の機関設計とコーポレート・ガバナンス

会社法が制定されて株式会社の機関設計が柔軟になり，株式会社は様々な機関を選択することができるようになりました。なぜ機関設計を柔軟にする必要があったのでしょうか。また，日本の上場企業のコーポレート・ガバナンスには会社法によってどのような変化が起こったのでしょうか。最近のコーポレート・ガバナンスの改善はどのような圧力によって促進されてきたのでしょうか。日本企業のコーポレート・ガバナンス改革の状況を欧米のそれと比べてみましょう。

1 機関設計の多様化

1 非公開会社および会計参与

　従来，株式会社の機関には株主総会，取締役会，監査役（会），会計監査人などがあったが，会社法ではこれらの機関に加えて「会計参与」が新設された。会社法の特徴の1つは，これらの機関の組み合わせによる機関設計の自由度が飛躍的に増大したことであり，株式会社の機関設計は30パターン以上に増加した。株式会社はその成長の度合いやその他の必要に応じてこれらの会社機関を柔軟に選択できることになった。

　会社機関の選択は株式譲渡制限会社とそれ以外の会社で大きな違いがある。株式譲渡制限会社は，すべての株式に譲渡制限が付けられており，取締役会の承認がないと株式を譲渡することができない会社である。株式譲渡制限会社は「支配権の移動に経営者が関与できる会社」（武井一浩〔2006〕『会社法を活かす経営』日本経済新聞社，64頁）であり，会社法では**非公開会社**と呼ばれる。これに対し，株式の一部に譲渡制限が付けられていたとしても，株式のすべてに

譲渡制限が付けられているわけではない会社は公開会社と呼ばれることになった。したがって「上場企業は必ず『公開会社』に該当する。ただ『公開会社』の中には上場企業ではない会社も多数存在する」のであり，「上場企業でも，上場している普通株式などについては譲渡制限を設定できないが，上場しない優先株式など特定の**種類株式**については譲渡制限を付することができる」（武井〔2006〕64頁）。

ここで，新設された会計参与の職務などについて確認しておくことにしたい（太田達也〔2005〕『新会社法と新しいビジネス実務』商事法務，80-93頁）。会計参与の職務は取締役（委員会設置会社の場合は執行役）と共同して，計算書類を作成することである。会計参与は株主総会で選任され，その任期は原則2年であるが，株式譲渡制限会社においては，10年まで延長することができる。

会計参与は公認会計士（監査法人でもよい）または税理士でなければならず，その会社または子会社の取締役，執行役，監査役，会計監査人，支配人，その他の使用人を兼任することはできない。しかし，顧問税理士が会計参与に就任することは禁止されていない。株式会社に会計参与を設置するかどうかは任意であり，取締役会設置会社が監査役または委員会を設置した上，さらに会計参与を設置することもできる。会計参与は会社の業務や財産について調査する強い権限が与えられている一方で，説明責任が課せられており，「計算書類を5年間保存し，株主および債権者の閲覧・謄写の請求に応えなければならない」。会計参与の責任は重く，株主代表訴訟の対象ともなる。

会計参与は中小企業における計算書類の信頼性を確保するために新設されたものということができる。大企業においては，会計士による監査が義務づけられており，また，専門能力を有する経理スタッフが充実していることもあり，計算書類には一定の正確性が保証されると考えることができる。しかし，中小企業では，こうした条件が満たされていないため，計算書類の正確性が必ずし

非公開会社：従来は，一般に，株式を上場している会社のことを公開会社，株式を上場していない会社を非公開会社と呼んできたが，会社法では公開会社の定義が異なるので，注意が必要である。
種類株式：株式会社は配当や残余財産の分配において標準的な権利を与えられた普通株のほかに，普通株に比べ配当などを優先的に受け取ることができる優先株や配当などを受け取る権利が劣る劣後株を発行することができる。これらの株式を種類株と呼んでいる。

も保証されず,金融機関からの融資を受けにくいという側面があった。中小企業は会計参与を設置することによって,金融機関からの融資を円滑に受けられ,また融資条件の優遇を受けられるようになることが期待される。

会社法では株式会社の機関設計の自由度が増しただけでなく,意思決定の迅速化や役員の任期の柔軟化などもはかられた。すなわち,定款に規定を設けることにより,取締役会の議決を書面か電子メールで行うことが可能になり,取締役会の意思決定を迅速に行うことができるようになった。従来,監査役設置会社の取締役の任期は2年,監査役の任期は4年であったが,会社法では,株式譲渡制限会社の取締役および監査役の任期は10年となった。これは従来の有限会社(取締役の任期に制限はなかった)が株式会社に一体化されたことによるものである。

2 会社法のもとでの機関設計の特徴

このように,会社法によって株式会社の機関設計はきわめて複雑になったのであるが,機関の選択は①取締役会を設置しているか否か,②公開会社であるか否か,③大会社であるか否か,によって大きく分かれることになる。以下ではまずその主要な特徴についてみていくことにしよう(太田〔2005〕40-43頁)。

まず第一に,株式譲渡制限会社においては,取締役会の設置が任意になった。株式会社はすべて株主総会と取締役の設置が義務づけられるが,株式譲渡制限会社は1人の取締役を置くだけでも良い。これに対し株式譲渡制限会社以外の会社は取締役会の設置が義務づけられる。

旧商法では,株式会社に取締役会の設置を義務づけ,所有と経営の分離を強制していた。しかし中小企業においては所有と経営が一体であり,所有者が同時に経営者でもある企業が多くみられる。こうした企業においては取締役会を置かず,株主総会が業務執行事項をすべて決定することができるようになった。有限会社が廃止され,株式会社に一本化されたため,したがって株式会社に所有と経営が一体化している会社が加わったため,こうした機関設計が必要となった。

第二に,取締役会を設置した株式会社は監査役または委員会(委員会設置会

社を意味する）のいずれかを設置しなければならない。けれども大会社以外の株式譲渡制限会社では，監査役あるいは委員会を設置せず，会計参与を設置することもできる。

　第三に，監査役（会）と委員会を同時に設置することはできない。委員会設置会社では，監査役ではなく，監査委員が監査を担当する。また，取締役会を設置しない場合は，監査役（会）や委員会を設置することができない。

　第四に，大会社は会計監査人を設置しなければならない。大会社以外の会社では会計監査人を置かなくてもいい。会計監査人を設置する場合は監査役または委員会のいずれかを設置しなければならない。なお「大会社であっても株式譲渡制限会社であれば，監査役会の設置が強制されなくなる。その場合は監査役を1名以上置けばよい」（太田〔2005〕43頁）。上場会社の子会社が大会社であり，株式譲渡制限会社であるような場合にはこのような方法で機関を簡素化することができる。旧商法では，大会社は3名以上の監査役を置き，その半数以上に社外監査役を選任することが求められていた。しかし，上場企業が子会社を設立する際に，その子会社の株式のすべてに譲渡制限を付ければ，子会社を設立するたびに3名以上の監査役を置くなどの措置は必要がなくなった（本章コラム参照）。

3　取締役会設置会社と取締役会非設置会社

　株式譲渡制限会社以外の会社は取締役会を設置しなければならず，取締役会設置会社は監査役設置会社か委員会設置会社のどちらかを選択しなければならない。ただし，取締役会設置会社であっても，大会社以外の株式譲渡制限会社に限っては，監査役設置会社あるいは委員会設置会社を選ばず，会計参与設置会社を選択することができる。

　会社法以前の株式会社は監査役設置会社あるいは委員会設置会社のどちらかであったから，取締役会設置会社には会社法によって会社機関に大きな変化が生じることはなかった。「強いて言えば，会計参与設置会社という新たな類型が生じる点」（太田〔2005〕44頁）だけが変わったといえる（図3-1）。

　これに対して取締役会非設置会社に関しては，従来の有限会社型の機関が株

```
(1) 株式譲渡制限会社の場合
 ① 大会社の場合
    取締役会 ＋ 監査役   ＋ 会計監査人 （＋ 会計参与）
    取締役会 ＋ 監査役会 ＋ 会計監査人 （＋ 会計参与）
    取締役会 ＋ 委員会   ＋ 会計監査人 （＋ 会計参与）

 ② 大会社以外の場合
    取締役会 ＋ 監査役   （＋会計監査人）（＋会計参与）
    取締役会 ＋ 監査役会 （＋会計監査人）（＋会計参与）
    取締役会 ＋ 会計参与
    取締役会 ＋ 委員会   ＋ 会計監査人 （＋会計参与）

(2) 株式譲渡制限会社以外の会社の場合
 ① 大会社の場合
    取締役会 ＋ 監査役会 ＋ 会計監査人 （＋会計参与）
    取締役会 ＋ 委員会   ＋ 会計監査人 （＋会計参与）

 ② 大会社以外の場合
    取締役会 ＋ 監査役   （＋会計監査人）（＋ 会計参与）
    取締役会 ＋ 監査役会 （＋会計監査人）（＋ 会計参与）
    取締役会 ＋ 委員会   ＋ 会計監査人 （＋ 会計参与）
```

図3-1 取締役会設置会社の機関設計の選択肢
(注) （ ）は，任意であることを意味している。
(出所) 太田達也（2005）『新会社法と新しいビジネス実務』商事法務，45頁。

式会社の機関として採用されるため，株式会社の機関設計に大きな変化が生じることになる。株式譲渡制限会社に関しては取締役会の設置は任意であり，取締役会非設置会社においては取締役は1人以上でよく，監査役の設置も任意である。取締役会非設置会社においては株主総会の権限が強化され，株主総会は会社の組織，運営などすべてについて決議することができる。取締役を代表取締役1人にするという機関設計は，中小の同族会社やグループ会社の株式譲渡制限会社である100％子会社などでの採用が考えられる（太田〔2005〕46頁）（図3-2）。

また，株式譲渡制限会社においては，取締役の資格を株主に限ることができる。株式譲渡制限会社においては監査役の監査の範囲を会計監査に限定し，業務監査を除外することができる。ただし，株式譲渡制限会社であっても監査役

```
(1)大会社の場合
    取締役  ＋  監査役  ＋  会計監査人  （＋会計参与）

(2)大会社以外の会社の場合
    取締役                              （＋会計参与）
    取締役  ＋  監査役  ＋  会計監査人  （＋会計参与）
    取締役  ＋  監査役*                 （＋会計参与）
```

図3-2　取締役会非設置会社の機関設計

(注)　＊定款で監査役の権限を会計監査権限に限定できる。
　　　（　）は，任意であることを意味している。
(出所)　太田（2005）47頁。

会設置会社および会計監査人設置会社では監査の範囲を会計監査に限定することはできない。株式譲渡制限会社においては，監査役を置かない（監査役非設置会社）という選択も可能であり，このような監査役非設置会社が監査の範囲を会計監査に限定する会社では，株主の権限が強化される。すなわち，これらの会社では，一定の条件の下で，株主が取締役会を招集することができ，この取締役会で意見を述べることができる。

2　監査役会設置会社

1　監査役会設置会社の機関

　大規模な公開会社には，監査役会設置会社と**委員会設置会社**があるが，これらの会社の機関に関しては会社法による変更はほとんどなかった。会計参与が新設されたのでこれらの大規模な監査役設置会社と委員会設置会社においても会計参与を設置することができるようになった。以下では，大規模な公開会社としての監査役設置会社と委員会設置会社のコーポレート・ガバナンス（企業統治）について，会社機関の側面からみていくことにする。本節ではまず監査役設置会社を取り上げる。

委員会設置会社：2002年の商法改正によって導入されたが，当初は委員会等設置会社という名称で，大会社だけに採用が認められていた。2005年の会社法で，名称が変更され，大会社以外の企業でも採用が認められるようになった。

大規模な監査役設置会社には株主総会，取締役会，監査役会，代表取締役などの機関が法律で設置を義務づけられているが，従来，これらの機関は十分その機能を果たしていないといわれてきた。近年，欧米では取締役会を中心とする会社機関についてコーポレート・ガバナンスの改革が進められてきた。世界的なコーポレート・ガバナンス改革に歩調を合わせて，日本においても取締役会や株主総会の機能改善に企業が自主的に取り組む例が多くみられるようになった。

そこで本節では，まずこれまでの監査役会設置会社の各機関が抱えていた本質的な問題点を明らかにし，次に企業統治改革の気運が日本で活発になった90年代後半以降どの程度企業統治の改善が進められたのかを検討する。さらに，これまでに先進的な大規模企業で設置されてきた執行役員制についても，企業統治改革の視点から，みていくことにしよう。委員会設置会社の機関とその運営については次節でみていくことにする。

2 株主総会の機能と実態

株主総会は，株式会社の最高機関であり，法令または定款に定められた事項に関しての決定権が認められている。会社法に定められた株主総会の権限は，①定款変更，合併，事業譲渡，解散，株式交換などの会社の基本的事項，②取締役，監査役，会計参与などの選任・解任，③配当など剰余金の配分や取締役等の役員報酬といった株主の利益にかかわる事項について決定することである。

株主総会での決議の方法には，主として**普通決議，特別決議，特殊決議**の3つがある。普通決議の定足数は議決権の過半数であり，株主総会に出席した株主の議決権の過半数によって決議される。役員の選任・解任，取締役の報酬，計算書類の承認，剰余金の分配などは普通決議によって行われる。

特別決議の定足数も，議決権を行使できる株主の議決権の過半数であるが，株主総会に出席した株主の議決権の3分の2以上の賛成を必要とする。監査役

普通決議，特別決議，特殊決議：この他に「株主平等原則の例外を定めた定款規定（109条2項）に関する定款変更に関する総会決議」があるが，ここでは取り上げない。

の解任，定款の変更，事業譲渡，解散・合併，会社分割などの重要事項は特別決議によって行わなければならない。したがって会社の3分の1以上の株式を所有する者はこれらの重要事項に関して拒否権をもつことになる。

特殊決議の定足数は議決権を行使できる株主数の半数以上であり，株主総会に出席した株主の議決権の3分の2以上の賛成によって決議される。特殊決議によって決議されるのは「その発行する株式全部について譲渡に会社の承認を要する旨の定款変更決議」（783条1項）など特殊な事項である。

次に日本企業の株主総会について，コーポレート・ガバナンスの側面から，これまでどのような問題点が指摘され，それがどの程度改善されてきたのかについてみていくことにしよう。

日本の株主総会に関して1990年代までに問題にされてきたのは，まず第一に総会開催日の集中である。わが国においては上場企業が特定の日時に一斉に株主総会を開催するのが慣行となっている。例えば，1996年は6月27日午前に2241社が総会を開催した。これは6月中に総会を開く企業の88％に相当する（『日本経済新聞』1996年6月27日付夕刊）。株主総会の一斉開催はいわゆる総会屋対策を名目に行われてきたのであるが，これによって複数の会社の株式を保有する個人株主はそのうち1社の総会にしか出席できないことになるのである。

日本の株主総会の第二の問題点は，総会の時間がきわめて短いことである。欧米では，1年に1度の株主総会を株主と会社の貴重なコミュニケーションの機会ととらえ，経営者が十分時間をかけて経営状況を説明している。これに対し日本では，90年代まで大部分の総会が30分程度で終了し，質問もまったくないのが普通であった。株主総会はほとんどの株主にとって発言することも議決権を行使することもなく，経営者の提案を無条件に承認するための機関となってしまっていた。

第三の問題は，株主総会の非民主的運営であり，これが90年代までの日本の株主総会の最も大きな問題であった。経営者は白紙委任状に基づく圧倒的な議決権を背景に株主総会を運営してきた。さらに，問題を抱えた企業の株主総会においてしばしばみられたように，総会に社員株主やOB株主を多数出席さ

表3-1　株主総会の平均所要時間の推移

年	93	94	95	96	97	98	99	00	01	02	03	04	05	06	07	08
平均所要時間（分）	29	30	28	26	29	32	33	36	39	41	43	42	48	52	55	54

(出所)　商事法務研究会『株主総会白書』各年度版より作成。

せ，一部の出席者の質問の要求を，「異議なし」，「議事進行」，の斉唱でかきけして強引に議事運営を行ってきた。1992年には，50名以上の多数の社員株主を出席させた会社が18.6％にのぼった（商事法務研究会編〔1992〕『株主総会白書1992年版』商事法務研究会，102頁）。

　これらの問題はいずれも長年にわたって是正が叫ばれてきたものであるが，最近徐々に改善の動きがみられる。すなわち，1999年頃を境に総会開催日の集中度の低下，総会の所要時間の長期化，個人株主の発言の機会の増加など株主総会運営の民主化に改善のきざしが現れた。特筆すべきは，株主総会を株主に開かれたものにしようとする努力が大企業経営者の間に次第に浸透し，個人株主の質問に丁寧に回答し，そのため所要時間の長くなる企業が増加したことである（表3-1）。

　総会平均所要時間は96年以降増加を続けており，2時間を超える会社も2001年には44社，06年は88社に増加した（商事法務研究会『株主総会白書』各年度版）。2時間を超える会社では電力会社9社に対する原発反対運動を行っている株主のように，「運動型株主」による発言で長時間化したものがほとんどであった。株主提案は01年には過去最高の18件にのぼり，05年は23件，06年は19件とほぼ横ばい状態が続いてきたが，07年には投資ファンドからの提案が増加し，34件に急増した。株主提案は「運動型株主」を中心に行われている。「運動型株主」としては労働運動型株主（東日本旅客鉄道），株主オンブズマン（三井住友銀行），住民運動株主（旭化成）などの例をあげることができるが，インターネットを活用しているものもある。近年，株式相互所有解消の流れが加速するなかで，経営者は個人株主を重視する姿勢を強めており，以前のように個人株主の発言を封じ込めようとする態度は変わりつつある。

　このように日本の株主総会は1990年代と比べ大きく改善されたように思わ

れる。その最も大きな理由は，90年代後半から株式相互持ち合いの解消が進み，外国人機関投資家のコーポレート・ガバナンス活動が活発になったことであろう。また，日本の機関投資家も従来の「モノ言わぬ株主」から大きくその姿勢を転換した。従来，日本の機関投資家は経営者の提案に賛成するのが普通であったが，株主にとって不利益となる議案には積極的に反対票を投ずるようになった。これまで機関投資家の反対が多かった議案は，役員退職金支給，買収防衛を目的とする定款変更などである。

後に述べるように，取締役会や監査役会などにおいてもコーポレート・ガバナンスの改善がみられるが，それは機関投資家の活動によるところが大きい。内外の機関投資家は独立性の低い社外監査役や社外取締役の選任に反対し，配当の増加や企業価値の向上を求めて強い圧力をかけ続けている。経営者は機関投資家のこうした要求に応える形でコーポレート・ガバナンスの改善に努めるようになってきている。わが国のコーポレート・ガバナンスの改善は法律の改正よりも，むしろこうした機関投資家の活動によって進められているということができる。

③ 監査役会の機能と実態

監査役は株主総会で選任され，その任期は4年である（森・吉本編〔2006〕『会社法エッセンシャル』有斐閣，95‐102頁）。監査役は「当該会社もしくはその子会社の取締役もしくは支配人その他の使用人または当該子会社の会計参与もしくは執行役を兼ねることができない」（331条第2項。333条第3項1号）。つまり監査役にはその会社からの独立性・中立性が求められており，監査役の解任には，総会の特別決議を必要とする。

監査役の職務は取締役の職務執行を監査することおよび監査報告を作成することである。監査役の監査の範囲には会計監査と業務監査の両方が含まれており，複数の監査役がいる場合でも，各監査役は単独でその権限を行使する（独任制）。監査役は取締役や会計参与に対し，事業の報告を求め，会社の業務や財産の状況を調査することができる。また，取締役が法令や定款に違反する行為がある場合，あるいは違反するおそれがある場合には，監査役はその行為を

止めることを請求でき，必要があれば裁判所に差止請求訴訟の提起，仮処分の申立てを行うことができる（会社法385条）。

　大規模な公開会社は3人以上の監査役で構成される監査役会を設置しなければならず，その半数以上が社外監査役でなければならない。社外監査役は「過去に当該会社またはその子会社の取締役，会計参与もしくは執行役または支配人その他の使用人となったことがない者」でなければならない。また監査役会は監査役の中から常勤監査役を選定しなければならない。

　監査役会は①監査報告書の作成，②常勤監査役の選定及び解職，③監査役の職務執行の決定，④取締役等から報告・書類を受ける等の権限をもつ。このうち③監査役の職務執行の決定とは，「監査のための方針，監査のための調査方法，各々の監査役の職務分担」などについて監査役会で決議することである（加美和照〔2007〕『新訂　会社法　第9版』勁草書房，335頁）。ただし，監査役の独任制に基づき，他の監査役の分担範囲についても，必要があれば，監査役のもつ調査権を行使して調査することができる。監査役会の決議は監査役の過半数によって行われる。

　監査役は法制度上は経営者層の監視をするのに最も適した機関であるが，それにも関わらず，形骸化し，長年にわたってその企業統治機能を果たしてこなかった。監査役が無機能化した理由は，監査役の人事権を事実上，経営者が掌握していること，したがって監査役の独立性が低いこと，監査役の情報収集能力が限定されたものであったこと，などである。そこで，これまでの監査役についての企業統治改革はこのような問題点を改善することにあった。ここで1990年代からの監査役の機能強化の歴史を振り返ってみることにしよう。

　まず，1993年の商法改正によって，大企業に社外監査役の導入が義務づけられた。すなわち，大規模な企業（資本金5億円以上または負債200億円以上の企業）は3人以上の監査役を置き，そのうち1人は社外から選任しなければならないことになった。しかし，社外監査役の要件は「就任前5年間その会社の従業員でなかったもの」という緩いものであったため，社外監査役の高度な独立性を確保することは困難であった。93年の商法改正直後に行われた日本監査役協会の調査によれば，社外監査役のうち社内出身者は16.5%，系列企業グ

ループ出身者は42.2%，大株主，銀行，生損保グループ出身者は23.8%であり，ほとんどが当該企業と利害関係を持つ人物で占められていた（伊藤智文〔1994〕「商法改正2632社の社外監査役の実態」『企業系列総覧・95』東洋経済新報社，16‐23頁）。社長が監査役の人事権を握り，独立性の低い社外監査役が選任されるといった状況は90年代末まで改善されることはなかった。

　2001年の商法改正（02年5月施行）で監査役の機能強化が行われた。すなわち，監査役の取締役会への出席と意見陳述が義務づけられたほか，大会社の監査役を3名以上とし，監査役の半数以上を社外監査役とすること，監査役の任期を3年から4年に延長することが定められた。また監査役が辞任する際の意見陳述権が与えられ，監査役を選任する際に監査役会に同意権・提案権が与えられた。

　機関投資家は独立性の低い社外監査役の選任に株主総会で反対する姿勢を強めている。機関投資家の圧力により，近年社外監査役の独立性を厳格に捉える傾向が強まっており，社長の監査役人事への介入は弱くなっている。さらに監査役が内部統制部門と連携することなどにより，社内情報へのアクセスも従来より格段に向上するなど，監査役の企業統治機能はかなり改善しつつあるということができる。

　日本監査役協会が2007年12月に実施したアンケート調査によれば，社外監査役の比率は68.3%で1社あたりの監査役は平均で3.36人であった（日本監査役協会「株主総会前後の役員等の構成などに関するアンケート集計結果――第8回インターネット・アンケート≪監査役設置会社版≫」日本監査役協会HP　http://www.kansa.or.jp/PDF/enquet8_080314-1.pdf）。アンケート調査によれば，「社外監査役の前職または現職」に関する調査において，「会社と無関係な会社の役職員」（06年調査比2.1ポイント増），「公認会計士または税理士」（同1.2ポイント増）などが増加し，社外監査役の独立性が高まった。また同アンケート調査によれば，大会社および上場会社においては，監査役スタッフ（監査役の補助使用人）を設置する会社の割合が増加しており，これらの会社では監査役の社内情報へのアクセス状況は改善している。監査役スタッフを設置する会社の割合は，大会社以外の会社および非上場会社については減少したものの，大会社

では50.8%（同1.0ポイント増）に達している。

　また，従来，監査役の選任を社長等の経営者が行っていたことが問題視されてきたが，この点についても改善がみられる。同アンケート調査によれば，監査役候補者の選定にあたり，監査役（会）が監査役候補者を提案しなかったのは67%で，33%の会社が社内監査役候補者あるいは社外監査役候補者を提案している。また，「監査役の選任議案が取締役側から監査役側に示される前に，取締役側と事前調整を行いましたか」という問いに対して，「行った」と回答した会社は62.5%にのぼった。同調査は「全体の6割超が取締役側との事前調整を行っており，……監査役の関与が積極化していることがうかがえる」と述べている。

④ 取締役会の機能と実態

　取締役は株主総会で選任され，業務執行を担当する。公開会社である監査役設置会社の取締役の任期は2年である。取締役の義務には民法に規定された「**善管注意義務**」と会社法に規定された「**忠実義務**」とがある。「善管注意義務」は「善良な管理者の注意をもって業務を執行する義務」であり，「忠実義務」は「法令・定款ならびに株主総会の決議を遵守し，会社のため忠実に職務を行う義務」のことである。

　取締役会はすべての取締役で構成され，業務執行の決定，取締役の業務執行の監督，代表取締役の選任と解任などの職務を行う。取締役会は日常の業務執行に関する決定について，代表取締役に権限を委譲することができる。しかし，①重要な財産の処分および譲受け，②多額の借財，③支配人その他の重要な使用人の選任および解任，④支店その他の重要な組織の設置・変更・廃止などの重要事項については権限を委譲することができず，取締役会で決議しなければならない。

善管注意義務・忠実義務：「善管注意義務」と「忠実義務」は同じ内容であるとする説（同質説）と異なる内容であるとする説（異質説）がある。異質説によれば，「善管注意義務」は取締役の職務遂行上の義務であり，「忠実義務」は「会社利益の犠牲において会社外の利益を追求してはならないという義務」である（森・吉本編〔2006〕『会社法エッセンシャル』有斐閣，81頁）。

取締役会のもう1つの重要な職務は，取締役の職務執行を監督することである。取締役会は代表取締役，業務担当取締役，平取締役などの職務執行を適法性，妥当性の側面から監督しなければならない。

　取締役会の決議は，取締役の過半数が出席し，出席した取締役の過半数によって行われる。取締役会の決議は，定款により，書面または電磁的記録によって行うことができる。巨大な多国籍企業のように，取締役が各国に分散している場合でも，インターネットなどを使い，迅速な意思決定ができるようになる。

　取締役会は意思決定機関であり，業務執行は行わない。業務執行にあたるのは取締役会によって選任される代表取締役をはじめとする取締役である。取締役会は株主の利益を保護するための受託機関として位置づけられ，取締役会が意思決定の役割を，代表取締役以下の取締役が業務執行を任せられている。

　取締役が業務執行を担当するという法律上の規定により，日本企業においては，取締役会のメンバーはそのほとんどが業務執行担当者によって占められており，意思決定および監督と業務執行の分離が行われていなかった。本来，取締役会は受託機関として，株主に代わって業務執行担当者の業務執行を監視する責任を課せられていたのであるが，取締役会メンバーのほとんどすべてが業務執行担当を兼務していたため，監視機能が働かなかったのである。

　代表取締役は，対外的に会社を代表し，取締役会の決めた基本方針に従って業務執行にあたる。しかし後に述べるように，わが国においては従来，代表取締役である社長の権限がきわめて強く，現実においては取締役会が株主のために代表取締役らの仕事を厳しく監視するという機能が働いてこなかった。次に監査役設置会社の取締役会にどのような問題があったのかを確認し，近年それがどのように改善されてきているのかをみていくことにしよう。

3　監査役設置会社における取締役会の問題点とその改革

1　1990年代までの取締役会の問題点

　取締役会は意思決定の機関であり，また株主に代わって株主の利益を保護す

るために業務執行を監督する役割を担っている。取締役会の株主に対するこの機能は受託機能と呼ばれている。アメリカの企業統治改革は取締役会を中心に行われてきたが，日本においても同様の改革が求められてきた。これまで，日本の取締役会には企業統治の観点から多くの問題点が指摘されてきた。これらの問題点の一部については近年大幅に改善がみられるものもある。どのような問題がどう改善されたのかを明らかにするために，ここではまず1990年代までに指摘されてきた問題点をあげることにしよう。

　第一は，すでに述べたように，業務執行とそれに対する監視という2つの機能が分離されていないということである。取締役会は全社的見地からの意思決定と業務執行の監督を行い，代表取締役以下の役員が業務執行にあたることになっている。しかし，わが国の取締役会はほとんどが業務執行担当者によって占められており，意思決定および監督と業務執行の機能が人格的に分離されていない。したがって，業務執行担当者が同時に彼の監督者であるという矛盾した関係が成立している。

　第二は，取締役会の中に序列が形成されていることである。取締役会のメンバーがほとんど業務執行担当者によって占められることから，取締役会の中に代表取締役社長を頂点とした業務執行担当者の序列が形成されている。業務執行機関と監督機関の人的未分化の状態は，それだけで監督機関が無機能化していることを意味しているが，このような序列の存在が監督機関の無機能化をより一層促進させることになる。取締役会は組織構造上，代表取締役社長よりも上位に位置するから，形式上は部長クラスの取締役が，取締役会のメンバーとして，社長を監督してゆくということにもなりうるわけである。しかし，部長クラスの取締役は，取締役会内での地位は社長や副社長よりも低いため，このような事態は現実には起こり得ない。このように，取締役会においても業務執行担当者の序列が再現されることになり，これが社長の権力基盤を強化し，また取締役会の監督機能の形骸化をさらに推し進めることになるのである。

　第三は，社外取締役が極めて少ないことである。わが国の取締役会の特徴は業務執行に携わる社内取締役の構成比率がいちじるしく高いことであるが，このことが取締役会の監督機能を無機能化させる重要な要因となっているのであ

る。

　第四は，取締役会の構成者数が多いことである。特定の問題について，専門的な見地からの様々な見解が表明され，十分な討議が行われるためには，メンバーが少なすぎてはいけないし，かといって全員が議論に参加できるためには多すぎてもいけないわけである。わが国の取締役会の規模は，90年代には，10～19名の会社が過半数を占めており，企業規模が大きくなるほど取締役会の規模も大きくなる傾向があった。かつて，トヨタ自動車や総合商社などでは，60名程度の取締役会もめずらしくなく，迅速な意思決定や特定の問題についての十分な議論をすることなどが困難であった。

　第五は，取締役会の構成メンバーの中に多くの部門管理者が含まれていることである。これはトップ・マネジメント（全般管理者）の機関が多数のミドル・マネジメント（部門管理者）によって占められていることを意味する。

　部門管理者の職務の大部分はそれぞれの部門の特殊な業務に専念することにあり，全般的管理のための会議が開催される短い間だけ経営全体の見地に立って発言することは困難である。部門管理者は自らの部門が最適に運営される「部門最適」をめざすのが常であるが，全般管理は「全体最適」が志向されなければならないのである。また今日の大企業のように，全社的経営戦略の策定等，全般的管理の職務そのものが複雑化している場合には，本来の部門管理の職務のほかにさらに全般的管理まで遂行することは不可能といわざるを得ない。全般管理はこのような理由からも部門管理から切り離されなければならないのであるが，わが国の実態は，専務および常務取締役などが部門担当責任者をも兼務することが慣行となっている。取締役会メンバーの多くが部門担当責任者であるという事実は，全社的見地からの意思決定および業務執行の監督という取締役会機能の遂行を困難なものにすることを意味している。

　このように多くの問題点をもつ取締役会に対しては，執行役員制を導入してその企業統治機能を改善しようとする企業が増大しているので，次に執行役員制について検討することにしたい。

2　執行役員制と取締役会改革

　従来の日本企業の取締役会には多くの問題が存在し，これが長期間にわたって批判されてきたが，90年代の終りに執行役員制を導入して取締役会を改革しようとする企業が現われた。執行役員制は1997年6月にソニーで導入されたのを契機に，大企業を中心に普及し，今日約半数の企業で導入されている。

　執行役員は法律の規定に基づく制度ではなかったので，導入企業ごとにその内容にかなりの相違がみられるが，導入の目的は，①取締役会の構成員数を削減し，取締役会の議論を活発にし，その機能強化と活性化をはかること，②取締役の人数を削減することによって意思決定の迅速化をはかること，③会社の業務執行の機能と全社的意思決定および業務執行に対する監視機能とを分離すること，④ゼネラル・マネジメント（全般経営層）とミドル・マネジメント（中間管理層）を分離すること，などであろう。執行役員制導入企業において上記のような改革の目的が効果的に達成されているかどうかについては異論も多いが，少なくとも取締役数の削減については大きな効果を上げていることは疑いない。執行役員制を導入した企業においては，取締役数は半分程度に減少している。

　一般に，執行役員は取締役会の下位機関に位置づけられ，取締役会が意思決定と経営の監視を，執行役員が業務執行を担当するというように，両機能の分離を目的として設けられる。したがって取締役と執行役員の兼務が多い場合には，監視と執行の未分離という従来の取締役会のもっていた問題点が解決されないことになる。執行役員は企業の特定部門の責任者であることが多く，彼らが取締役を兼務しない場合には，全般管理と部門管理の分離も執行役員制によって実現することになる。

　執行役員制を導入する企業は着実に増加し，2008年に日本監査役協会が実施した，5994社を対象としたアンケート調査（回答企業3177社）によれば，半数以上で執行役員制が導入されている（日本監査役協会「株主総会前後の役員等の構成などに関するアンケート集計結果——第8回インターネット・アンケート≪監査役設置会社版≫」日本監査役協会HP　http：//www.kansa.or.jp/PDF/enquet8_080314-1.pdf　2008年9月29日公表）。こうした中で，社長をはじめとする経

営者に対する監視を強化するためには執行役員制の導入だけでは困難であり，社外取締役の増強が不可欠であるとの認識もようやく芽生えてきつつある。日本監査役協会の同調査によれば，55.8％の企業が社外取締役を選任しており，これらのうち1企業あたりの社外取締役数は平均2.30人であった。

しかし，社外取締役導入企業が増加しているとはいえ，その全取締役に占める比率は未だ低く，今後は社外取締役の比率を増大させること，さらに社外取締役の独立性を強化することが日本企業の課題であるといえる。

4　委員会設置会社の機関と運営

日本の企業統治に関して多くの問題点が指摘されている中で，一部の先進的企業は執行役員制や社外取締役，取締役会内常任委員会などを導入して，企業統治の改善を進めてきた。これらの取締役会を中心とする企業統治改革はアメリカのモデルの導入にほかならないが，これらの一部の先進的企業の動向を後追いする形で2002年に商法が改正され，アメリカ型企業統治モデルが法律で規定されることになった。

改正商法においては，大企業（資本金5億円以上または負債200億円以上の企業で，対象となる企業は02年当時，約1万社）は，監査役会をもつ従来の企業統治モデルと監査役会を廃止したアメリカ型企業統治モデル，いわゆる委員会設置会社のいずれかを選択することができることになった。委員会設置会社を選択した企業には複数の社外取締役の選任が義務づけられ，取締役会の中に指名委員会，報酬委員会，監査委員会の3つの委員会の設置が義務づけられる。3つの委員会は3人以上で構成され，その過半数が社外取締役で占められなければならない。取締役の任期は2年から1年に短縮され，取締役の権限が強化される一方で，株主総会でのチェックをより頻繁に受けることになった。

指名委員会は株主総会に提出する取締役の選任および解任に関する議案の内容を決定する機関である。指名委員会は3人以上の取締役で構成され，その過半数が社外取締役でなければならない。取締役は従来，事実上社長をはじめとする経営者によって選任されるのが一般的であった。取締役は経営者の業務を

監視する役割を担っているのであるが，経営者によって選任された取締役が経営者を厳しく監視するのは困難である。経営者からの独立性の強い指名委員会が次期取締役候補者を指名することによって，これまでのこうした問題点を解決しようとするものである。

　監査委員会は，取締役や執行役の職務の執行を監査すること，監査報告書の作成，株主総会に提出する会計監査人の選任・解任議案の内容を決定する権限をもつ。監査委員会の委員には強い独立性が求められ，業務執行取締役は監査委員会の委員になることができない。監査委員会の委員は取締役でもあるので，監査委員会は適法性だけでなく，妥当性の監査の権限をもつ。監査委員会は執行役等に対し職務執行に関する事項の報告を求め，また，会社の業務および財産状況を調査する権限をもつ。監査委員会は合議制により組織的に監査を行うことを原則としている。監査委員が単独で権限を行使できる（独任制）のは執行役や取締役が不正行為をした場合の取締役すべてへの報告やこれらの行為の差止請求などに限られる。

　報酬委員会は執行役等の個人別の報酬の内容を決定する機関である。報酬委員会は，個人別の報酬の内容に関する方針を定め，その方針に従って個人別に報酬の金額を決定しなければならない。

　また，委員会設置会社では新たに執行役が置かれ，業務執行を担当する。委員会設置会社においては，取締役は業務を執行することができず，業務執行は原則として執行役が担当することになった。全社的意思決定および業務執行の監督を担当する取締役会と業務執行を担当する執行役の役割分担を明確化した。取締役会はまた，取締役の職務執行を監督する権限をもつ。執行役は取締役会において選任・解任される。さらに，従来の代表取締役に代って代表執行役が設けられることになった。代表執行役はアメリカ企業のCEO（最高経営責任者）に相当する。公開会社においては，定款によっても執行役を株主に限定することはできない。執行役が取締役を兼務することは可能であり，その人数も制限されていない。しかし，兼務する人数が多くなると，業務執行と監督とを分離するために制度化された委員会設置会社の目的に反することになる。執行役は取締役と同様，株主代表訴訟の対象となる（図3-3）。

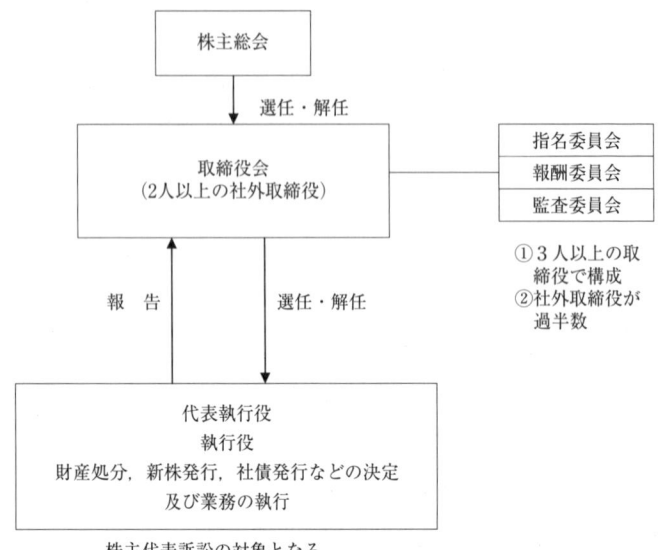

図3-3 委員会設置会社の機関
(出所) 筆者作成。

　これまでは配当などの利益処分案は株主総会で承認されることになっていたが，委員会設置会社に移行した企業では取締役会で承認できるようになったほか，新株や社債発行などの権限を取締役会が執行役に委譲できることになった。委員会設置会社を採用した企業に監査役会の廃止や意思決定手続きの簡略化，迅速化などの利便性を与えることによって社外取締役の導入を促進しようとするものである。
　2006年に施行された会社法では，委員会設置会社にのみ認められていた取締役会での利益処分案の承認は，定款を変更することによって委員会設置会社以外の会社にも認められることになった。
　委員会設置会社については社外の人物（社外取締役）が会社の強い権限を握ることになるため，経済界の拒否反応は強く，2008年の段階で委員会設置会社に移行した企業は110社にとどまる。

> > *Column* < <

取締役会と監査役会を廃止したジャパンエナジー・日鉱金属

　会社法では株式譲渡制限会社（非公開会社）であれば，大会社であっても取締役会や監査役会を設置する必要がない。取締役と監査役をそれぞれ1人置けばよい。この仕組みを利用して子会社管理の強化とグループ企業の意思決定のスピードアップを図る会社が出てきた。

　新日興ホールディングスは子会社のジャパンエナジーと日鉱金属を非公開化し，取締役会，監査役会を廃止した。これまで子会社の取締役会で決議していた案件は社長が決裁できるようになり，意思決定が迅速化した。新日興ホールディングスがこの機関改革を行った2006年5月時点で，ジャパンエナジーの取締役会は7人，日鉱金属は5人であったが，それぞれ1人まで削減することも可能となった。親会社と子会社で2度取締役会を開催する手間を省き，監査役や取締役の人数を削減することができるようになった（『日本経済新聞』2006年5月11日付）。

　2008年現在，両社の取締役は代表取締役社長と代表取締役の2名ずつであり，監査役は4名ずつである。監査役数が削減されていないのはコンプライアンスの水準を落とさないようにするためと考えられる。

推薦図書

佐久間信夫・大平義隆編著（2008）『改訂版　現代経営学』学文社
　第2章で，日本の会社機関とコーポレート・ガバナンスを，第3章でアメリカのそれを解説している。

太田達也（2005）『新会社法と新しいビジネス実務』商事法務
　会社法のもとでの株式会社の機関設計について詳しく書かれている。

武井一浩（2006）『会社法を活かす経営』日本経済新聞社
　経営戦略において会社法をどう活用していけば良いのかという視点で書かれている。

設問

1．監査役が有効に機能してこなかった理由について述べてください。
2．委員会設置会社に移行する会社が少ないのはなぜなのか述べてください。

（佐久間信夫）

第4章 取締役会の改革と会社経営者

　日本では，バブル崩壊の1990年代以降，企業をめぐる不祥事が頻発してきました。その対応の中で，経営の効率化，不祥事防止等を目的として，アメリカを模範とするコーポレート・ガバナンスが流行しました。そこで議論になったのは，社外取締役の増員，執行役員の新設，取締役会のスリム化などの取締役会改革です。本章では，最近の日本における取締役改革の動きとその下での会社経営者の動向と今後の展望を探っていきます。

1　株式会社における会社機関と取締役会

1　会社機関の中での取締役（会）の位置

　取締役（会）は**会社機関**といわれるものの一環を形成している。日本の会社法（2006年5月施行）では株主総会，取締役，取締役会，代表取締役，委員会，執行役，代表執行役，監査役，監査役会，会計参与などを会社機関として挙げている。このうち，すべての株式会社において必置義務があるのは，株主総会，取締役である。株主総会は，株主を構成員として，最低1年に1度開催される，会社の最高決定機関として位置づけられている。ここでは定款の変更や他社との合併，予算・決算の承認等，会社の基本的な方針や重要な事項を決定することになっている。取締役は株主総会で選任され，株主の信託を受けて，対内的に会社の業務執行をし，対外的には会社を代表する。合議体として取締役会を構成することが多い。

　会社機関の設計は一律ではなく最大39種類にわたる多様な選択肢があるが

会社機関：会社内部にあって特定の活動を担う，会社法で定められた小組織である。従来の監査役設置会社では，株主総会・取締役会・代表取締役・監査役が必置機関であり，委員会設置会社では，株主総会，三種委員会を内部におく取締役会・執行役が必置機関である。

（機関設計の柔軟化），主なものとして2タイプを挙げよう。1つは，従来日本にあったタイプで監査役（会）設置会社である。もう1つは，会社法で新しく導入された委員会設置会社である。

　監査役（会）設置会社の会社機関では，株主総会，取締役，取締役会，代表取締役，監査役（監査役会），会計監査人などが置かれる。取締役は株主総会で選出され，合議体として取締役会を構成する。代表取締役は，株主総会や取締役会の決定に沿って，取締役の中から1人もしくは少数選任され，取締役会の監督のもとで，会社を代表して他組織との契約を締結し，対内的には会社の全般管理を担当する，日常的経営における最高決定・執行機関である。監査役は，株主総会で選任され，財務諸表等の計算書類の適正性を監査する会計監査と，取締役および会計参与の業務執行を監査する業務監査を行う。監査役会も同様に会計監査・業務監査を行う機関であるが，資本金5億円以上または負債総額200億以上の大会社において設置が義務づけられ，3人以上の監査役で構成されるものである。そのうち半数以上が社外監査役（過去に，当該会社やその子会社の従業員や業務を執行する役員等の社内出身者ではない）であることが必要で，1人以上が常勤監査役となる。

　委員会設置会社はアメリカを参考にして設計したもので，株主総会，取締役，取締役会，三委員会，執行役，代表執行役，会計監査人などが置かれる。三委員会は取締役会の内部に設置され，指名委員会（取締役・会計参与の選任・解任について株主総会に提出する議案内容を決定する），報酬委員会（取締役・執行役・会計参与の報酬について議案内容を決定する），監査委員会（取締役・執行役の業務執行を監査，会計監査人選任・解任についての議案内容を決定する）からなる（監査委員会があるので，監査役会は置かれない）。三委員会を構成する取締役の過半数は社外取締役でなければならない。また，各委員会の決定は拘束力をもつ。執行役は取締役会によって選任され，取締役会の決定と監督に基づいて，対内的に業務執行に専念して行う執行機関である。代表執行役は執行役の中から1人ないし少数選任され，取締役会の監督のもとで，対外的，対内的な業務執行を担当する，日常経営における最高執行機関である。

　委員会設置会社導入の目的は，決定を取締役会，執行を代表執行役・執行役

にという任務分担・責任の明確化，取締役会による執行の監督強化，経営の迅速化にあった。従来の日本型＝監査役設置会社よりもこれらの目的がより効果的に達成できると考えられているのである。

両タイプの会社とも，**会計参与**を任意機関として置けることになっている。また，大会社と委員会設置会社では会計監査人（公認会計士，監査法人など）を置かねばならないとされている。

会社法では取締役会は必置機関でなくなったが，監査役会設置会社，委員会設置会社，公開会社では必置が義務づけられている。大企業では依然として必置だと考えてよい。

このように，現代企業において意思決定をして日常的に経営していく存在として取締役，取締役会，代表取締役が重要な意味をもって位置づけられていることがわかる。

[2] 取締役（会）の任務とコーポレート・ガバナンス

取締役会は，3人以上の取締役がいれば設置される。取締役会は，株主総会から信託された受託経営層として，株主総会の決定を日常的な会社経営の政策として具体化すべく，代表取締役・代表執行役・執行役の選任・解任，株主総会の招集，訴訟における代表者の選任，新株・社債の発行，重要な財産の処分及び譲渡，重要な組織の設置・変更等に関する決定を行い，代表取締役・代表執行役の対外的・対内的な業務執行，各取締役・執行役等の対内的な業務執行を監督する。取締役会は，最低3カ月に1回は開催され，株主総会と次の株主総会の間の重要意思決定をすることになり，日常的には事実上の最高決定・監督機関である。取締役はその成員として，株主総会の決定に沿って，他の取締役と合議の上で会社経営の政策を決定しつつ，対内的な業務執行では主に会社の部門管理を分担し，日常的な会社経営における決定・執行・監督の一翼を担う機関となる。取締役会を設置しない場合，1人以上の取締役が個々に，株主

会計参与：取締役・執行役等と協力して財務諸表等の計算書類を作成する執行機関であり，税理士，税理士法人，公認会計士，監査法人などが充てられる。主として中小規模の株式会社の会計の適正性を一定程度確保するために設置された機関である。

総会の決定に沿って，上記取締役会の役割を果たすことになる。ただし，委員会設置会社においては，既述のように，業務執行については執行役，代表執行役が担当する。

取締役には善管注意義務，忠実義務，監視義務という3つの基本的義務が課せられている。善管注意義務とは，取締役が委任契約を結んだ会社に対し職務について社会通念的に要求される平均以上の注意を払うという意味で，会社財産の善良なる管理者として行動する義務である。具体的には法令遵守から社会規範遵守や企業倫理遵守までも含み**コンプライアンス義務**といわれる。忠実義務は，取締役が，法令・定款ならびに株主総会の決議を遵守し，株式会社のため忠実に職務を遂行する義務である。取締役が会社の利益を犠牲にして自己の利益を図るような行為，すなわち取締役が顧客として自社と取引したり，自社を取締役個人の債務保証人としたりするような，会社の利益と対立する利益相反取引，会社に不利益をもたらす同業他社の職務を兼職する競業等が忠実義務違反として禁止される。監視義務は，取締役が他の取締役の職務違反を相互に監視・監督する義務である。

日本の株式会社において伝統的だった会社機関では，取締役会において次のような問題点があるとされてきた。①取締役が業務担当取締役として存在したため，決定・監視と業務執行が分離されていない，②社内取締役が大多数を占めて社外取締役が少数であるため，業務執行に対する監督が効果的に行われない，③取締役会の構成が年功序列と結びついて，代表取締役社長，専務取締役，常務取締役（このあたりまでは代表取締役）から平取締役に至る構成員が年功序列的な上下関係を背景としているため，取締役会による代表取締役に対する監督が有名無実化する，④取締役の多くが日常業務組織では代表取締役の部下として取締役営業部長等の取締役兼従業員という形を取っているため，取締役は全般経営者としての戦略的意思決定機能と部門管理者としての業務執行機能の矛盾する二重性を背負っている，⑤この結果，少数の代表取締役がチェックな

コンプライアンス：狭義では，法令遵守と訳され，法律や規則といった法令を守ることをいうが，広義では，法令だけでなく社会的規範や企業倫理（ビジネス・エシックス）を守ることまでも含める。コーポレート・ガバナンスやCSRと関連して理解する必要のある概念である。

しに権力行使できる体制になっている，⑥この経営者達は，株主利益に対して配慮がなさ過ぎる，⑦年功的処遇の関係から取締役の人数が欧米諸国と比較して多すぎることになり，緊急の問題に対して迅速に決定できない形になっている，等の問題点である。株主総会が形骸化して**シャンシャン総会**となっていることはつとに指摘されてきたことであるが，それのみならず，取締役会も形骸化しているというのである。

　株主総会や取締役会の形骸化を改革し，活性化させる必要性が指摘されていくにつれて，この取締役会の改革を中心としたコーポレート・ガバナンスの議論が，バブル景気崩壊とともに1990年代頃から急速に高まった。折からアメリカでは，日本とは対照的に，ITを中心として景気を回復しており，80年代から**新自由主義**政策のもとで株主中心主義の企業観とコーポレート・ガバナンスが盛行を極めていた。このことから日本でも株主主権が強調されるようになり，株主の監視力復権，株主総会・取締役会・監査役制度等のあり方の改革，不況脱出に向けた迅速果断な意思決定の必要と従来の経営意思決定の仕組みの見直し，有効な内部統制システム，リスクマネジメント体制などが，株主価値を高めるためにという視点から熱く議論された。こうして取締役会改革は，コーポレート・ガバナンス改革の中心的な議論対象の1つに置かれるようになったのである。既述の会社法（2006年5月施行）による監査役（会）設置会社や委員会設置会社の規程化は，こうしたコーポレート・ガバナンス議論の1つの帰結であった。

2　株式会社における会社経営者

1　会社経営者とは誰か：受託経営層と全般経営層

シャンシャン総会：総会屋対策や会社の方針への批判回避のため，会社の従業員株主が株主総会の席の前面を陣取り，会社側の説明に大きな拍手（シャンシャン）や「賛成！」などの大きな声で議事進行を故意に早める株主総会の俗称である。
新自由主義：経済的自由主義を標榜する新保守主義であり，M. フリードマンらによる市場原理主義の経済思想に基づいて，均衡財政・福祉や公共サービスの縮小・公営企業民営化・経済の対外開放・規制緩和による競争促進等の経済政策が実行された。

第4章　取締役会の改革と会社経営者

経営者あるいはトップマネジメント（最高経営層）という呼称は，企業全体の活動を統括し，指揮管理し，企業の成長や存続に責任をもつ最高の指導者を意味するが，明確な規定がなく，理解も必ずしも一義的ではない。企業の実態によっては，主要部門管理者を含む場合もあるように，多少の差異もある。しかし，ほぼ共通的にイメージされているのは**受託経営層**（取締役会），**全般経営層**である。従来，伝統的にこれらの経営者としてイメージされてきたものは，取締役会長，社長，副社長，専務取締役，常務取締役，取締役と呼ばれる人々である。新しく会社法に盛り込まれた委員会設置会社では受託経営層と全般経営層はそれぞれ取締役会と執行役とによって分担することになるが，監査役会設置会社ではこの区別がないので，取締役が兼務することになる。もっとも，委員会設置会社においても，執行役と取締役は原則として兼務することができ，実際にも取締役会の中心人物は執行役を兼務していることが多い。

会社機関において株主総会は，①株主数の拡大・拡散，株主の企業所有者意識（コミットメント）の希薄化，開催頻度の制約等からくる株主総会運営上の形骸化が進んだのに加えて，②株主総会は最高意思決定機関とされているものの，その権限は会社法に規定されている事項や定款で定めた事項に限定されることとなったことにみられるように，もはや万能ではなく，形骸化してきた。ここにおいて信託者の拡散・形骸化により受託経営層，さらには全般経営層に実質的な最高意思決定機関としての機能が移ったのである。しかも受託経営層・全般経営層を構成する経営者は，公開大企業においては，大株主ではなく**専門経営者**となってきている。いわゆる**経営者支配**が成立してきたのである。

受託経営層：株主からの委託に応じ，株主の利益を代表して会社資産の保持や，効率的運用による株主への利益還元を行う経営層のことであり，取締役会が担当する。
全般経営層：企業全体の活動に対する総合的な指揮管理を行う経営層のことであり，通常，会長，社長，副社長，専務などの代表権をもつ少数の業務執行役員が担当する。
専門経営者：株式を所有せずに経営機能を専門に行うサラリーマン経営者のことで，企業の大規模化や経営の複雑化に対応できる高度な専門的知識や能力を修得した従業員が高い業績を上げて昇進していく中で専門経営者に選任される。
経営者支配：株式の分散化が高度に進展した会社において，専門経営者が，議決権代行機構（委任状勧誘機構）の掌握などによって，後任経営者の選任，最高意思決定等の全面的支配力を事実上行使していることである。

株主総会に対して会社経営者としてイメージされるのは受託経営層（取締役会），全般経営層を含む経営者たちであるが，さらにその中でも中心的にリーダーシップを取っているのは誰であろうか。このように問うのは，既述のように，従来は取締役会自体もまた形骸化していた場合が多いからである。結論的にいえば，それは監査役設置会社にあっては代表取締役，委員会設置会社にあっては代表執行役を中心とした少数の人物とみなしてよいであろう。代表取締役（委員会設置会社では代表執行役）は，単独で会社を代表して取締役会から委任を受けた業務執行について実際にその行為をする権限を有する者である。会社の日常的最高位決定と推進は，実質的に，これらの人のイニシアティブによって行われているとみてよい。以下，両タイプの会社について具体的に事例を示すことにする。

監査役設置会社の役員構成の具体的イメージを得るために，東京電力（株）の事例を見てみよう（図4-1参照）。

同社の2008年3月末現在の役員構成は，次の通りである。代表取締役会長田村滋美（倫理担当），代表取締役社長勝俣恒久，代表取締役副社長白川進（業務全般，用地部，国際部担当），代表取締役副社長清水正孝（業務全般，企画部，広報部，資材部担当），代表取締役副社長武黒一郎（業務全般，原子力・立地本部長），代表取締役副社長皷紀男（業務全般，原子力・立地本部副本部長，総務部担当，（株）日本フットボールヴィレッジ取締役副社長），代表取締役副社長藤本孝（業務全般，電力流通本部長），代表取締役副社長木村滋（業務全般，販売営業本部長），代表取締役副社長中村秋夫（技術開発本部長，技術部，建設部担当），常務取締役猪野博行（環境部，火力部，原子力品質監査部担当），常務取締役山崎雅男（労務人事部，総合研修センター担当），常務取締役尾崎功（神奈川支店長），常務取締役武井優（経理部，品質・安全監査部担当），常務取締役山口博（電力流通本部副本部長，電子通信部担当），常務取締役橋本哲（システム企画部，燃料部担当），常務取締役藤原万喜夫（新事業推進本部長，関連事業部担当，東光建物（株）取締役社長），取締役森本宜久（電機事業連合会副会長），取締役森田富治郎（社外取締役），取締役青山やすし（同），常任監査役築舘勝利，常任監査役宮本幸始，常任監査役千野宗雄，監査役野村吉三郎（社外監査役），監査役西岡喬

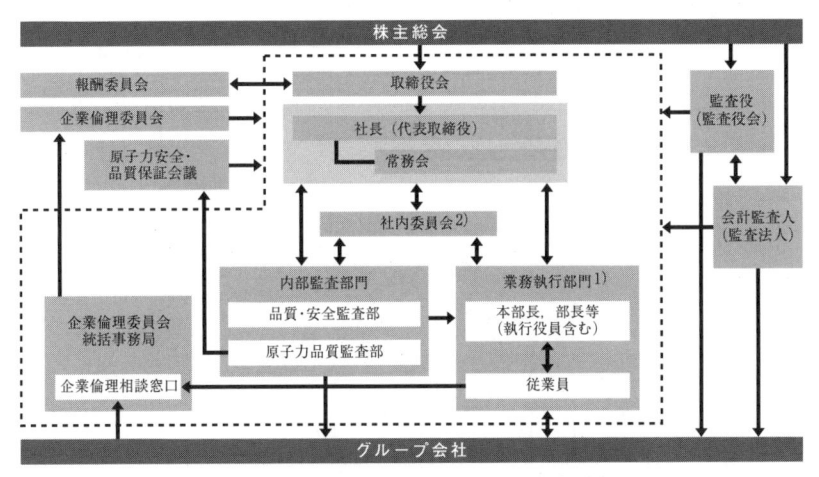

図 4-1　監査役会設置会社の一例：東京電力

(注) 1) 本店本部・部, 店所 (支店, 電力所, 火力事業所等), 第一線機関, カンパニー。
2) 防災対策委員会, システムセキュリティ対策委員会, リスク管理委員会, 品質・安全委員会, CSR 委員会, 内部統制委員会など。
(出所) http://www.tepco.co.jp/ir/tool/annual/pdf-j/ar2008-j.pdf　28頁, 2008年8月15日アクセス。

(同), 監査役林貞行 (同), 監査役高津幸一 (同)。

　このように代表取締役9名, 取締役総数19名 (うち社外取締役2名), 監査役7名 (うち社外監査役4名) となっており, 下記の委員会設置会社と比べると①取締役数や監査役数の多さ, ②常勤取締役数の割合の高さ (社外取締役数の割合の低さ) が特徴的である。そして, これらの取締役たちは合議体として業務的意思決定をするとともに, 業務担当取締役として, 業務を分担している。このうち代表取締役であるとともに業務全体を主たる任務として担当する8名の代表取締役が, 取締役会－全般経営層を通じてリーダーシップの中核になっていることが読みとれる。

　委員会設置会社においては, 取締役会は業務の決定と監督に専念し, 業務の執行権限をもたないことから, 監査役設置会社における代表取締役に相当する役職は代表執行役となる。ただし取締役と執行役は兼任できるし, 実際, 取締役会の中心的代表取締役が執行役を兼務する形で運営されている。ソニー(株) を例にして, イメージ的に例示しよう (図4-2)。

　同社の2008年6月現在の役員構成をみれば, 取締役にはハワード・ストリ

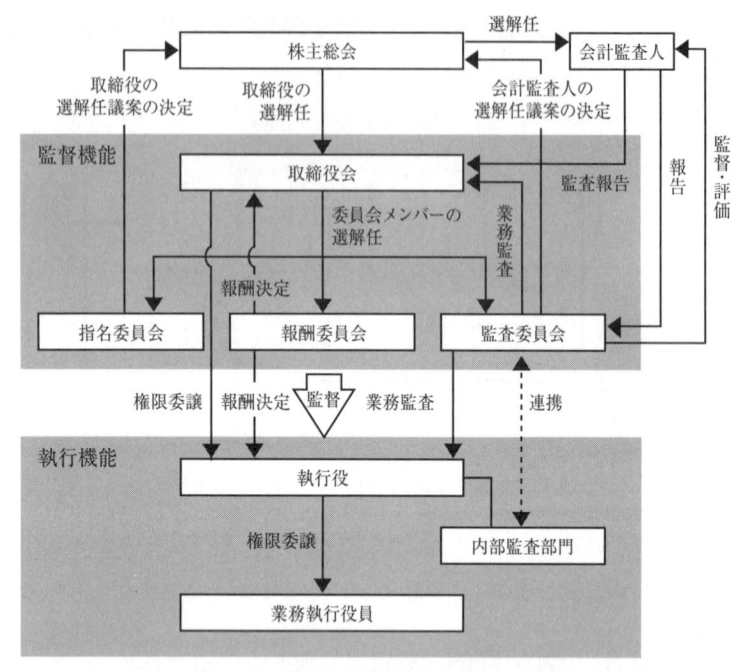

図 4-2 委員会設置会社の一例:ソニー
(出所) http://www.sony.co.jp/SonyInfo/IR/financial/ar/2008/arj08_full.pdf 41頁, 2008年8月15日アクセス.

ンガー, 中鉢良治, 井原勝美, 小林陽太郎 (社外取締役, 取締役会議長), 橘・フクシマ・咲江 (同), 宮内義彦 (同, 取締役会副議長), 山内悦嗣 (同), ピーター・ボンフィールド (同), 住田笛雄 (同), 張富士夫 (同), 安田隆二 (同), 内永ゆか子 (同), 矢作光明 (同), サンヤン・シェー (同), ローランド・ヘルナンデス (同) の15名があたり, その任務として①経営基本方針の決定, ②業務執行の監督, ③三委員会メンバーの選解任, ④執行役の選解任が挙げられている. また, 取締役会の中に, 社外取締役を中心に次の三委員会を設けている. 指名委員会 (小林=議長, 宮内, ボンフィールド, 張, 内永, ヘルナンデス, ストリンガー, 中鉢), 監査委員会 (山内=議長, 住田, 安田), 報酬委員会 (橘=議長, 矢作, シェー) である.

執行役にはハワード・ストリンガー (代表執行役会長兼CEO), 中鉢良治 (代表執行役社長兼エレクトロニクスCEO), 井原勝美 (代表執行役副社長, コンスー

マープロダクツグループ担当），中川裕（執行役副社長，セミコンダクタ＆コンポーネントグループ，生産戦略，資材，サプライチェーン担当），大根田伸行（執行役 EVP 兼 CFO），木村敬治（執行役 EVP，技術戦略，知的財産，情報システム，エレクトロニクス事業戦略担当），ニコール・セリグマン（執行役 EVP 兼ジェネラル・カウンセル）の7名が就任しており，取締役会から授権された範囲での業務執行の決定および遂行が任務とされている。さらに執行役からの権限委譲に基づいて，その下位に執行役員を設け，「事業ユニット，研究開発，本社機能など，特定領域についての取締役及び執行役が決定する基本方針にもとづく担当業務の遂行」にあたらせている。

このソニーの例をみると，①取締役の数が絞られており，その意味でスリム化されている，②取締役15名中12名が社外取締役と，社外取締役の割合が圧倒的に多い，③残り3名の常勤取締役はいずれも代表執行役を兼任している，④業務執行には執行役，執行役員があたり，取締役の任務ではない，⑤執行役に対しては社外取締役を多数とする取締役会がチェックする，等の特徴をもっていることがわかる（2008年6月現在）。このソニーの例においても，取締役会と執行役を兼務する常勤の3名（会長，社長，副社長）が取締役会−執行役を通してイニシアティブをとっていることが読みとれる。

以上の考察から，監査役設置会社の代表取締役，委員会設置会社の代表執行役が，対外的および対内的に業務執行を担う会社を名実ともに代表する最高決定・執行機関であるといってよいであろう。というのは，監査役設置会社では旧来の年功的色彩を取締役会から完全に排除することが困難であり，既述の形骸化が起こりがちであるし，他方，委員会設置会社においては，大多数を占める社外取締役が，経営基本方針の作成・決定を常勤の（執行役も兼ねる）代表取締役のイニシアティブなしには不可能と考えられるからである。したがって，彼らが執行役会をリードし，取締役会でも一定のチェックを受けつつも事実上リードし，さらに形骸化した株主総会をも事実上リードするというのが，形式的規定はともかく，実質的な姿であるとみることができる。

したがって本章では，中心的な会社経営者を代表取締役，代表執行役，会長，社長，CEO，COO などの名称で呼ばれる人々，例えば代表取締役会長兼 CEO，

代表執行役社長兼COOなどのような少数の会社役員と見なして，以下の考察を続けていくことにする。

2　会社経営者の責任と職能

　社会的に大きな影響力をもつ大企業をリードする，絶大な権力をもつ会社経営者の果たすべき役割，責任は極めて甚大である。新自由主義のもとで流行したアメリカ型株主中心主義の思考によれば，会社は株主のものであり，経営者はそのために傭われた（株主の）代理人と考えられていた。株主にとって良い経営，つまり株主価値を高め，株主への説明責任を果たすことが最重要な役割であり，責任とされた。株主以外の**ステークホルダー**（利害関係者）との関係は二次的，三次的となる。利潤を減らして社会的責任を果たす等ということは，株主に対して無責任であるとすらされた。この代理人の行動を株主利益に沿わせるようにするためにかかるコストである**エージェンシーコスト**も，できるだけ少なくすることが望ましいということになる。最近のアメリカ流ガバナンス論には，背景にこの企業観がある。

　しかしながら，社会的に大きな影響力をもつに至った現代大企業の経営が，株主への責任だけを基礎として行われてよいものであるかという点については，疑問視する議論も多い。特に2008年秋のアメリカ発金融危機を契機に全面的に浮かび上がった問題点（拝金主義的・利己的な企業行動，マネーゲーム行動による社会への潰滅的打撃，貧富拡大，大量失業者の排出と固定化など）は，この疑問をより強めたといえる。株主偏重的企業観の修正が迫られていると考えられる。

　実は，新自由主義が盛んになった1980年代以前には，もう1つの企業観が存在しており（A. A. バーリ＝G. C. ミーンズ，P. F. ドラッカーなど），むしろ主流であったとすらいってよい。そしてその流れの考えは，脈々として今日も続いているのである。例えばキャロル（A. Carroll）によれば，会社経営者は，

ステークホルダー　→第1章33頁参照
エージェンシーコスト：所有と経営の分離がみられる株式会社において，株主と経営者との利益相反により発生する経営委託（エージェンシー）に伴うコストの総称。監視コスト，ストックオプションのコストなどが含まれる。

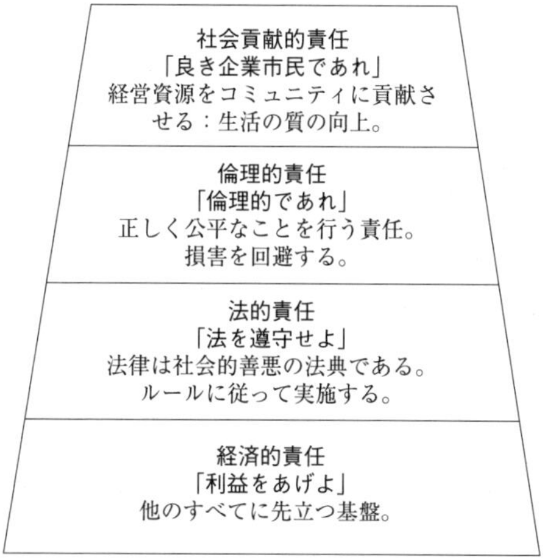

```
        社会貢献的責任
        「良き企業市民であれ」
     経営資源をコミュニティに貢献さ
     せる：生活の質の向上。

         倫理的責任
        「倫理的であれ」
      正しく公平なことを行う責任。
        損害を回避する。

          法的責任
        「法を遵守せよ」
    法律は社会的善悪の法典である。
       ルールに従って実施する。

         経済的責任
        「利益をあげよ」
       他のすべてに先立つ基盤。
```

図 4-3　CSR のピラミッド

(出所)　Carroll, A. B. & A. K. Buchholtz (2003), *Business and Society : Ethics and Stakeholder Management*, 5 th ed. Mason : Thomson/South-Western. p.40. および www.nochuri.co.jp/report/pdf/n0609re1.pdf　2008 年 8 月 15 日アクセスを一部加除修正。

利益の実現という経済的責任，法令・ルール遵守という法的責任，正義・公平であるべき倫理的責任，良き企業市民として企業の経営資源を社会貢献に役立てるという社会貢献的責任（これは自由裁量的であるが）といった経営責任を負うという（図 4-3）。この責任論の背後には，株主のみならずもっと広い多様なステークホルダー（顧客，従業員，取引先，地域住民，求職者，投資家，金融機関，政府，地球環境，開発途上国・後発開発途上国など）との共利共生が必要だとする企業観があり，巨大**企業の社会的責任**への強い自覚を促すものである。

　経営者の役割・職能が果たされる領域は，企業理念，企業倫理，コーポレート・ガバナンス，企業戦略，企業文化の創案と実施にあるとすれば（吉森賢〔2005〕『経営者機能』放送大学教育振興会），経営者はこれらの職能を果たしていく中で経済的責任，法的責任，倫理的責任，社会貢献的責任を常に意識しながら意思決定をする必要があることを意味する。現実の企業ではどのように処理

企業の社会的責任：略称は CSR（Corporate Social Responsibility）。企業活動に利潤追求だけでなく，社会的公正や倫理，環境への配慮を取り込み，ステークホルダーに対して責任ある行動を取るという考え方である。

されているであろうか。(株) 資生堂の事例で見てみよう (http://www.shiseido.co.jp/csr/comit/index.htm　2008年8月15日アクセス)。

　同社は企業を「社会の公器」と位置づけ，①環境活動や地域・福祉活動などを企業の社会的責任として必ず取り組むべきこと (基本的CSR)，②本業である「化粧」「女性」，資生堂が保有する「文化資本 (美意識)」をキーワードとした「資生堂だからできること (選択的CSR)」の2つを，代表取締役社長の「トップコミットメント」として掲げている。そして，それを「企業理念」として企業使命・事業領域，行動規範に具体化し，その上で「THE SHISEIDO WAY (企業行動宣言)」として顧客・取引先・株主・従業員・社会 (遵法，安全，地球環境，地域社会，国際社会) に対して公的に約束するとともに，「THE SHISEIDO CODE (企業倫理・行動基準)」で，これらステークホルダーに対する全従業員の行動上の決意を具体的に述べている。これらはさらに「社内規定・社内ルール」に具体化され，「企業行動・日常業務活動」となって現れる仕組である。「企業倫理」としては，THE SHISEIDO CODEを基準としたCSR活動，**PDCA**に沿った企業倫理活動，コードリーダーの活動，人権啓発・企業倫理研修，公益通報者保護法・企業倫理ヘルプライン，従業員意識調査による課題抽出と改善策，贈答接待に関する社内規定の見直し，**国連グローバル・コンパクト**への参加，リスクマネジメントなどが具体的項目として挙げられ，定着に工夫がなされている。「コーポレート・ガバナンス」については**図4-4**の通りであるが，取締役会直属のCSR委員会 (コンプライアンス委員会，企業価値創造委員会，環境委員会) を置いているところに，同社の「すべてのステークホルダーから価値ある企業として支持され続ける社会的公器」「文化資本 (美意識) の追求」という「企業文化」創造への強い姿勢がうかがえる。こうした諸活動を統一的に打ち出し実行していく中核となりイニシアティブを

PDCA：マネジメントにおける計画 (Plan)，活動 (Do)，計画と実績の違いの評価 (Check)，分析と対策 (Action)，それぞれの活動の頭文字をPDCAといい，これら一連の活動を繰り返して行うことをPDCAサイクルという。

国連グローバル・コンパクト：1999年1月にスイスのダボスで開催された世界経済フォーラムにおいて，アナン国連事務総長が企業に対して人権，労働，環境，腐敗防止の4分野にわたる10原則を順守し実践するよう提唱したイニシアティブ (案件・プロジェクト・改善施策) である。

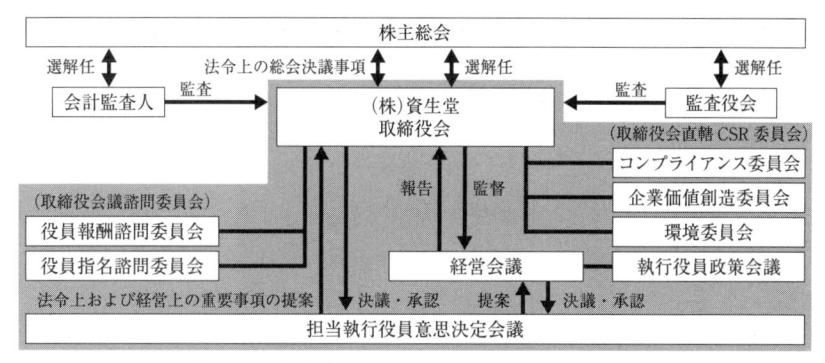

第4章 取締役会の改革と会社経営者

図4-4 資生堂のコーポレート・ガバナンス体制
(出所) http://www.shiseido.co.jp/csr/manage/gover.htm 2008年8月15日アクセス。

取っているのが，①メンバーを少数に絞って開催回数も比較的多く取られている取締役会（最低毎月1回開催，重要事項はすべて付議。社外取締役2名を含む取締役8名で構成）と，②CEO（最高経営責任者）兼COO（最高執行責任者）である社長が議長を務める経営会議（執行役員による重要案件の業務遂行上の決裁）であり，とりわけその中でも両会議を結ぶ社長ほか6名の人物であると考えられ，「企業戦略」はこの少数のメンバーの間で骨格が決まると推定できる。

3 取締役会改革の方向性

以上でみてきたように，全般経営層が会社経営においては中心的リーダーシップを取っていることは明瞭であるように思われる。特に伝統的な日本企業の運営実態においては，株主総会はシャンシャン総会の茶番劇，取締役会は取り締まられ役会，取締役会は社長の独演会などと揶揄されてきたのが実態であった。このことから日本でも株主の復権が強調されるようになり，株主の監視力復権，株主総会・取締役会・監査役制度等の改革，不況脱出に向けた迅速果断な意思決定等の動きが出てきたことは，すでに述べた。これらは，株主総会→取締役会→全般経営層という委任関係を建前通りの方向に強化しようというものであった。もともとアメリカで巨大化した**機関投資家**が株主に有利なように作り上げた論理が株主価値第一主義であり，それによるコーポレート・ガ

91

バナンス論であった。それは，全般経営層の暴走による企業犯罪や不祥事へのチェック，折からの不況に対処するための迅速な意思決定などの決め手として当時の日本では注目され，その導入が急務とされたのであった。その結果，東京証券取引所のアンケート調査（上場企業2103社対象，回答1363社，調査時期2002年11月）によれば，取締役会改革の実施状況として，取締役人数の削減（36.2％），執行役員制度の導入（34.2％），社外取締役の選任（28.5％）などが注目されるようになっていたのである。以下，こうした動向を簡単に述べる。

1 取締役会のスリム化

形骸化していた取締役会の意思決定をもっと実質化し，迅速化し，責任を明確化し，監督機能を高めるためには，取締役の数をもっと少数に絞る必要がある。取締役の人数が多すぎると，かえって実質的な討議が行われにくくなり，意思決定機関としては問題が生じるからである。従来の日本の大企業における取締役会構成メンバー数は，アメリカと比較して多いという状況にあった。取締役会構成員を多数にし，すべての取締役に業務執行担当取締役として業務執行にもあたらせるという方式（経営の執行と監督が未分離）から，スリム化された取締役会と執行役（会）とに二分し，意思決定と業務執行とに責任を分離して明確化する方が迅速化，責任，監督のいずれからみても優れているとして，アメリカ流の委員会設置会社を採用する企業が出始めたのであった。1997年におけるソニーの導入が最初であるが，以来，従来の日本型を引く監査役設置会社においても，取締役数は減少傾向にある。トヨタ自動車では64人（2008年2月）から30人（2008年6月）へ，新日本製鐵では同期間に47人から11人へと減少している。東証一部上場企業の平均取締役人数も，18人弱（1996年）から10人強（2004年）へとかなり減少している。

機関投資家：顧客である企業から預かっている資金を元手に株式投資・売買を行って，利益の最大化を図る株主であり，生命保険会社，信託銀行，損害保険会社，年金基金，投資信託，証券会社，ヘッジファンドなどが機関投資家とされる。

2　執行役（員）の新設

　執行役員制を導入した企業も増加した。執行役員は取締役会によって選任され，取締役会から委任された日常の業務遂行の執行権限により業務上の意思決定・執行を担う人たちである。執行役員制の目的は，取締役会による決定・監督機能と執行役員による業務執行機能の分離，意思決定の迅速化というところにあった。つまり，従来の部門担当業務担当取締役の多くを執行役員に任命して取締役会のスリム化をはかり，取締役会の意思決定の迅速化をはかるとともに，取締役と執行役員の間で意思決定・監督と業務執行を分離し，責任分担を明確化するということである。

　1997年に，日本で初めて執行役員制度を導入したソニーの事例では，従来38人いた取締役を10人に削減し，残り28人のうち18人と新任の9人の合計27人を執行役員に任命した。代表取締役である7人は執行役員も兼務した。この再編によって，ソニーの取締役会はソニーグループ全体の事業多角化とグローバル化の課題により専念できるようにしたのである（その後，ソニーは，2003年に，監査役設置会社から委員会設置会社に移行して，法的な会社機関としては代表取締役は廃止され，執行役・代表執行役が新設された。また，従来の執行役員にあたる任意の会社機関として業務執行役員が新設された）。90年代末から始まったこの執行役員制度は，その後も着実に増大傾向を示し，今日では上場企業の大半がこれを導入しているといってよい。

　なお，執行役員は法的に規定された存在ではなく，いわば任意機関だったのであるが，会社法施行（2006年）により，委員会設置会社に関しては執行役（執行役員ではなく）として法的設置義務が課せられることとなった。

3　社外取締役の増加

　社外取締役とは，取締役会における監視機能を担わせるために置かれる非常勤取締役のことである。その主旨から，現在及び過去において，当該会社やその子会社の代表取締役・業務執行取締役・執行役または支配人（支店長など）等を経験していない人物が充てられることになっている。**日本取締役協会**の調査（2008年）によれば，東証上場企業の44.9%がこれを導入している（http：//

www.jacd.jp/report/080715_01 report.pdf　2008年8月15日アクセス）。既述のソニー（株）の事例では，取締役15名中12名が社外取締役と，社外取締役の割合が圧倒的に多い。同じく委員会設置会社のオリックス（株）は取締役11名中社外取締役が5名である。このように，委員会設置会社では社外取締役が多数になる傾向が強い（各委員会に過半数の社外取締役を入れることが義務づけられているという背景も関係している）。過半数の社外取締役構成が義務づけられている三委員会（指名，報酬，監査）を設置することで，社外取締役の影響力を強化して取締役会を活性化しようという主旨があるからである。これに対して監査役設置会社では，社外取締役の比率はもっと低い。

　社外取締役に求められているのは，社内取締役の暴走を，社外という少し距離を置いた立場から，しがらみにとらわれず厳しく監督する役割である。社内の不正を適法かどうか（善管注意義務・忠実義務）だけでなくコンプライアンス・企業の社会的責任まで含めた広い視野でチェックすることが期待されている。

4　取締役会改革の意義と限界

　戦後日本の巨大公開株式会社では，長い間，株主総会→取締役会→全般経営者というコントロールの法的建前が相当程度空洞化し，委任の連鎖の中で結局は，日常的に企業の業務執行上の最高意思決定と執行を担う全般経営層，とりわけ少数の代表取締役のイニシアティブによってリードされ，取締役会も株主総会も，事実上彼らの意のままに操ることができた。

　この原因には，他国にも共通する原因（公開会社化による**所有と経営の分離**，さらには**所有と支配の分離**）といわれる背景があるが，そのほかに日本特有の原

日本取締役協会：2002年に設立された社団法人で，経済のグローバル化を意識し新時代の取締役および取締役会確立に向けて，コーポレート・ガバナンスの向上とそれに関わる社外取締役の人材供給の安定化をめざす。
所有と経営の分離：会社の経営が，所有者兼経営者（オーナー経営者）とは別人の雇用された専門経営者（サラリーマン経営者）によって担われることである。
所有と支配の分離：所有と経営の分離がさらに高度化していき，所有者の保持していた後任経営者の選任，最高意思決定等の全面的支配力が専門経営者に移行することをいう。

因も絡んでいた。既述のように，取締役の意思決定・監視と業務執行との未分離（業務担当取締役），取締役会構成の年功序列秩序，取締役数の過大傾向などがあり，それらの複合的な原因ゆえに，取締役会は意思決定機能面でも監督機能面でも，十分に機能し得なかったのである。

こうした状況の中で，取締役会のスリム化，執行役員の新設，社外取締役の増加等を軸とする取締役改革は，意思決定・監視と業務執行との責任の明確化と取締役会の機能強化，意思決定の迅速化，意思決定の公明・公正さ，業務執行に対する監督・監視体制の強化等の面で，一定の効果が得られるであろうことは想像に難くない。

しかし，おのずからまた，限界をもともなっている。全般経営者がイニシアティブをもって取締役会を実質的にリードする実態は，依然として変わることはない。社外取締役の依頼も，資格要件に一定の制約があるとはいえ，昵懇な関係の知人からということになるから，多くは期待できないであろう。このことは，委員会設置会社の範となったアメリカにおいて，ベストなガバナンスとされていたエンロン社の取締役会－全般経営者の関係が，倒産後に露呈した醜悪な癒着構造であったことに象徴される。

さらにまた，仮にこの取締役会改革が期待通りに機能したとしても，その基本目的が株主価値最大化であり，そのための株主総会→取締役会→全般経営者というコントロールの回復に向けての改革であるとすれば，出発点からして，他のステークホルダーとの関係は第二義的位置づけにならざるをえないであろう。2008年秋のアメリカ金融危機から始まる国際的大不況のもと，株主第一主義偏向への反省・批判が出ている中，再検討の必要が出てきても不思議はない。さらにまた，株主側からのチェックのあり方という点からさえも，取締役会改革だけがすべてではなく，他の方法も採られてきたところである。

これらのところから，取締役会改革を越えて枠組みを拡大したコーポレート・ガバナンスが浮上せざるを得ない必然性がある。その詳述は本章の課題ではないが，それらの課題を端的に示して，本章を終えることにしたい。

第一に，株主側からの経営者チェックとして，①持ち株の大量売却による圧力，②大量株保有による株主権の行使，③M&Aの行使，④**株主代表訴訟**の実

▶▶ *Column* ◀◀

委員会設置会社は万能薬といえるのでしょうか

　取締役会改革における大きな目玉の1つとされた委員会設置会社ですが，その現状は必ずしも企業において歓迎されているとはいえません。それは，委員会設置会社の導入比率の少なさからもうかがえます。日本監査役協会によれば，2008年7月8日現在，東京証券取引所一部上場1748社中，従来の監査役設置会社から移行した会社は53社とわずか3％に過ぎません。また，委員会設置会社が特定の企業グループに偏在しているのも見逃せません。委員会設置会社導入企業は，日立グループ18社，野村グループ14社とこの2企業グループだけで4分の1強を占めています。さらに重要なのは，りそな銀行，サンスターをはじめ，委員会設置会社にいったん移行しながら，従来の監査役設置会社に再移行した会社が17社みられるという事実です（http://www.kansa.or.jp/PDF/iinkai_list.pdf　2008年11月11日アクセス）。

　この委員会設置会社の現状に対しては，日本の委員会設置会社における制度上の問題点を指摘する声があります。その1つとして，監督・決定から分離されて業務執行に集中できているはずの執行役が，実は，監督を行う取締役の兼任も認められているため，執行役の権限の強化を促進しているに過ぎないという批判です。もう1つは，社外取締役の独立性に対する批判です。執行役を監督する上で重要な役割を果たす各種委員会メンバーの過半数が，社外取締役といっても親会社・取引先等の関係者であり，独立取締役（執行役との特定の利害関係をもたず，監督において独自の判断を期待される社外取締役）とはいえないというのです。

　このような現状をみると，委員会設置会社を取締役会改革における万能薬扱いするかのような一部の考え方には，少なからず疑問の余地ありといえるのではないでしょうか。

株主代表訴訟：取締役や監査役等の役員が違法行為・反社会的行為によって会社に損害を与えた場合には，当該会社の株主が会社に代わって役員に対して損害賠償などの法的責任を追及するために提起する訴訟のことである。

少数株主権：株式会社における株主の権利の一分類であり，一定割合または一定数以上の株式を保有する株主のみが行使できる権利をいう。会社法における少数株主権は株主提案権，取締役・監査役等の解任請求権，株主総会招集権，帳簿閲覧権など，いずれも共益権である。

社会的責任投資：略称はSRI（Socially Responsible Investment）。収益性，成長性といった財務的側面だけでなく，企業の社会性や倫理性の側面も投資スクリーン（投資の判断基準）として重視する投資行動のことである。

行，⑤**少数株主権**の行使，⑤**社会的責任投資**（SRI）である。

　第二に，取締役会や監査役会への多様なステークホルダーからの経営参加である。労働者の経営参加だけでなく，消費者，地域住民，マイノリティグループ等の公共利益代表の経営参加も含む。

　その他にも，経営内容の情報開示の徹底による透明性向上，社内での企業倫理の本格的推進体制の確立，公的規制の強化などが挙げられよう。

> [推薦図書]
> **佐久間信夫編（2006）『よくわかる企業論』ミネルヴァ書房**
> 　現代企業の戦略的対応に焦点をあてた企業論の入門書で，豊富な用語解説や的確な論点提示で初学者に最適である。
> **アラン・マレー（2008）『CEO vs. 取締役会』ダイヤモンド社**
> 　CEOと取締役会の権力闘争を実名で描き，株主主権の企業統治における争いの意味を問うノンフィクションである。
> **吉森賢（2005）『経営者機能』放送大学教育振興会**
> 　放送大学の大学院科目のテキストで，経営者機能を経営者が果すべき相互に関連した5つの機能として位置づける。

> [設　問]
> 1．委員会設置会社の事例について調べましょう。
> 2．取締役会のスリム化によって会社経営者の役割はどのように変化していくでしょうか。

（片岡　進）

第5章

株式所有構造と株主行動の変化

　1980年代のバブル経済崩壊以降，日本企業の株式所有構造は，変化しつつあります。そしてこれまでにみたことのない事態が起きています。一例をあげれば，東証一部上場企業であるアデランスホールディングの2008年5月の定時株主総会で，取締役7人の再任が株主の反対で否決されるという事態が起こりました。株主総会が「シャンシャン総会」で平穏に終わることが通常であった企業に，どのような異変が起きたのでしょうか。

1　戦後日本の株式所有構造

　まず，第二次世界大戦後（以下，戦後と呼ぶことにする），日本企業に特徴的にみられた株式所有構造を総体的にみておこう。戦後，GHQの占領政策による財閥解体などによって，1949年には，「個人・その他」による持ち株比率が約70%であった。ところがその後，株主数は増加していったが，その持ち株比率は継続的に低下し，「高度な分散化」傾向をしめしていった。その一方で「個人株主・その他」に代わって，法人の株式保有に対する「独占禁止法」改正による規制緩和などによって，金融機関や事業法人などの持ち株比率が増加していった。図5-1は，直近の株式所有分布を示したものである。「個人株主・その他」の持ち株比率の低下は続き，1988年度に20%を下回り，これ以降20%前後の水準で推移し，2005年度から再び低下傾向を示している。「事業法人等」の持ち株比率は，1970年度に23.9%であったが1986年度に30%台に到達し，30%前後を推移した後，1990年度から低下傾向を示し，2006年度には20%台まで低下している。そして「金融機関」は，金融機関総体としては，持ち株比率が増加してゆき，1988年度に44.1%に達した。その後，持ち株比率は，低下傾向を示しながら推移し，2003年度頃から急激に低下し，2007

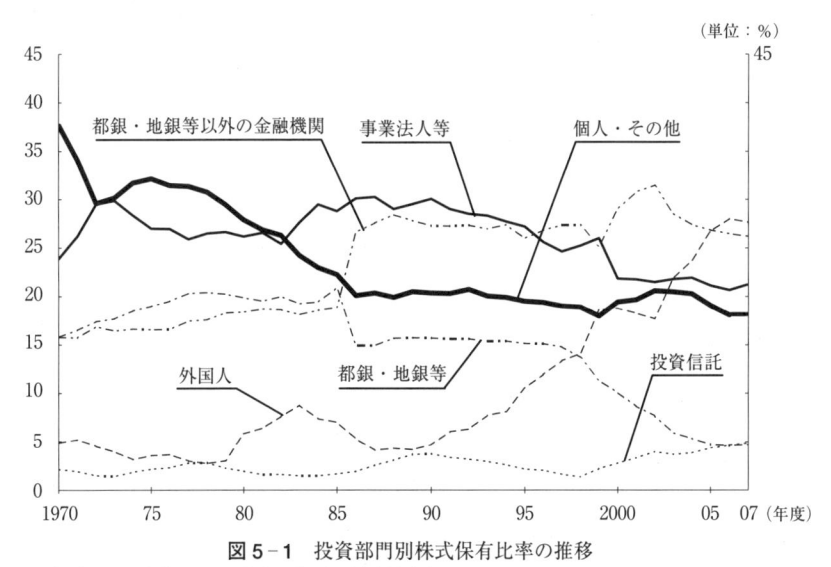

第5章　株式所有構造と株主行動の変化

(単位：%)

図5-1　投資部門別株式保有比率の推移
(注)　都銀・地銀等は，1985年度以前は信託銀行を含む。
(出所)　「平成19年度　株式分布状況調査の結果について」東京証券取引所，大阪証券取引所，名古屋証券取引所，福岡証券取引所，札幌証券取引所。

年度には30.9%となっている。「金融機関」の内「都銀・地銀等」は，1988年度に持ち株比率が15.7%に達した後，一足早く1998年度頃から急速な低下傾向を示し，2007年度には4.7%まで低下している。「生命保険会社」の持ち株比率も，1985年度に12%台に達した後，12%前後の水準で推移し，1995年度から低下傾向を示している。上述のような国内法人による持ち株比率の低下傾向に対して，「外国人」による持ち株比率は増加し，1990年度頃から急激にのび，2007年度には約28%に達している。

戦後日本企業の株式所有構造を特徴づけてきた法人株主化の進展は，株式所有構造的には，「トヨタ・グループ」や「日立グループ」などにみられるような，「親会社」とグループ構成企業の間の「垂直的」な所有構造と，「安定株主化」工作によって企業間で形成される株式持ち合いの「水平的」な所有構造からなっている。ここでは，主に後者の株式持ち合い関係を問題とする。

株式会社形態は，原理的には，「出資と経営の制度的分離」を行い，「1株1票」の「資本多数決」に基づいて株主の統一的意思形成をはかりながら，株式

発行によって自己資本の調達を行う。株主は，株主総会における議決権の行使を背景として，自己の意思を企業経営に反映させる権能をもつが，大きな議決権をもつ支配的大株主によって株主総会の議決が制されることになり，中小株主は，その意思を企業経営に反映することができない。ところが，株主は原則として自由に持ち株を第三者に譲渡することができるので，出資に伴うリスク負担を軽減することができる。また，「出資と経営の制度的分離」がなされているため，株主は経営機能から解放され，必ずしも経営者として企業経営を担う必要がない。このため，株式市場の発達に伴って，最初から企業経営に意思を反映させる意志をもたない投資家（こうした投資家と上述の中小株主を総称して，以下では「無機能化株主」と呼ぶことにする）にまで出資者層を拡大することができる。株式の発行によって，資本規模が拡大するにしたがって，一方で，会社支配は大株主に集中するが，他方で，経済的打算に基づいて出資を行う投資家の比重が高まっていくことになる。このため，潜在的には，支配的大株主による会社支配は不安定化していくことになる。

「だれが会社を支配するか」という会社支配問題において，バーリ＝ミーンズは，株式会社企業の資本規模の拡大は株式の高度な分散を伴い，「経営者支配」が成立するという仮説を示した。こうした仮説の立ち入った検討を行う余裕はないが，次のことは，言いうるであろう。

すなわち，「無機能化株主」は，支配的大株主が存在するがゆえに，企業経営の意思形成に参加することができず，したがって議決権の行使には無関心とならざるをえない。株式の発行による資本規模の拡大は，こうした議決権行使に無関心な「無機能化株主」の増加の過程でもある。「経営者支配」仮説の基本的なフレームワークでは，委任状機構を介して「無機能化株主」から集中される議決権を重視する。こうした議決権が支配的大株主の議決権を上回るとき，だれも自己の持ち株に基づいて支配することができず，委任状機構を介して集中した議決権の行使に基づいて支配が行われることになる。たしかに，「無機能化株主」の中には委任状さえ提出しない株主が存在するため，**「少数持ち株支配」**が可能になる。しかしながら，会社支配モデルとしては「少数持ち株支配」下にあっても，「無機能化株主」のもつ議決権の方が支配的大株主のもつ

それよりも大きくなり，したがって，「無機能化株主」の議決権の獲得をめぐって委任状勧誘合戦や敵対的な TOB などが発生しうる。こうして，「少数持ち株支配」であると「経営者支配」であるとにかかわらず，その持ち株比率が小さくなればなるほど，個人的信頼関係とは無関係な経済的打算に基づいた出資者が相対的に増加し，潜在的には，会社支配は不安定化していくことになる。ということである。

ところで，戦後の社会的混乱の中，例えば，1950 年代に旧大倉財閥系の日本皮革株式，旧三菱財閥系の陽和不動産，など株式の買占めによって経営権の不安定性が顕在化した。買い占められた陽和不動産株は，三菱グループ各社が引き取ることになった。また 50 年代当時，法的には禁止されていたが，企業の自社株保有が広範に行われていた。こうした自社株保有は，やがて**安定株主**に代替され，法人間において株式の持ち合いが行われるようになった（江川雅子〔2008〕『株主を重視しない経営』日本経済新聞出版社，137 - 138 頁）。特にいわゆる「六大企業集団」構成企業間における株式相互持ち合いにおいて濃密な関係が形成されていった。

松井和夫は，法人株主化が進展した日本企業の支配構造について，「……取引関係のあるもの同志の間での法人間株式相互持ち合い（その広汎な存在はまさに日本的現象）は，既存の経営陣（それが財閥解体等の結果殆ど偶然的にその地位をえたにせよ，同族支配会社に経営の能力と意思のある人物がいなかった結果選ばれてその地位をえたにせよ，ひとたびその地位を得ると）の支配力のよってたつ基礎を提供しているのであり，関係会社・金融機関の経営陣による『共同支配体制』を維持しながら，類まれなる強蓄積を進めていくためにとられた最も合理的な方法……である」。そしてその内部構造は，図 5 - 2 に示されるように，企業の「支配中枢」は，同系企業間での株式持ち合いによってまず補強され，さらに他系列の企業との間での株式持ち合いによって補強される，という重層

少数持ち株支配：50% 未満の持ち株によって会社を支配すること。資本規模が拡大していくと，中小株主の中には株主総会への出席や委任状の提出を行わない者がいるため，50% 以下の持ち株でも株主総会の議決を制することが可能となり，会社の支配が可能となる。

安定株主：株価の変動や配当の増減にかかわらず，株式を長期にわたって保有する株主のこと。取引先企業などによって，乗っ取り防止による経営安定化や取引関係の緊密化などを目的としている。

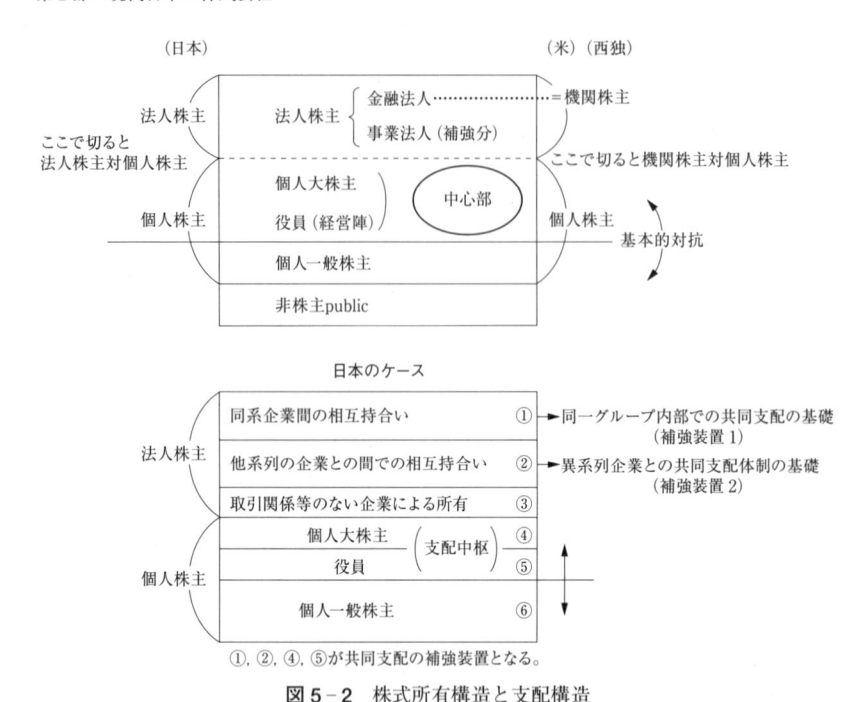

第Ⅰ部　現代日本の株式会社

```
                    (日本)                              (米)(西独)
              ┌─────────────────────────────────┐
              │          ┌ 金融法人 ………………= 機関株主
    法人株主  │ 法人株主 ┤
ここで切ると   │          └ 事業法人(補強分)
法人株主対個人株主├─ ─ ─ ─ ─ ─ ─ ─ ─ ─ ─ ─ ─  ここで切ると機関株主対個人株主
              │ 個人大株主    ┌─────┐
              │ 役員(経営陣)  │ 中心部 │   個人株主
    個人株主  │               └─────┘              ↕ 基本的対抗
              │ 個人一般株主
              ├─────────────────────────────────┤
              │ 非株主 public
              └─────────────────────────────────┘

                       日本のケース
              ┌─────────────────────────────────┐
              │ 同系企業間の相互持合い        ① →同一グループ内部での共同支配の基礎
    法人株主  │ 他系列の企業との間での相互持合い ② →異系列企業との共同支配体制の基礎(補強装置1)
              │ 取引関係等のない企業による所有 ③                              (補強装置2)
              ├─────────────────────────────────┤
              │ 個人大株主   ┐            ④
    個人株主  │ 役員         ┘支配中枢    ⑤    ↕
              │ 個人一般株主               ⑥
              └─────────────────────────────────┘
         ①,②,④,⑤が共同支配の補強装置となる。
```

図5-2　株式所有構造と支配構造

(出所)　松井和夫「日米企業の株式所有構造と株価形式（上）」『証券経済』日本証券経済研究所，第128号，1979年5月，35頁。

構造にある，と指摘している（松井和夫〔1979〕「日米企業の株式所有構造と株価形成（上）」『証券経済』日本証券経済研究所，128号，34，35頁）。「支配中枢」を「個人大株主＝経営陣」とし，株式所有を支配の基礎としている点は，なお検討の余地が残るとしても，他系列企業の持ち株の属性を企業間における取引関係に規定されたものとしている点において，松井の指摘は示唆的である*。

　　＊　会社支配において経営者の持ち株を重視するものとして，中原秀人（1984）「わが国株式会社の支配構造」『世界経済評論』世界経済研究協会，Vol.28.No.4, No.5。小松章（1983）「巨大企業の大株主構造と経営者」『企業の論理』三嶺書房。を参照。

「企業集団」は，一般に，旧財閥系「企業集団」（三井，三菱，住友）と銀行系「企業集団」（芙蓉，第一勧銀，三和）に分類される。「企業集団」の中核をなす「社長会」構成企業は，旧財閥系では戦前からの同系企業からなり，銀行系では前者以外の複数の財閥系企業からなっている。「企業集団」構成企業は，

資本的・生産技術的・商業的に密接な協力関係にある。松井の指摘に示唆されるように，日本企業の株式持合い関係は，基本的には取引関係をベースとして形成され，「企業集団」は，特に深い協力関係をベースとして株式の持ち合い構造が形成されていると考えられる（奥村宏〔1991〕『新版　法人資本主義の構造』現代教養文庫，143-144頁。および，瀬川新一〔1989〕「『情報化』・『ソフト化』と日本の『六大企業集団』」野口祐編著『ソフトウェアの経営管理』税務経理協会）。各「企業集団」の株式の持ち合い構造は，相違をみせながらも金融機関を株式持ち合い関係の要として形成されていった。企業の「安定株主」化工作は，1964年のOECDへの正式加盟を契機として，資本自由化に対処するために，自動車産業を皮切りに促進された。さらに1965年の**証券恐慌**に際して日本共同証券と日本証券保有組合が買い入れ・凍結した株式が，66年ころから放出され，株式発行会社の取引金融機関などにはめこまれ，安定株主による株式保有が促進されていった。

　こうした企業間での株式保有を介した会社支配の安定化は，その維持コストが保有株式に対するリターン（配当と株価値上がり額）に依存することになる。戦後の高度経済成長期における日本企業は，配当率を一定とした安定配当政策をとってきた。1960年代までは，株主割当の額面発行増資が行われていたため，配当利回りの低下が生じることはなかったが，その後，**株式の時価発行増資**が行われるようになった。株式の時価による取得は，株価が高くなればなるほど，配当利回りが低下することになる。次に単純なモデルを使用して思考実験をしてみる。

証券恐慌：株式投資信託の不振などによって，証券業界が1965年に陥った不況のこと。運用預かり制度による資金調達が困難になり，一部の証券会社の経営破綻が表面化し，日銀特融によって，事態の打開がはかられた。
株式の時価発行増資：会社が資金を調達するために株式を発行する際，市場における株式の時価を基準にして株式の発行価格が設定されて行われる増資のこと。時価が高くなるほど，同数の株式発行によって多くの資金を調達することができる。

2　額面発行増資と時価発行増資

　[Ⅰ]　株式の持ち合いを開始する単純なケースを考えてみる。自社および株式取得先企業の株式の市場価格が500円（額面50円）で，相互に1万株を取得した場合，株式投資額はそれぞれ500万円となる。(1)株式投資額500万円の調達を全額株式の額面発行によって行うとき，取得株式1万株よりも9万株多い10万株を発行することになる。あるいは，(2)これに必要な資金を取得株式数と同数の株式を発行して調達するとき，株主割当の額面発行によって50万円を調達し，不足分は例えば借入れによって450万円調達することになる。

　持ち合い株数と配当率を株式持ち合い先企業と同等に設定した場合，株式持ち合い企業間での配当金の授受は資金が相互に自社のもとに還流・相殺されることになる。これ以降は，株主割当の額面発行が行われ，株式持ち合い企業が相互に同額の株式発行増資を行う場合，ここでも資金が相互に自社のもとに還流されることになる。初期の株式取得以降には資金「コスト」はかからず，支配安定化の資金「コスト」に影響を与えるのは，初期株式取得と市場からのさらなる株式の買い増しのための「コスト」のみである。

　上記のケースでは，(1)の場合9万株に対する配当額が，(2)の場合借入金450万円の支払い利息が，あるいは，株式の取得をすべて借入金ですべてまかなった場合，500万円に対する支払い利息と1万株に対する受け取り配当金の差額が，支配安定化の資金的コストになるであろう。

　上述のことを貸借対照表・損益計算書（以下，財務諸表と呼ぶ）上で考えてみる。相互出資・株式持ち合いは資金がもとの企業に還流されるので，資金的実態は存在していない。それにもかかわらず，持ち合い先企業が株式発行増資を行う場合，財務諸表上では，増資は株主割当の額面発行で行われ，保有株式の平均取得価格が低下することになるので配当利回りは高くなることになろう。実態として存在するのは，支配安定のための初期株式取得にかわる「コスト」と，支配の安定化は取引関係の安定化を目的としたものであるので，これによって得られる効果である。

それでは,企業の株式発行増資が,時価発行に変化すると,資金の流れはどのように変化するであろうか。初期株式取得に関しては変化が生じないであろう。変化が生じるのは,株主割当の額面発行増資が時価発行増資に変化したことによってであろう。[Ⅰ]の例と同様の持ち合い関係を維持するケースを想定してみよう。

 [Ⅱ]　株式取得先企業の株式の市場価格が500円（額面50円）で,1万株を取得した場合,株式投資額は500万円となる。ここでは,自社の市場株価が250円の場合を想定してみよう。⑴株式投資額500万円の調達を全額株式発行によって行うとき,取得株式1万株の2倍の2万株を発行することになる。あるいは,⑵これに必要な資金を取得株式数と同数の株式を発行して調達するとき,株式時価発行によって250万円を調達し,不足分は例えば借り入れによって250万円調達することになる。

 仮に,持ち合い株数と配当率を株式持ち合い先企業と同等に設定した場合,株式持ち合い企業間での配当金の授受は相互に自社のもとに資金が還流されることになる。資金の流れとしては,時価発行が行われ,持ち合い株式数の同等が維持される限り,持ち合い先企業への出資額は持ち合い先企業から自社への出資額の2倍となる。あるいは,持ち合い株数ではなく,出資額の同等を維持する場合,引き受け株数が2分の1になるので,受け取り配当金は,持ち合い先企業への支払い配当金の2分の1となる。

 株式の時価発行の場合,このモデルでは,初期株式取得とそれ以降の持ち合い先企業の増資にたいする追加出資は,同じことになる。したがって,支配安定化のための資金「コスト」は,相互に同等の株式数の持ち合いを維持しようとするとき,保有株式数と同数の自社株式に対する配当額が,あるいは,出資額の2分の1の借入金に対する金利が「コスト」となろう。また,相互に同等の出資額を維持しようとするとき,支配安定のための資金的「コスト」は,取得株式数と同等の自社株に対する配当額になるであろう。

 上述のような支配安定化のための資金「コスト」は,額面発行増資の場合と比較すると,次のような特徴をもっている。すなわち,

 1) 株価の相違による支配安定化のための資金「コスト」の相違は,株主割

当の額面発行増資の場合，初期株式取得時においてのみ生じるが，これに対して，時価発行増資の場合，加えてそれ以降の増資引き受け時においても生じることになる。

2) 時価発行増資の場合，増資の引き受けは，株式持ち合い先企業の株価との対比において自社の株価が高（低）ければ高（低）いほど，支配安定化の資金「コスト」が低（高）くなるということである。仮に相互の株価が等価であれば，同額の株式取得資金と配当金が自社に還流して，資金的に相殺され，資金的収支はゼロとなる。また，自社の株価が株式持ち合い先企業の株価よりも高（低）ければ，出資資本，あるいは，配当金の自社への流入（自社からの流出）の方が大きくなる。

3) 株価の上昇を介した**エクイティー・ファイナンス**による低コストの資金調達や上記2）の要因によって，自社の株価上昇はメリットをもつ。しかし，持ち合い先企業の株式発行増資も時価で行われるので，財務諸表上，保有株式の平均取得価格が低下しないので，配当利回りは高くなることはないであろう。市場株価が上昇した場合，額面発行増資の引き受けは配当利回りが株価の上昇と無関係に上昇するのに対して，時価発行増資の引き受けは配当利回りをさらに低下させることになる。

4) そのため，株式の時価発行においては，株式持ち合い先企業と自社の持ち株数・株価が同等であり，支配安定のための資金的収支がゼロ，すなわち，支配安定のための資金「コスト」が株価の高低に影響されない場合であっても，財務諸表上では，株式投資利回りを維持するためには，株価が上昇するほど，持ち合い先企業の配当率の引き上げや株価のさらなる上昇に依存することになる。と同時に，株価の上昇は，増資引き受けなどによって配当利回りのさらなる低下を引きおこすことになり，矛盾をはらむことになる。あるいは逆に，持ち合い先企業の株価が低下した場合，配当利回りを高めることになるが，潜在的に保有株式の投資利回りを低下させ

エクイティー・ファイナンス：新株発行を伴う資金調達の総称。単純な新株発行による増資の他に，ワラント債や転換社債の発行による資金調達を指す。1980年代のバブル経済期に，高株価を利用して著しく低いコストで資金調達するため，ワラント債や転換社債がさかんに発行された。

ることになり，ここでも矛盾をはらむことになる。
5) 支配の安定が取引関係の安定化を目的としたものであるとき，上述のような支配安定のための資金的収支がゼロの場合であっても，財務諸表上では，株式投資利回りの低下は，取引関係の安定化による効果を得るためのコストとなるであろう。

いわゆる日本的経営システムは，終身雇用・年功序列・企業別組合を三種の神器とし，これに「系列」といわれる企業間関係によって形成されている。こうした企業と労働者間の関係や，企業間の関係は，それぞれ長期継続的取引関係の安定化に基づいたシステムであるといえるであろう。そして，こうした取引関係の安定化は，支配の安定や株式持ち合いによって支えられ，逆に，支配の安定や株式持ち合いは，こうした継続的取引関係によって企業にもたらす便益が，支配安定化コストを上回っている限り維持されるであろう。もし，日本企業が日本的経営システムを競争力の基盤としているとするのなら，支配の安定化コストの上昇によって，日本企業はその競争力を支える基盤を失うことになる。あるいは，日本企業は，新たな経営システムを模索せねばならなくなる。無論，あらたな経営システムが形成され，それとともに株式所有構造が変化することもありえよう。

日本企業は，企業金融において間接金融主体・株主割当の株式額面発行から，1970年代・80年代の**減量経営**を経て，直接金融・株式時価発行増資の比重が大きくなっていった。奥村宏によると，日本企業は1970年代後半から80年代に，安定株主化工作＝法人買いによって市場から浮動株を吸い上げ，このことによって株価を上昇させた。そして，高株価を介してエクイティー・ファイナンスによって低コストで資金調達を行うようになった。金融の自由化以降，企業の資金調達の選択肢がひろがり，間接金融による資金調達の比重が低下し，金融機関の間で競争が激化すると，金融機関は，安定株主としてエクイティー・ファイナンスに伴って増加する浮動株を吸収して，持ち株を増加させていった。

減量経営：第1次オイルショック以降，日本企業が経営危機を乗り越えるために，従業員や在庫，資金を減らして，経済の低成長のもとで利益が上がるような体質の構築をめざした経営方法。

こうして株式の持ち合い関係は，支配安定化（＝取引安定化）に加えて，新たに財務的な活動によって性格づけられるようになっていった（奥村宏〔2008〕『会社はどこへ行く』NTT出版，100頁，奥村宏〔2005〕『最新版法人資本主義の構造』岩波現代文庫，120-128頁および131-32頁；川北英隆〔1995〕『日本型株式市場の構造変化』東洋経済新報社，82頁）。

3 バブル経済崩壊後の株式所有構造

前節で述べたように，時価発行増資のもとでは，資金的には自社の株価の上昇によって上記2)のようなメリットをもたらすが，上記4)のような矛盾をはらむものであった。こうした矛盾は，株価が上昇している限り潜在的なものでおわるのであるが，いったん株価の停滞・下落が生じはじめると顕在化することになる。80年代後半のバブル経済が崩壊すると，株価の下落によって投資利回りは低下し，いわゆる含み損に陥る事態も生じるようになった。とりわけ株式の持ち合い構造の要をなしていた金融機関は，不良債権処理の問題とあわせて，株式の投資利回りの低下は，経営に大きな影響を与え，また，法改正による持ち株制限によっても，持ち株の売却をせまられることになった。金融機関等によって売却され，浮動株化した株式は，外国人投資家等によって吸収されていった。こうした安定株主による株式の売却は，それ自体としては，株式持ち合い関係をすべて解消させるものではなく，依然として企業間では株式持ち合い関係・安定株主が維持存続している。

図5-3を参照されたい。これはニッセイ基礎研究所の調査によってまとめられた上場企業の平均的な株主構成である。この調査からいえることは，同研究所が指摘しているように，株式保有における一方における株式持ち合い関係と金融機関の比重の低下と，他方における機関投資家の比重の増大である。しかしながら同時に，金融機関・持ち合い株を除く上場企業による株式保有は，その比重がバブル崩壊後も維持・微増のまま推移している。

別の調査によって株式持ち合いの変化をみておこう。大和総研の調査によると，2006年度において対銀行と株式の持ち合い関係にある事業会社は総企業

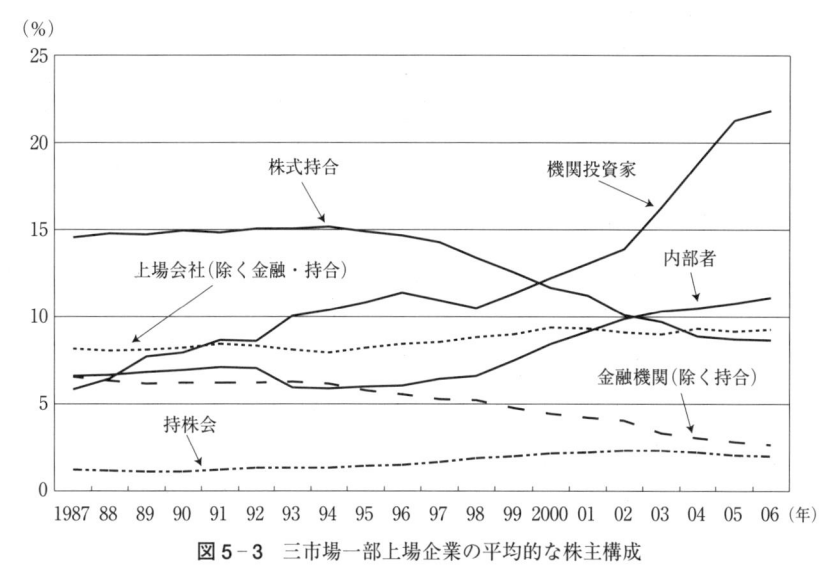

第5章　株式所有構造と株主行動の変化

図5-3　三市場一部上場企業の平均的な株主構成
（出所）　新田敬祐「株主構成の変容とその影響」『ニッセイ基礎研REPORT』2008年2月。

数の約53％であり，1995年度には約91％の企業が持ち合い関係にあったので，大幅に減少している。ところが，対事業会社との株式持ち合い関係にある銀行は，1995年度には約87％であったが，2006年度には約90％と，微増であった。次にその保有銘柄数をみると，1995年度から2006年度において，事業会社の保有する銀行銘柄は3.4から1.9に，また銀行のそれは87.8から44.7に減少している。こうしたデータから，事業会社による対銀行の持ち合い解消が進展していると同時に，銀行との持ち合い関係も少数の銀行に選別してきた。そして，銀行も株式の持ち合い関係は維持しているが，持ち合いにある事業会社を選別してきていることがわかる。その一方で，事業会社間での株式持ち合い関係は，1995年度から2006年度において，持ち合いを行っている事業会社は減少してきているが，2004年度から1つの会社が株式を持ち合っている企業数が増加傾向をみせている。こうした銀行と事業会社間，事業会社間での持ち合い関係の持ち合い比率をみよう（表5-1）。銀行による事業会社の株式持ち合い比率，事業会社による銀行の株式持ち合い比率，そして事業会社間での株式持ち合い比率は，すべて急激に低下しているが，銀行による事業会社の株

表 5-1　業態別持ち合い比率　(株数ベース, %)

保有主体	銀行				事業会社			
被保有側	銀行	事業会社	その他	合計	銀行	事業会社	その他	合計
1991	0.41	10.85	0.29	11.55	4.27	5.87	0.35	10.49
1992	0.38	10.61	0.31	11.30	4.10	5.81	0.34	10.25
1993	0.36	10.59	0.29	11.24	3.89	3.81	0.26	7.96
1994	0.35	10.46	0.37	11.18	3.71	3.72	0.25	7.68
1995	0.35	10.49	0.39	11.23	3.66	3.83	0.26	7.75
1996	0.28	10.43	0.35	11.06	3.49	3.81	0.24	7.55
1997	0.19	10.07	0.31	10.57	3.31	3.72	0.24	7.27
1998	0.06	8.93	0.28	9.27	3.08	3.50	0.22	6.80
1999	0.06	7.94	0.27	8.27	2.70	1.95	0.15	4.80
2000	0.07	8.13	0.23	8.43	2.00	1.72	0.15	3.86
2001	0.10	6.15	0.17	6.43	1.59	1.62	0.12	3.34
2002	0.24	3.73	0.13	4.10	1.12	1.75	0.11	2.99
2003	0.19	3.08	0.08	3.36	0.94	2.11	0.15	3.20
2004	0.14	2.28	0.05	2.47	0.54	1.65	0.14	2.33
2005	0.05	2.06	0.06	2.17	0.41	2.15	0.13	2.69
2006	0.04	2.21	0.09	2.34	0.40	2.19	0.17	2.76

(注) 1：33業種分類を, 銀行 (銀行業), 事業会社 (金融の4業種を除いたもの), その他 (証券業, 保険業, その他金融業) の3業態に集計。
2：市場全体に対する比率。その他は証券, 保険, その他金融の合計。株数は単元数ベース (2000年度以前は単位数ベース)。2004年度, 2005年度はライブドアを除いている。
(出所)　伊藤正晴「強化が続く事業会社の株式持ち合い, 銀行も強化へ」大和総研, 2007年11月。

式保有が持ち合い関係の中心にあることは, 変わらない。しかし, 事業会社間での持ち合い比率が株数ベースで2004年度以降増加傾向をみせ, 銀行による事業会社の株式保有と同等の比重を占めるようになっている*。

　*　詳しくは, 伊藤正晴 (2007)「強化が続く事業会社の株式持ち合い, 銀行も強化へ」大和総研。および新田敬祐 (2008)「株主構成の変容とその影響」『ニッセイ基礎研REPORT』を参照。

バブル経済崩壊以降, 株式の持ち合いは, 総体としては急激に低下しているといえる。しかしそれにもかかわらず, 株式所有関係は選別された会社間で維持され, とりわけ事業会社による株式所有関係は, その水準が低下をみせてい

るとはいえ，根強く維持されていることが推測されるであろう。2006年に実施されたアンケート調査によると，安定株主比率が60％台の企業が最も多く25.8％，ついで50％台が25.6％，40％台が16.3％，30％台が13.5％となっている。これを資本金1000億円超の企業についてみると，30％台の企業が最も多く32.3％，ついで20％台が20.2％，40％台が9.7％となっている。資本金1000億円を境にして，それ以下の資本金企業では，安定株主比率が40％台以上の企業が増加している（商事法務研究会編「株主総会白書2006年版」商事法務研究会，65頁）。

　少しデータが古くなるが，2002年に財務総研が行った調査によると株式持ち合い形成の要因として，「長期の安定的取引関係の形成」が最も多く，対事業法人が約72％，対金融機関が約71％，ついで「戦略的・敵対的買収の未然防止」がそれぞれ約29％と約24％，「メリットなし」が約19％と約27％，「株主総会対策」が約21％と約18％，「長期的な経営計画の設定が可能」が約12％と約16％となっている。逆に株式持ち合いを弱める要因としては，「株価変動による株式保有リスク」が最も多く，対事業法人が約38％，対金融機関が約36％，ついで「資本の効率的運用を重視」がそれぞれ約33％と約25％，「持ち合い相手の株式売却」が約20％と約34％，「関係維持の必要がなくなった」が約15％と約13％であった。さらに同調査によると，重視するステークホルダーとして，「一般顧客」が50.0％，「取引先企業」が44.1％，「株主」が31.3％，「従業員」が28.5％，「取引銀行」が16.6％，「系列企業集団」が8.5％となっている（「近年のコーポレート・ガバナンスにおける変化」『進展するコーポレート・ガバナンス改革と日本企業の再生』財務省財務総合研究所，2003年6月）。

　こうしたデータからも，依然として企業の取引関係が重視され，株式の持ち合い関係が基本的には取引関係を基礎として会社支配の安定化を目的としているが，株価変動リスクがその障害となっていることが推察されうるであろう。バブル経済崩壊以降，安定株主によって市場に放出された株式は，外国人投資家によって吸収されて約30％の株式が保有され，2007年の東京証券取引所における株式売買の55％前後を占めるようになった。コーポレート・ガバナンス問題との文脈において特に注目されるようになった外国人投資家は，どのよ

うな株主行動をとっているのだろうか。

4 米国機関株主とコーポレート・ガバナンス

　米国においては，1980年代にコーポレート・ガバナンス問題に関する議論が本格化するが，その特徴的な論点は，株主主権に基づく会社運営原理の「復権」であろう。

　既述の通り，株式会社制度においては，「出資と経営の制度的分離」がなされ，企業経営は取締役と執行経営者を中心に担われることになる。いわゆる「経営者支配」という状況では，取締役の任免力をもつ大株主が存在せず，また，取締役会の構成員の人選が実質的に執行経営者によって行われ，場合によっては最高経営執行責任者と取締役会会長が兼任されることになる。こうした状況においては，執行経営者に権力が集中し，取締役会はこれに対抗できる発言力を保持していない。コーポレート・ガバナンス問題が注目されるようになったのは，こうした「経営者支配」状況において，**粉飾決算**やその他の不正行為などによって，株主や従業員などの諸ステークホルダーの利害が大きく損なわれる事象が頻発するようになったからである。これをきっかけとして，経営者を規律づけるシステムの構築が求められるようになった。そしてこうしたシステムにおいて，株主が大きな役割を担うことが求められるようになっていった。

　英・米国においては，一般に株式会社は株主の出資によって形成され，取締役会は株主の受託者であると考えられている。株主がその利害を保護・増進するために経営者の規律づけを行う経路は，主に2つあると考えられている。1つは，その議決権の行使を背景とした取締役の任免であり，他の1つは，会社支配権市場における敵対的M&Aの脅威である。

　第二次世界大戦後米国においては，機関株主化が進展し，機関投資家の株式

粉飾決算：企業の財務状況や企業業績を，信用の維持をはかるため，故意に利益を過大計上するなどして実態よりも良好に示すこと。

保有が増大するとともに大株主として台頭するようになった。機関投資家は，旧来，「ウォール・ストリート・ルール」に従った株主行動をとってきた。すなわち，機関投資家は，議決権の行使を背景として株式保有先企業の経営に介入すること（Voice）はなく，もっぱら，より有利な投資先があれば，持ち株を売却していた（Exit）。機関投資家の持ち株が増大すればするほど，株価形成は，企業経営に対する機関投資家の評価によって影響を受けることになる。機関投資家の経済的な期待を満たすことができなければ，株式は売却されて株価が下落することになる。株価が低迷している企業は，敵対的M&Aの標的になる蓋然性が高くなる。蓋然性を低くするためには，機関投資家の期待にこたえ，その評価を高めなければならない。こうして経営者は，敵対的M&Aの存在によって規律づけられることになる。

こうした会社支配権市場を介する規律づけは，必ずしも有効に作用しなかった。すなわち，Exitによる規律づけを可能とするためには，いくつかの前提条件が必要となる。まず，企業経営を評価するために，それを可能とする適切な情報の開示が確保されること。第二に，出資資本を収奪から保護し，その保全・増殖を可能とするメカニズムが機能すること。である。ところが，こうした情報の開示や資本の保全は十分行われていなかった。例えば米国では，1970年にペンセントラル鉄道が倒産し，粉飾決算が行われていたことが明らかになった。この事件をきっかけに，経営者に対する監視制度の改善がもとめられるようになっていった。また，1980年代のM&Aブームにおいては，経営者は，敵対的M&Aから自己を防衛するために，様々な**防衛措置**を講じていった。ところが，こうした措置は，ときとして株主権利を抑制・侵害するものとして理解されることになった。上記2つの前提条件は，株式会社制度が機能するための条件でもあり，取締役会の改革と株主権能の行使プロセスの改善を中心として，制度の見直しが行われていった。

まず取締役会の改革についてみていく。ここで重要な役割を果たすことが期

敵対的M&A防衛措置：例えば米国では，会社の主要株主の移動や経営陣の変更などがある場合に，重要な契約（ライセンス契約など）が終了するような契約を結んでおく方法や，ポイズン・ピル（毒薬条項），ゴールデン・パラシュートなど，の方法がある。

待されているのが，独立社外取締役である。既述の通り，いわゆる「経営者支配」のもとでは，たとえそれが多数の社外取締役によって席が占められている場合であっても，取締役会は執行経営者の影響下にあり，機能不全を起こすことになる。すなわち，社外取締役の派遣元の企業が当該企業と取引関係にあったり，派遣元の機関が当該企業から資金的援助を受けている，などの場合，こうした取引や援助への派遣元の依存関係が大きければ，こうした社外取締役は実質的には「社内取締役化」することになる。それゆえ，取締役会は，執行経営者から自律的に意思決定しうる対抗的な「権力」＝発言力をもちえず，その権能を十全に行使することができなくなる。取締役会の主な機能は，企業経営に関する戦略的意思決定と執行経営者の監視・評価（含，任免と報酬）であろう。取締役会は権能を十全に行使することができなければ，こうした機能も実効的に発揮することもできなくなる。したがってまた，企業経営の評価を可能とする適切な情報の開示が確保されず，出資資本を収奪から保護し，その保全・増殖を担保するメカニズムも有効に機能することができなくなる。米国における取締役会は，その内に委員会をもつ。こうした委員会のうち，監査委員会，指名委員会，報酬委員会が，取締役会の実効化において中心的位置づけがなされている。そして，取締役会は，特にこうした委員会において，執行経営者や当該企業と利害関係をもたない独立社外取締役が発言力をもつことによって活性化がなされると考えられている。2001年末から2002年に発覚したエンロン他の経営破綻・不正会計問題をきっかけとした**サーベンス・オクスリー法**の成立やニューヨーク証券取引所の上場規則改正など，米国では，社外取締役の独立性と発言力強化を介した取締役会の監視評価機能の実効化を図る制度改革が行われてきた*。

* ニューヨーク証券取引所は，1973年，取締役会が3名以上の社外取締役によって構成されることを上場企業に推奨し，1978年には社外取締役によって構成される監査委員会の設置を義務づけていた。詳しくは橋本基美（2004）「経営監視のコストとインセン

サーベンス・オクスリー法：エンロン事件やワールドコム事件など，1990年代末から2000年代初頭にかけて頻発した不正会計問題に対処するため制定されたものであり，正式には「上場企業会計改革および投資家保護法2002」という。

ティブ」若杉敬明監修，資本市場研究会編『株主が目覚める日』商事法務，を参照。

　次に機関投資家の株主行動をみよう。1990年代，業績の悪化を理由にGMやIBMなどの巨大企業のトップが交代する事態が生じた。機関投資家は，その持ち株の大きさゆえ，ウォールストリート・ルールに従った株主行動には大きなコストが生じるようになり，米国企業全般の業績を向上させる必要が生じるようになった。したがって，機関投資家は，取締役会および執行経営者によって構成されるトップマネジメントのあり方と企業経営への影響力の行使に強い関心をもたざるをえなくなった。また社会的にも，年金基金による株式保有先企業に対する議決権行使は，受託責任であることが，1988年の**「エイボン・レター」**によって示され，さらに1994年に，連邦労働省によって議決権行使が受託責任を果たすことであるとする通達が出された（関孝也〔2006〕「第3章　機関投資家によるコーポレート・ガバナンスへの関与」『コーポレート・ガバナンスとアカウンタビリティー』商事法務，を参照)。

　機関投資家は，機関投資家間での程度は様々であるが，ExitからVoiceへと株主行動を転換させていった。米国企業の株式所有構造は，かつてスコットが「所有的利権者のコンステレーションを通じの支配」概念によって特徴づけたように，大株主として機関投資家が台頭し，こうした株主は，たとえ筆頭株主であっても単独での支配が不可能であり，大株主団として「支配」を可能とする株式を保有している*。ところが，こうした大株主団を構成している機関投資家間には利害の対立が存在する。それゆえ，大株主団として「支配力」を行使するためには，機関投資家間でのコンセンサスの形成が必要となる。逆にいえば，機関投資家間で形成されるコンセンサスが拡大することによって，機関投資家の「支配力」はより拡大することになる。こうしたコンセンサスの形成は，1992年にSECによってプロクシー・ルールに関する規制が緩和され，また，これに先立ち，1985年に機関投資家の非営利団体としてCII(Council of Institutional Investors)が設立され，さらに後に営利団体となり議決権行使「コン

エイボン・レター：年金基金に対する経営者による圧力行使が広がりをみせる中で，1988年2月，米国の労働省がエイボンの年金基金の受託者に対して，経営者の圧力行使を警告した書簡のこと。そのなかで，議決権行使に対する受託者責任規定の適用を明確化した。

サルタント」を行うようになったInstitutional Shareholders Servicesが設立されるなどによって，より促進される環境が形成されてきた。機関投資家自身，コーポレート・ガバナンスに関する基本的な考え方をインターネットなどで公開しているものもある（藤井康弘・鈴木誠〔2004〕『米国年金基金の投資戦略』東洋経済新報社，91頁）。

* 詳しくは，ジョン・スコット（1989）「所有的利権者のコンステレーションを通じての支配」『三田商学研究』第32巻2号，を参照。

上述のように米国では，経営者に対する批判を背景として，「経営者」に対する監視・評価の強化を中心に，株主主権に基づく会社運営を可能とする制度的基盤の整備を進めてきた。コーポレート・ガバナンスに関する問題はその他の国々においても広がっており，世界標準としてのコーポレート・ガバナンス原則の策定が試みられ，1999年，拘束力があるものではないがOECDによって『OECDコーポレート・ガバナンス原則』が策定された。機関投資家自身によっても，1995年，英国保険協会やカルパースなどの英・米国の有力な機関投資家を中心としてICGN（The International Corporate Governance Network）を発足させ，1999年に策定された『グローバル・コーポレート・ガバナンス原則』など，いくつかの原則が策定されている。小島大徳は「機関投資家は，ICGNに代表される私的国際機関に参加する各国市場監督機関や企業経営者等をつうじて，機動的に企業のコーポレート・ガバナンス構築を要求していくことになるであろう」と，指摘している（小島大徳〔2004〕『世界のコーポレート・ガバナンス原則』文眞堂，95頁）。

5 日本における機関投資家と株主行動

日本においても，株主主権に基づく会社運営を可能とする制度的基盤の形成は，米国政府の対日要求である「日米規制改革および競争政策イニシアティブに基づく日本政府への米国政府要望書」（2003年）の中で，新たな企業合併手法の導入と並んで，コーポレート・ガバナンスへの，株主，特に年金基金や信託基金などの大規模な機関投資家による積極的な参加と，外国人株主による委

任投票権の円滑な行使のための改革が求められている (http://japan.usembassy.gov/j/p/tpj-j20031024d1.html#shoho-g　2008年11月8日アクセス)。国内的にも，1994年に日本コーポレート・ガバナンス・フォーラムが発足し，1998年に「コーポレート・ガヴァナンス原則」を発表するなど，コーポレート・ガバナンス改革に関して提言がなされている。こうした動向の中で，法制度の諸改革がなされ，1993年に株主代表訴訟が低費用化・簡素化した。94年には自社株の取得・償却が解禁された。97年にストック・オプションが一般企業にも解禁された。2001年に会計制度が改正され，退職給付の想定将来負担の明示化と，金融資産の時価評価が義務化された。2002年には，商法の改正によって**「委員会等設置会社」**の選択が可能となった。などの一連の改革によって，制度的には米国の現行制度に近似するようになっていった (ロナルド・ドーア〔2006〕『誰のための会社にするか』岩波新書，80-83頁)。東京証券取引所の上場規則では，ニューヨーク証券取引所で要求されるようなコーポレート・ガバナンス原則は，まだ要求されるに至っていないが，社外取締役に大きな役割を期待するコーポレート・ガバナンス制度の導入圧力が高まっている。

　2004年に，UFJ総合研究所が外資系を含む機関投資家に行ったアンケートによれば，86.8%の機関投資家が議決権行使方針・ガイドラインをもっており，47.4%が「議決権行使委員会」によって行使に関する判断が行われている。経営施策については，社外取締役については，「専ら株主の代表として経営陣を監視する存在であるべき」との回答が78.9%，「社外取締役であっても経営に知見が必要だ」が44.7%，「社外取締役は大株主(親会社等)のみならず，少数株主にも配慮すべきだ」が36.8%と続いている。役員報酬については，「業績連動型が望ましい」が55.3%，「確定金額報酬であっても算定根拠の公開が望ましい」が31.6%，「個別に金額等を公開することが望ましい」が21.1%となっている。また配当政策については，「ケースバイケースで判断する」が60.5%，「内部留保が過剰であれば配当を増やすべき」が31.6%，「配当性向が

委員会等設置会社：2002年の商法改正によって，資本金5億円以上あるいは負債200億円以上の大企業に認められた，委員の過半数が社外取締役によって占められる指名委員会，監査委員会，報酬委員会を取締役会内に設置される会社。

低い場合は利益処分案に反対する可能性がある」が18.4%，となっている。個別議案として，利益処分案については，「業績，株価，不祥事等の問題がある場合の役員賞与支払いに反対／棄権することがありうる」が60.5%，そして取締役選任については，「原則賛成」が36.8%であったが，「赤字企業の再任候補者に反対することがある」が50.0%，「人数が多すぎる場合反対することがある」が42.1%であり，これを上回った。退職慰労金支払いについても，「原則賛成」が42.1%であったが，「赤字・無配・債務超過等の場合は反対」が57.9%，「不祥事責任取締役・監査役への支払い反対」が55.3%と，これを上回った（「議決権行使方針に関する機関投資家アンケート調査結果」〔プレスリリース〕UFJ総合研究所，2004年6月）。

こうした調査結果に現れているように，機関投資家は経営者に企業価値の向上を求め，その評価に基づいて報酬・人事案件に議決権を行使する姿勢を示しているとともに，利益処分についても大きな関心を示している。

また，データはことなるが，日本証券投資顧問協会が，2008年，投資一任会社に行った調査によると，企業買収防衛策について，「評価できない」とするものが60%となっており，「評価できる」を上回っている。このうち，特に「取締役解任要件の強化」についての議決権行使の方針は，原則反対が67%で，原則賛成の17%を大きく上回っている。また，会社法関連に伴う定款変更についても，「取締役の解任要件の加重」について原則反対が61%と，原則賛成の21%を上回っている。株主の究極的な権力基盤である取締役の人事権とともに，「剰余金処分」権能の株主総会からの排除と取締役会への授権についても，株主は強い反対姿勢を示している（『投資一任契約に係る議決権行使等行使指図の状況について』日本証券投資顧問協会，2008年8月，5頁）。

近年その比重を増している外国人投資家，特に米国の投資家の議決権行使についてみる。図5-4は，コーポレート・ガバナンス関連の議題についての株主行動を示したものである。図に示されるように，同じ機関投資家であっても，会社側によって提出された議案に対する支持の度合いは，一様ではない。相対的に，企業年金は会社側提案を支持する傾向が強く，この対極にあるのが，公的年金やSRIファンドである（小林久仁子〔2005〕「海外，国内機関投資家は発行

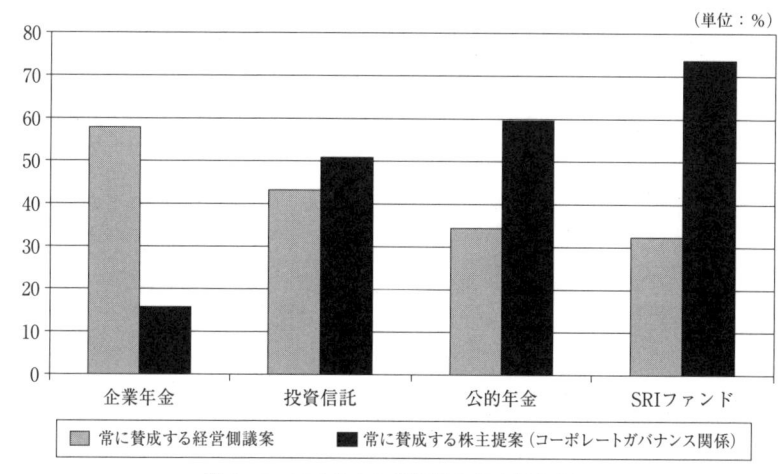

第5章　株式所有構造と株主行動の変化

図5-4　アメリカの投資家のガイドライン

（単位：%）

■ 常に賛成する経営側議案　　■ 常に賛成する株主提案（コーポレートガバナンス関係）

（出所）　IRRC。

		企業年金	投資信託	公的年金	SRIファンド
取締役選任	2002	・常に賛成	・常に賛成	・取締役会における社内取締役数が67%を超えれば反対	・取締役会における社内取締役数が50%を超えれば反対
	2004	・常に賛成	・常に賛成	・取締役会における社内取締役数が60%を超えれば反対	・取締役会における社内取締役数が50%を超えれば反対 ・取締役会における社内取締役および関連取締役数[1]が67%を超えれば反対
会計監査人選任	2002	・常に賛成	・常に賛成	・常に賛成	・常に賛成
	2004	・常に賛成	・常に賛成	・非監査費用が監査費用を超えれば反対	・非監査費用が監査費用を超えれば反対
ストックオプション	2002	・個別オプションの希薄化が10%を超えれば、または全てのオプションの希薄化が15%を超えれば反対 ・企業業績に連動	・個別オプションの希薄化が10%を超えれば反対	・個別オプションの希薄化が10%を超えれば、または全てのオプションの希薄化が15%を超えれば反対・企業業績に連動し	・個別オプションの希薄化が15%を超えれば反対 ・企業業績に連動したオプション行使の条件が

119

ストックオプション		したオプション行使の条件がなければ反対		たオプション行使の条件がなければ反対	なければ反対
	2004	・個別オプションの希薄化が10%を超えれば、または全てのオプションの希薄化が15%を超えれば反対 ・企業業績に連動したオプション行使の条件がなければ反対	・個別オプションまたは，全てのオプションの希薄化が10%を超えれば反対 ・企業業績に連動したオプション行使の条件がなければ反対	・個別オプションの希薄化が10%を超えれば、または全てのオプションの希薄化が15%を超えれば反対 ・企業業績に連動したオプション行使の条件がなければ反対	・個別オプションまたは，全てのオプションの希薄化が10%を超えれば反対 ・企業業績に連動したオプション行使の条件がなければ反対
退任取締役への退職慰労金	2002	・金額が開示されていなければ反対	・金額が開示されていなければ反対	・常に棄権	・金額が開示されていなければ反対
	2004	・金額が開示されていなければ反対	・金額が開示されていなければ反対 ・社外取締役への慰労金には反対	・常に反対	・金額が開示されていなければ反対

(注) 1) 関連取締役の定義はメインバンク所属または保有比率が10%を超える大株主の会社の所属であること。
(出所) 小林久仁子「海外，国内機関投資家は発行会社に何を望むのか？」『代行通信』だいこう証券ビジネス証券代行部，第91号，2005年4月，14頁。

会社に何を望むのか？」『代行通信』だいこう証券ビジネス証券代行部，第91号，14頁)。しかしながら，経営者報酬にかかわる議案については，基本的には他の投資家と同様な姿勢を示し，企業価値向上への貢献度を基礎として議決権を行使しているものといえよう*。では，機関投資家は具体的には，どのような議決権行使行動をとっているのであろうか。

* 例えば，米国における最も活発なアクティビストといえる公的年金基金カルパースの代理投票権責務を行使する枠組みについては，カリフォルニア州職員退職年金基金(2008)『説明責任のあるコーポレート・ガバナンス（企業統治）国際原則』を参照のこと。(http://www.calpers-governance.org/principles/docs/japanese-global-principles.pdf 2008年11月8日アクセス)

また，日本における企業年金連合会のコーポレート・ガバナンス原則および議決権行使基準については，「企業年金連合会　コーポレート・ガバナンス原則」他を参照のこと（http://www.pfa.or.jp/top/jigyou/pdf/gensoku_20070228.pdf　2008年11月10日アクセス）。また，議決権の行使状況については http://www.pfa.or.jp/top/jigyou/gov_2_1.html および http://www.pfa.or.jp/top/jigyou/gov_2_2.html，を参照のこと。

表5-2は，日本証券投資顧問協会が，2008年，投資一任会社に行った調査である。表からは，「監査役選任」や「定款一部変更」，「退職慰労金支給」，「新株予約権発行」，「その他会社提案」について，高い反対・棄権比率がみてとれる。こうしたデータは，経営者に対する監視・評価を強める最近の議決権行使方針・ガイドラインが反映されていることが理解できるであろう。特に米国のミューチュアルファンドの議決権行使についていえば，上記の議案への反対投票のほか，株主提案として提出された「増配」や，上記のUFJ総合研究所や上記顧問協会の調査において示された議決権行使の方針に沿って，「役員報酬の個別開示」，「買収防衛策反対」などに，多くのファンドが賛成票を投じている。

表5-2　会社提出議案に対する賛成・反対・棄権・白紙委任の議案件数
【投資一任会員65社の総計】

	賛成	反対	棄権	白紙委任	合計	反対・棄権比率（％）
a．剰余金処分案等	18,752	806	0	0	19,558	4.1
b．取締役選任	73,547	7,367	86	0	81,000	9.2
c．監査役選任	25,181	4,891	25	0	30,097	16.3
d．定款一部変更	8,061	1,249	7	0	9,317	13.5
e．退職慰労金支給	7,136	2,287	48	0	9,471	24.7
f．役員報酬額改定	8,439	298	1	0	8,738	3.4
g．新株予約権発行	2,520	772	2	0	3,294	23.5
h．会計監査人選任	728	5	0	0	733	0.7
i．組織再編関連[1]	524	35	0	0	559	6.3
j．その他会社提案[2]	5,861	1,737	21	0	7,619	23.1
合　計	150,749	19,447	190	0	170,386	11.5

（注）1）合併，営業譲渡・譲受，株式交換，株式移転，会社分割等。
　　　2）自己株式取得，法定準備金減少，第三者割当増資，資本減少，株式併合，買収防衛策等。
（出所）「投資一任契約に係る議決権行使指図の状況について」日本証券投資顧問業協会，2008年8月。

本章第3節で，日本企業は，ステークホルダーとして取引先企業を依然重視していると述べた。しかし現在，企業が最も重視するステークホルダーは，株主である。東京証券取引所が2005年に行ったアンケート調査によると，重視するステークホルダーとして「株主」が62.2％，「従業員」が4.4％，「債権者」が0.3％，「取引先」が5.7％，「地域社会」が0.8％，「消費者」が11.3％となっている（東京証券取引所「コーポレート・ガバナンスに関するアンケートの調査結果について」2005年7月）。一見すると矛盾とも思えるこのデータは，どのように理解できるであろうか。

　第2節で述べたとおり，時価発行増資のもとでは，株式の相互持ち合いは，潜在的に矛盾をはらんでいる。こうした矛盾は，企業に配当率の増加か株価の上昇による一定の株式投資利回りを要求することになる。株式投資利回りの低下は，株式持ち合い関係維持のための「コスト」となる。こうした「コスト」の増加は，安定的取引関係の維持に影響を及ぼすことになる。さらに，株式持ち合い率が低下している現在，株価の低迷は敵対的M&Aの対象となる蓋然性が高まることになる。このとき取引先企業が重要なステークホルダーであり，取引関係の安定性を維持しようとすれば，取引関係にある企業は，株主の利害を満たし，その支持を動員することが必要となろう*。つまり，大株主団としての機関株主が大きな影響力をもち始めていることは無論であるが，それ以前に自己の資金調達コストの低減や取引関係の安定化のためには，株価を高める必要がある。それゆえ，株主がステークホルダーとして重視されることになっている**。事実，株主が最重要ステークホルダーとされ，その機関株主からは，独立社外取締役に大きな発言力を与える取締役会の形成が求められているにもかかわらず，現在，独立社外取締役に大きな発言力を与える取締役会の形成への移行には，依然として消極的であり，しかも企業の株式持ち合い関係強化の動きが生じ始めてすらいる。

　　＊　換言すれば，なお検討を要するが，この点では図5-2で示した松井の欧米モデルに近似してきたともいえよう。
　　＊＊　日本インベスター・リレーションズ協議会が行っている調査によれば，IRの目標として，「投資家とのコミュニケーションを通じ適正株価を形成」が1位にきている。（日

第5章　株式所有構造と株主行動の変化

図5-5　株主所有物企業（2010年の代表的日本企業）
（出所）　ロナルド・ドーア（2006）『誰のための会社にするか』岩波新書，v頁。

本インベスター・リレーションズ協議会（2008）「第15回IR活動の実態調査」https://www.jira.or.jp/ 2008年11月9日アクセス）

　もし，そうであるとするなら，その一方で，過大な負担と犠牲を労働者に強いている現状をみるとき，ロナルド・ドーアによって示された挿絵の内容は，意味深長であろう（図5-5）。

▶▶ Column ◀◀

機関投資家と議決権行使

　機関株主は，その議決権の行使には社会的な正当性や世論の支持が必要となります。そして，ISS が機関投資家の議決権行使の動向に大きな影響力をもっています。資料は，このことをよく物語っています。

○資料：

STEEL PARTNERS JAPAN

PRESS RELEASE

2007年6月21日

報道関係者各位

　　　　　スティール・パートナーズ・ジャパン・ストラテジック・ファンド
　　　　　　　　　　　　　　　　　　　　　　　（オフショア），エル・ピー

　　　議決権行使アドバイザー ISS，スティール・パートナーズ・ジャパンの
　　　　　投資先企業8社の買収防衛策に反対するよう株主に推奨
　　　　　　　　　　……（会社名省略）……

スティール・パートナーズ・ジャパン・ストラテジック・ファンド（オフショア），エル・ピー（以下，「SPJSF」）は，本日，世界有数の独立系議決権行使アドバイザーのインスティテューショナル　シェアホルダー　サービシーズ（以下「ISS」）が，SPJSF の投資先8社が来る年次株主総会で提案を予定している事前警告型買収防衛策に反対するよう株主に推奨することを発表しましたので，お知らせいたします。

　　　　　　　　　　　　　　　　　⋮

SPJSF の共同創設者ウォレン・リヒテンシュタインは，「ISS の推奨は世界的に信認されており，同社の推奨はコーポレート・ガバナンスの国際的標準となっています。ISS が各社の買収防衛策への反対を株主に推奨していることは，事前警告型買収防衛策が日本企業の企業価値と株主利益にとって有害であり，また国際的なコーポレート・ガバナンスの基準からも外れるものであるという我々の主張を裏付けるものです。」と言及しています。

　　　　　　　　　　　　　　　　　⋮

推薦図書

ロナルド・ドーア（2006）『誰のための会社にするか』岩波新書
　導入されつつある「株主主権」に基づく社会運営制度に，日本社会への適合性に疑問を提起する論考。

岩井克人（2003）『会社はこれからどうなるのか』平凡社
　理論経済学者である著者が，「資本主義」論の研究成果をもとにポスト産業社会における会社のあり方を考察する論考。

奥村宏（2008）『会社はどこへ行く』NTT出版
　「法人資本主義」論の提唱者である著者が，これまでの研究成果を総括し，株式会社制度の運命を考察する論考。

設問

1．株式所有構造やコーポレート・ガバナンス構造の，業界や企業における相違を考察してみよう。
2．株主主権に基づく会社運営の社会的正当性とは，なんであろうか。

（瀬川新一）

第6章

持株会社解禁と企業集団の新展開

　日本では，1947年に制定された独占禁止法9条によって，「株式を所有することにより，他の会社の事業活動を支配することを主たる事業とする」持株会社が禁止されました。しかし，1997年の独占禁止法改正により持株会社は原則自由化されました。その後，企業組織再編法制の整備によって，持株会社を通じた経営統合が活発化しています。持株会社解禁を契機にして，企業集団はどのような展開をみせているのでしょうか。

1　独占禁止法9条と企業集団

　日本において**持株会社**が禁止されたのは，1947年に**独占禁止法**（以下，独禁法）が制定されてからである。9条に定められた「持株会社は，これを設立してはならない」という主文は，その後50年間変わることはなかった。

　ただし，9条によって禁止され続けてきたのは，純粋持株会社であった。後にみるように，事業持株会社は早くから実質的に容認されるようになった。そのため，日本では何らかの主たる事業を営む会社が，他社株式の所有により企業集団を形成してきた。

　純粋持株会社が原則自由化されたのは，1997年の独禁法の改正からである。これ以降，企業組織再編法制が整備され，純粋持株会社を通じた経営統合が活発化している。

持株会社：他の会社の株式を所有することにより，その会社の支配を行う会社のこと。株主総会における議決権のある他社株式を多く所有することにより，その会社の事業活動に影響を与えることができる。

独占禁止法：正式名称は，「私的独占の禁止及び公正取引の確保に関する法律」。私的独占，不当な取引制限，不公正な取引方法を禁止し，事業支配力の過度の集中を防止して，公正且つ自由な競争を促進することが目的。目的達成のために公正取引委員会が設けられた。

そこで本章では，まず，持株会社に対する規制の変遷を概観する。その後，純粋持株会社の解禁を契機にして，**企業集団**がどのような展開をみせているのかを考察する。

2　持株会社に対する規制の変遷

1　独禁法9条の制定とその内容

　第二次世界大戦前の日本では，三菱・三井・住友に代表される財閥が，持株会社を利用することにより，次のような企業集団を形成していた。

　①頂点に家族（同族）が位置し，②それに完全に所有される財閥本社（持株会社）があり，③財閥本社によって所有・支配される多角的に展開した会社群，という形態であった（下谷政弘〔1996〕『持株会社解禁』中公新書，60-62頁）。

　このような財閥は，敗戦後，GHQ（連合国総司令部）による経済民主化政策の一環として解体されていった。具体的には，指定された持株会社および財閥家族の所有する株式を持株会社整理委員会に譲渡させ，一般に売却するなどの措置がとられた。

　さらに将来にわたって財閥の復活を阻止するために，1947年に制定された独禁法9条によって持株会社の設立が禁止された。

　また，当時の独禁法10条では，「金融業以外の事業を営む会社は，他の会社の株式を取得してはならない」と定めていた。金融会社の場合にも，11条で，株式保有の制限規制が設けられていた。

　このように制定当時の独禁法は，持株会社の設立を禁止するだけではなかった。金融業以外の事業会社は他社株式の取得を禁止され，金融会社は他社株式の保有に厳しい規制を加えられていた。

企業集団：結合企業形態の1つである。結合企業形態とは，「複数の企業が一体的な組織的行動をとることを目的として，直接あるいは間接に結びついて形成する企業間構造を意味する」（小松章〔2006〕『企業形態論　第3版』新世社，154頁）。

2 事業持株会社の容認

　1947年に制定された独禁法による厳しい規制のために，財閥解体により放出された大量の株式の消化が困難になっていたことなどから，独禁法の緩和を求める声が強まった。そこで独禁法が制定されてわずか2年後の1949年および1953年に，10条と11条が改正された。これにより，金融業以外の事業会社については，競争を実質的に制限するなどの場合を除き，他社株式の取得が原則自由になった。また，金融会社の株式所有に対する規制も緩和された。

　これらの独禁法の改正によって，何らかの事業を営みながら他社の株式所有・支配を行う，**事業持株会社**の設立は容認されるようになった。そのため，多くの大企業は親会社となって傘下に子会社などを抱えるようになった。親会社を頂点とする企業の集合体は，企業グループと呼ばれる（下谷〔1996〕118頁）。

　また，株主の安定化などのために，大企業同士が株式を相互に持ち合いはじめた。株式の相互持ち合いの典型が，六大企業集団である。まず，三菱・三井・住友の旧三大財閥系の各企業が，財閥解体によって市場に放出された株式を相互に持ち合うことによって，再び結集しはじめた。これら3つの旧財閥系企業集団に対抗して，大銀行を中心に形成されたのが芙蓉系・第一勧銀系・三和系の3つの企業集団である。

　一方，他社の株式所有・支配を主たる事業とする，**純粋持株会社**は禁止されたままであった。

3 純粋持株会社の解禁

　純粋持株会社の設立が可能になったのは，1997年の独禁法の改正からである。この時期に純粋持株会社が解禁された背景には，1990年代初めのバブル経済の崩壊とその後の長引く不況のもとで，純粋持株会社の解禁を求める声が強まったことがある*。バブル経済の崩壊を契機に株価は大きく下落し，業績

事業持株会社：何らかの主たる事業を営んでおり，他社株式の所有による事業活動の支配を主たる事業としない会社。
純粋持株会社：株式所有によって他社の事業活動を支配することを主たる事業とする会社。

不振に陥る企業が続出していた。このような経済情勢の中で，純粋持株会社が企業の競争力を高め，日本経済を活性化させる手段になるという期待が高まっていった。特に，大銀行をはじめとする金融機関は深刻な状況にあり，金融持株会社を設立することによる大銀行の救済が緊急の課題になっていた（下谷政弘〔2006〕『持株会社の時代』有斐閣，71頁）。また，株価の下落により株式の相互持ち合いが崩れはじめており，株主の安定化を維持していくための受け皿としても，純粋持株会社の解禁が求められていた（片山准一〔1998〕「持株会社『解禁』と独占禁止法『改正』について」『大分大学経済論集』第50巻第4号，52-55頁）。さらに，経済のグローバル化が進展する中で，規制緩和や，国際的な法制との調和（ハーモナイゼーション）を進めるべきだという風潮も追い風となった。

* 純粋持株会社の解禁を主張する議論は1960年代の資本自由化や，1980年代中ごろ以降の急激な円高のもとでも，盛り上がりをみせていた。今回の純粋持株会社の解禁論のバイブルともいえるのは，当時の通商産業省産業政策局に設けられた企業法制研究会により，1995年2月に発表された報告書「純粋持株会社規制及び大規模会社の株式保有規制の見直しの提言」であった（下谷〔1996〕182-198頁）。

このような中で1995年3月の規制緩和推進計画の閣議決定において，公正取引委員会が持株会社規制についての検討を開始し3年以内に結論を得ることになった。こうした流れを受け，これまで純粋持株会社解禁に反対してきた公正取引委員会も，1996年1月に，部分的に解禁するという見解に基づいた独禁法改正の素案を作成した*。この素案は，いっそうの規制緩和を求める産業界や自由民主党の反対を受け，すぐに原則自由とする案に大幅に修正された。これをもとにした独禁法改正案が1997年に国会で可決・成立，施行されたことにより，ようやく純粋持株会社が原則自由に設立できるようになった。

* 公正取引委員会は，持株会社規制について議論するために「独占禁止法第4章改正問題研究会」を発足させた。同研究会が1995年12月に発表した中間報告では，持株会社禁止制度の基本を維持しつつ，一定の範囲の持株会社（①一定規模以下の会社，②純粋分社化，③ベンチャー・キャピタル，④金融会社の異業態間の相互参入方式等）を容認する，部分的な解禁という結論を出した（「公取委研究会　持ち株会社禁止見直し報

告」『日経金融新聞』1995年12月28日を参照）。

　1997年に改正された独禁法では，「事業支配力が過度に集中することとなる持株会社は，これを設立してはならない」と定められた（9条第1項）。つまり，巨大な企業集団が現れ，公正かつ自由な競争が妨げられることのないよう，「事業支配力が過度に集中」しないという条件付きで持株会社の設立が認められた。この条件として具体的に想定されたのは，①三菱・三井・住友などの六大企業集団が戦前の財閥のような企業集団を形成すること，②巨大な金融機関が，巨大な事業会社を支配すること，③系列取引の危険を伴うような，相互に事業関連性のある有力な会社の結合である*。ただし，これらの条件は「きわめて緩やか，言い換えれば持株会社規制の全面的解除といってよい内容となっている」（玉村博巳〔2006〕『持株会社と現代企業』晃洋書房，2頁）。

　　*　公正取引委員会は1997年の独禁法の施行に伴い「事業支配力が過度に集中することとなる持株会社の考え方」を公表した。概略については下谷（2006）113-118頁を参照。

　また，持株会社の定義についても，「株式を所有することにより，国内の会社の事業活動を支配することを主たる事業とする会社」（9条第3項）という規定から，「子会社*の株式の取得価額の合計額の会社の総資産の額に対する割合が100分の50を超える会社」に変更された。

　　*　現行の独禁法では，子会社とは，会社がその総株主の議決権（株式）の過半数を有する他の国内の会社のことである（2条第10項）。なお，親会社だけでなくその子会社を含めて，過半数の議決権をもつ孫会社や曾孫会社も子会社とみなされる（9条第4項参照）。

　したがって1997年の独禁法の改正により，純粋持株会社を特別扱いして禁止する規定はなくなった。さらに翌年には，**金融持株会社**の設立ができるようになった。

　その後，2002年の独禁法改正により，9条の主文から「持株会社」という言

金融持株会社：銀行業・保険業・証券業などを営む金融関係の会社を子会社とする純粋持株会社。金融持株会社に関連する2つの法律が1997年に成立し，翌年3月に施行されたことにより，金融持株会社が解禁された。

葉がなくなり,「会社」に置き換えられた。つまり,「他の国内の会社の株式を所有することにより事業支配力が過度に集中することとなる会社」を設立してはならないと定められた（9条第1項）。この改正によって,「事業支配力が過度に集中する」会社の設立が禁止され, 会社の形態が持株会社かどうかということは問題にされなくなった。

3 純粋持株会社解禁を契機にした企業グループの展開

[1] 純粋持株会社の設立のタイプ

1997年に独禁法9条が改正された後, 最初に純粋持株会社を導入したのはダイエーであった。ただしダイエーがとった形態は**中間持株会社**であり, グループの頂点に立つ親会社（ダイエー）は事業持株会社であった。具体的にダイエーは, 筆頭株主である神戸セントラル開発の商号を変更して純粋持株会社に転化させ, サービス・外食などを中心とする傘下の会社を統括させた。ダイエーも自ら事業を営みながら, 小売業を中心とした傘下の会社を統括する親会社であった。

1999年になるとNTTやソフトバンク, 大和証券などが, 親会社を純粋持株会社とする形態に移行した。例えばNTTは, 新たに3つの子会社を設立し, NTTに属する営業を譲渡することにより, 純粋持株会社になった。このように事業部門を分社し, 純粋持株会社がこれら子会社を統括する設立のタイプは, 分社子会社管理型と呼ばれている（公正取引委員会事務総局〔2001〕「大規模事業会社とグループ経営に関する実態調査報告書」28頁）。

2000年に入ると, 複数の会社を結合させる手段として純粋持株会社が利用されはじめた。みずほホールディングス（現みずほフィナンシャルグループ）は, 富士銀行, 第一勧業銀行, 日本興業銀行が共同して持株会社を設立したものである。このように純粋持株会社のもとに複数の会社が統合されることは, **経営**

中間持株会社：企業グループ内の組織の中間的な位置に立って, グループ内の子会社を統括する。最近では, セブン&アイ・ホールディングスが銀行を除く金融事業を統括する中間持株会社を設立した。また, 海外子会社の統括などのために利用することも多い。

統合と呼ばれる（大坪稔〔2005〕『日本企業のリストラクチャリング』中央経済社，46頁）。

以上から純粋持株会社の設立のタイプには，①中間持株会社，②分社子会社管理型，③経営統合型がある。このうち純粋持株会社を頂点とする企業グループは，分社子会社管理型および経営統合型である。

2 純粋持株会社の機能

持株会社には，次の2つの機能がある*。

* 持株会社の機能には，「組織再編機能」と「業界再編機能（経済力集中機能）」という2側面がある（下谷〔2006〕110頁）。ここでは，これら2つの機能を参照している。

1つは，企業グループの内部組織を再編する機能である。

分社子会社管理型の純粋持株会社は，事業部門の分社化によって実現される。したがって，個別企業内の組織の再編が行われる。このような組織再編の利点は，①グループ全体の意思決定や監督業務に持株会社が専念できる，②分社された事業会社の責任体制が明確になる，③必要な事業を持株会社の傘下に加えたり，不要な事業を売却したりしやすくなる，などが挙げられる。

また，親子会社の間で経営統合することにより，企業グループ内の組織を再編することもある。例えば，セブン＆アイ・ホールディングス*では，①商品仕入れの共有化などを行い，グループの相乗効果を高めること，②株式時価総額で子会社（セブン‐イレブン・ジャパン）が親会社（イトーヨーカ堂）よりも上回っている，という資本関係のねじれ現象の解消により敵対的買収を防ぐこと，などがめざされた。

* セブン＆アイ・ホールディングスは，イトーヨーカ堂，セブン‐イレブン・ジャパン，デニーズジャパンによる共同持株会社の設立によって生まれた。イトーヨーカ堂が，セブン‐イレブン・ジャパンの株式を50.6％，デニーズジャパンの株式を51.6％所有している親会社であった。

経営統合：1つの純粋持株会社のもとに複数の会社が統合されること。競合事業者などが，共同で持株会社（共同持株会社）を設立し，その傘下に入るケースが多い。経営統合を行う会社は，それぞれ1つの法人として存続できるという特徴がある。

第6章　持株会社解禁と企業集団の新展開

表6-1　純粋持株会社の例

	会社名	設立年月	旧会社名	方法
経営統合	日本製紙グループ本社	2001年3月	日本製紙 大昭和製紙	株式移転
	住生活グループ	2001年10月	トステム INAX	会社分割 株式交換
	JFEホールディングス	2002年9月	日本鋼管（NKK） 川崎製鉄	株式移転
	国際石油開発帝石ホールディングス[1]	2006年4月	国際石油開発 帝国石油	株式移転
企業グループ内での経営統合	新日鉱ホールディングス	2002年9月	ジャパンエナジー 日鉱金属	株式移転
	セブン&アイ・ホールディングス	2005年9月	イトーヨーカ堂 セブン-イレブン・ジャパン デニーズジャパン	株式移転
	三菱ケミカルホールディングス	2005年10月	三菱化学 三菱ウェルファーマ	株式移転
分社子会社管理	日本電信電話（NTT）	1999年7月	日本電信電話（NTT）	営業譲渡
	ソフトバンク	1999年10月	ソフトバンク	営業譲渡
	ヤマトホールディングス	2005年11月	ヤマト運輸	会社分割
	富士フイルムホールディングス	2006年10月	富士写真フイルム	会社分割

(注)　公正取引委員会（2007・2008）「独占禁止法第9条第5項の規定に基づく報告書提出会社（持株会社）」『独占禁止法第4章関係届出等の動向』に記載されている会社のうち，2008年9月時点で純粋持株会社であり，東証1部に上場している会社を取り上げた。また，金融持株会社については図6-1に主なものを挙げたため除いている。
　1）国際石油開発帝石ホールディングスは，2008年10月に子会社である国際石油開発および帝国石油を吸収合併して，国際石油開発帝石となった。
(出所)　各社，各年度の『有価証券報告書』を参照して作成した。

　もう1つの機能は，競合関係にあるようなもともと別の大企業同士が，純粋持株会社のもとで経営統合する際にもたらされる。具体的には，マーケットシェアの拡大などによって，業界秩序を再編する機能である。このような大企業同士の統合は同時に，事業支配力を集中させる可能性も高い。こうした純粋持株会社を通じた経営統合は，企業グループの視点からみると，新グループの形成といえる（細川孝〔2005〕「持株会社の復活とグループ経営の展開」仲田正機編『比較コーポレート・ガバナンス研究』中央経済社，162頁）。

　以上のような2つの機能をもとにして，純粋持株会社の設立タイプを分類し

たものが**表6-1**である。

以下では，新グループの形成を伴う経営統合について詳しく考察する。

3 経営統合のための企業組織再編法制の整備

純粋持株会社を通じた経営統合が本格化したのは，株式交換・株式移転(1999年10月，改正商法施行）や会社分割（2001年4月，改正商法施行）などの**企業組織再編法制**が創設され，純粋持株会社をつくるための手法が整備されてからである*。

> *　株式交換・株式移転・会社分割は，持株会社だけでなく，M&A（合併・買収）を容易にするために創設された。これらの制度は，従来からある営業譲渡などの手法と比べて，①自社株を利用できるため，新たな資金の負担が軽減される，②検査役による調査などの手続きが簡素化される，③税制上の優遇措置がある，などの利点がある。また，これらの制度以外にも，連結納税制度の導入（2002年8月，改正法人税法施行）なども重要であった。

株式交換とは，一方の会社が，他方の会社の株主からすべての株式を取得することによって，親会社となる制度である。

株式移転とは，一社あるいは複数の会社が，新たに親会社となる会社を設立し，保有する株式のすべてを新設会社に移転することにより，自らは子会社になる制度である*。

> *　複数の会社が共同して完全親会社を設立してその傘下に入る場合は，共同株式移転による共同持株会社設立といわれることがある（發知敏雄・箱田順哉・大谷隼夫〔2007〕『持株会社の実務　第5版』東洋経済新報社, 127頁）。

会社分割とは，会社の事業の一部または全部を，他の会社に包括的に継承させる制度である。

表6-1にみられるように，経営統合の多くのケースでは株式移転が利用されている。

企業組織再編法制：企業組織の再編を円滑に進めるための法律で定められた制度のこと。具体的には，1997年の独禁法改正による純粋持株会社の解禁や，一連の商法改正による株式交換・株式移転・会社分割の新設などがある。

また，住生活グループのように，一方の会社（トステム）が会社分割を通じて純粋持株会社に移行し，もう一方の会社（INAX）が株式交換を通じて持株会社の傘下に入ることにより経営統合を行うケースもある。

[4] 経営統合による業界再編

　経営統合では，製紙業界の日本製紙グループ本社や鉄鋼業界のJFEホールディングスに代表されるように，競合関係にある同業種の大企業同士の結合が多い。このような経営統合は，「①生産のスケール・メリットの享受，②マーケットシェア（市場占有率）の拡大，③商圏の拡大，④競争または過当競争の克服」などにより，市場の支配力を強めることができる（小松〔2006〕150頁）。例えば，2000年度の粗鋼生産量で国内2位のNKKと3位の川崎製鉄は，純粋持株会社を通じて経営統合することにより，国内最大手の新日本製鐵と肩を並べる大規模な企業グループを形成した。この経営統合は同時に，「寡占化が供給過剰を解消する大きな役割を果たした」（『日経流通新聞』2006年3月13日付）。

　また，事業分野の異なる企業同士が，純粋持株会社を通じて経営統合を行うケースもある。このような経営統合により，企業がそれぞれに新規事業を立ち上げるよりも，短期間で事業分野を拡大できる。例えば，サッシなどの建材事業を主力とするトステムと，衛生陶器などの住設機器事業を主力とするINAXは，純粋持株会社のもとで統合した。これにより，建材・住設機器業界のほぼすべての事業を網羅する巨大な企業グループになった。

　さらに，純粋持株会社同士の統合によって，いっそうの規模拡大および事業分野の拡大をもたらすケースもでている。例えば，三菱東京フィナンシャル・グループとUFJホールディングスの2つの純粋持株会社は合併して，新たな純粋持株会社（三菱UFJフィナンシャル・グループ）に移行した。これにより，銀行・信託銀行・証券・リース・消費者金融などの複数の業態を純粋持株会社の傘下におく，総資産で世界最大規模の総合金融グループが形成された。

　以上のような経営統合は，**合併**の代替として利用されることが増えている。経営統合では，もとの会社を純粋持株会社の傘下に子会社として残せるため，組織を一体化する合併によって生じる摩擦が緩和されやすいからである。

```
                        ┌─────────────────────────┐
                        │ 三菱UFJフィナンシャル・グループ │
                        └─────────────────────────┘
      ┌──────────┬──────────┬──────────┬──────────┬──────────┐
    (銀行)    (信託銀行)    (証券)  (クレジットカード) (リース)
```

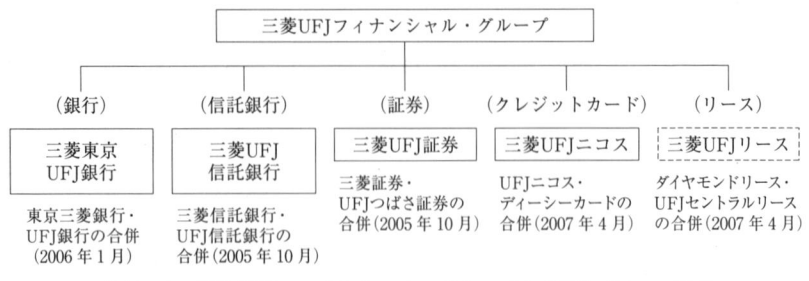

三菱東京 UFJ銀行	三菱UFJ 信託銀行	三菱UFJ証券	三菱UFJニコス	三菱UFJリース
東京三菱銀行・UFJ銀行の合併（2006年1月）	三菱信託銀行・UFJ信託銀行の合併（2005年10月）	三菱証券・UFJつばさ証券の合併（2005年10月）	UFJニコス・ディーシーカードの合併（2007年4月）	ダイヤモンドリース・UFJセントラルリースの合併（2007年4月）

図6-1　三菱UFJフィナンシャル・グループの主要なグループ会社

（注）　□は連結子会社，┌┄┄┘は持分法適用関連会社。
（出所）　三菱UFJフィナンシャル・グループ（2008）『有価証券報告書　第3期』，三菱UFJフィナンシャル・グループのホームページの「MUFGについて　会社概要」を参照して作成した（http://www.mufg.jp/profile/overview/　2008年8月29日アクセス）。

このような経営統合のもとで，コスト削減などの統合効果を出すためには，純粋持株会社の傘下企業の組織を再編することが必要になる。

例えば，三菱UFJフィナンシャル・グループでは，2005年10月に三菱証券とUFJつばさ証券の合併により三菱UFJ証券を発足させ，2007年9月に完全子会社化するなど，傘下の子会社の組織再編が進められている（図6-1）。

また，純粋持株会社を合併の準備のために利用するケースもある。国際石油開発帝石ホールディングスは，子会社となる国際石油開発および帝国石油と合併して事業持株会社になる前提で，2006年4月に純粋持株会社として設立された。純粋持株会社の設立から2008年10月の合併までの間に，子会社の組織や人事制度などの調整が進められた。

4　六大企業集団の展開

1　銀行の統合が企業集団に与える影響

六大企業集団には，三菱系・三井系・住友系の旧財閥系企業集団，芙蓉系・第一勧銀系・三和系の銀行系企業集団がある。これらの企業集団における結合

合併：2つ以上の会社が契約により1つの会社に合体すること。1社が存続して解散した他社の権利義務を継承する吸収合併と，すべての会社が解散して新たに設立した会社に権利義務を継承させる新設合併がある。手続きの容易な吸収合併を用いることが多い。

第6章 持株会社解禁と企業集団の新展開

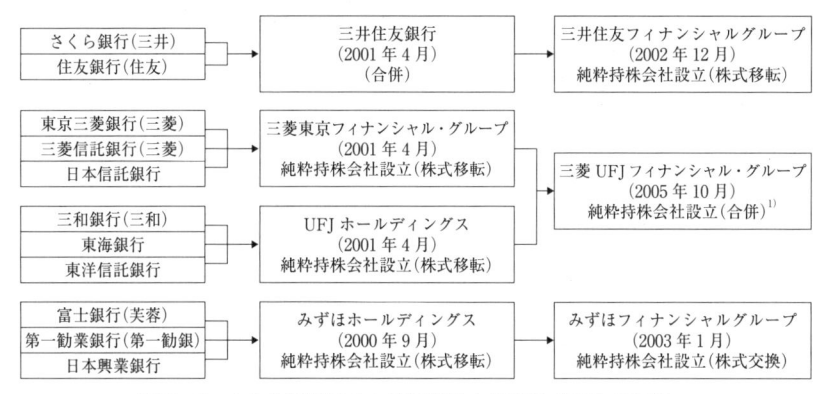

```
さくら銀行(三井)  ─┐
                  ├→ 三井住友銀行           ─→ 三井住友フィナンシャルグループ
住友銀行(住友)    ─┘  (2001年4月)              (2002年12月)
                       (合併)                    純粋持株会社設立(株式移転)

東京三菱銀行(三菱) ─┐
三菱信託銀行(三菱) ─┼→ 三菱東京フィナンシャル・グループ ─┐
日本信託銀行       ─┘  (2001年4月)                        │
                       純粋持株会社設立(株式移転)          ├→ 三菱UFJフィナンシャル・グループ
                                                          │   (2005年10月)
三和銀行(三和)    ─┐                                      │   純粋持株会社設立(合併)[1]
東海銀行          ─┼→ UFJホールディングス              ─┘
東洋信託銀行      ─┘  (2001年4月)
                       純粋持株会社設立(株式移転)

富士銀行(芙蓉)    ─┐
第一勧業銀行(第一勧銀) ─┼→ みずほホールディングス     ─→ みずほフィナンシャルグループ
日本興業銀行      ─┘  (2000年9月)                       (2003年1月)
                       純粋持株会社設立(株式移転)        純粋持株会社設立(株式交換)
```

図6-2 六大企業集団の中核銀行同士の再編(2000年以降)
(注) 1) 三菱東京フィナンシャル・グループを存続会社とする合併を行った。
(出所) 各社,各年度の『有価証券報告書』を参照して作成した。

の基盤になっているのは,**株式の相互持ち合い**であり,それをもとにして社長会が結成されている。社長会の構成メンバーには,銀行や総合商社など,多数の事業分野にまたがる大企業が含まれている。その中でも,銀行は各企業集団の中核的な存在であった。

ところが純粋持株会社解禁の後,富士銀行・第一勧業銀行・日本興業銀行による経営統合を皮切りに,銀行の経営統合や合併が相次いで行われた(図6-2)。その結果,六大企業集団の中核銀行が純粋持株会社のもとで統合し,3つの企業グループに集約されている。ここでは銀行の統合が,六大企業集団に与える影響について考察する。

2000年に公正取引委員会が社長会メンバー企業を対象に行った実態調査では,「メンバー企業では,今般の銀行の統合によっても,現在の企業集団が維持・継続されるとする見方が多いが,そうした中にあって銀行系集団では,集団が形がい化するとする見方が多いのに対し,旧財閥系集団では,より関係が深まるとの見方も多い」と結論づけている(公正取引委員会事務総局〔2001

六大企業集団:三菱系・三井系・住友系の旧財閥系企業集団と,後発の芙蓉系・第一勧銀系・三和系の銀行系企業集団のこと。同系銀行を中心にして,株式の相互持ち合い,系列融資,系列内取引,役員派遣,社長会などを通じて,多角的に結合する企業集団。
株式の相互持ち合い:株主の安定化などのために,金融機関を含む会社同士が互いに相手の株式を保有すること。

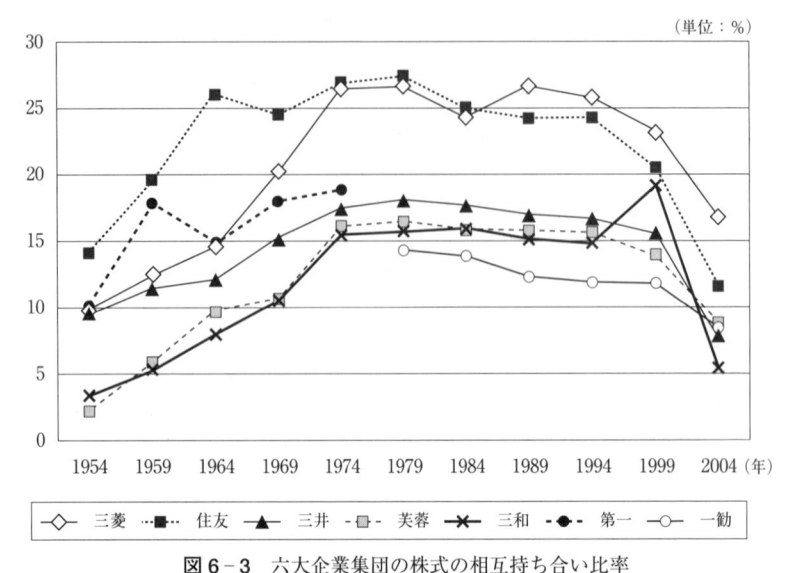

図6-3 六大企業集団の株式の相互持ち合い比率
(出所) 菊地浩之 (2005)『企業集団の形成と解体——社長会の研究』日本経済評論社, 7頁。

「企業集団の実態について——第七次調査報告書」18頁)。銀行の統合により, 銀行系企業集団では集団が形がい化し, 旧財閥系企業集団ではより関係が深まっているのだろうか。

六大企業集団の結合の基盤である株式の相互持ち合いは, 図6-3にみられるようにすでに1990年代に, 一進一退はあるものの低下する傾向にあった。この低下傾向は, 銀行の経営統合が本格化した2000年以降, 急激に進んでいる。

以上から, 株式の相互持ち合いからみれば, 旧財閥系および銀行系ともに, 企業集団の結びつきは弱まる傾向にある。

また, 役員派遣などの人的な関係や取引関係も結合の手段になってきたが, 両方とも弱まる傾向にある*。社長会についても, その中心的な役割は情報交換となっている。

　* 公正取引委員会事務総局 (2001) によれば, 役員受入率 (メンバー企業からの役員派遣を受け入れている企業の割合) は,「六大企業集団平均で37.17%」(8頁) で, 前年と比べると11.43%も低下していた。また, 取引関係については,「メンバー企業間の取引

を集団内仕入比率（総仕入高のうち，メンバー企業からの仕入高の占める割合）でみると，六大企業集団平均で，平成8年度の7.47％から6.44％へと低下している」（9頁）。

したがって，「すでに早くから進んでいた企業集団の役割と機能の低下は，バブル経済の崩壊によって決定的なものとなった。銀行の統合はたんにそれを促進させただけであった」といえる（下谷〔2006〕47頁）。

［2］ 六大企業集団の再編の可能性

銀行の統合に合わせて，六大企業集団が再編される可能性はあるのだろうか。社長会のメンバー企業の中には，銀行と同じ組み合わせで経営統合や合併を行ったケースがある。ただし，銀行の統合を動機とするのは，住友海上火災（住友）と三井海上火災（三井）の合併など，一部のケースでしかない。多くのメンバー企業は，自らを取り巻く業界の事情などに応じて業界再編を行っている。例えば，NKK（芙蓉）と川崎製鉄（第一勧銀）の経営統合の契機となったのは，自動車などの需要業界によるコスト削減を狙った調達先の絞込みであった。また，住友化学（住友）と三井化学（三井）では，経営統合が予定されていたにもかかわらず白紙撤回された。

一方，明治生命（三菱）と安田生命（芙蓉）のように，銀行の統合の枠組みとは関係なく経営統合したケースもある。最近では，日本製紙（三井・芙蓉）と大昭和製紙の経営統合のように，六大企業集団以外の企業と業界再編を行うことも増えている。

以上のことを踏まえると，六大企業集団の中核銀行は3つに再編されたが，それをもとにして企業集団そのものが再編される状況にはないと考えられる。その理由は，次のようにまとめられる。

「三大都市銀行は個々には巨大化したが，巨大化した規模にふさわしい系列ワンセット的投資行動を展開する体力・金融力を失っている。……産業企業の側には別の事情がある。業種によって濃淡の差はあるが，総じて大手の事業会社の側の銀行・金融機関に対する自立的な動きが顕著になったということである」（鈴木健〔2005〕「戦後日本の大企業体制について」『経済』第119号，89頁）。

第Ⅰ部　現代日本の株式会社

>>> *Column* <<<

経営統合の難しさ：住友化学と三井化学の例

　2000年11月に，住友化学と三井化学は対等の精神で経営統合を行うことで合意しました。具体的には，2003年10月を目処に株式移転によって共同持株会社（三井住友化学）を設立し，最終的には傘下の事業会社を吸収合併して単一会社になる予定でした。経営統合を行うことで両社が一致したのは，「生産・販売・研究のあらゆる面で，世界のトップクラスの化学会社と互角に競争しうる体制を整備」するためでした（住友化学〔2002〕『有価証券報告書　第121期』17頁）。

　しかし，交渉の結果，2003年3月末に両社の経営統合は白紙撤回されました。

　その主な原因の1つは，統合比率（株式移転比率）で折り合えなかったことです。統合比率は，統合の際の株価およびその他の考慮すべき要素を勘案して決めることになっていました。

　経営統合の合意当初は住友化学が時価総額で三井化学を上回っており，優位に立っていました。ところが，統合比率の話し合いに入った2002年末頃の株価は，三井化学が上回っていました。つまり，統合比率の話し合いに入るまでの間に，株価が逆転したのです。そこで両社は，事業の将来性など，株価以外の有利な条件を主張したのです。この株価以外の指標の評価などをめぐって，両社の間に溝ができました。この溝は最後まで埋まらず，交渉は決裂しました。

　また，「統合会社の首脳人事，人事・賃金制度，組織まで住友ペースで決まった」ことも溝をつくる原因になりました（「三井・住友　思惑すれ違い」『日本経済新聞』2003年4月30日付）。

　純粋持株会社を通じた経営統合は形式的には対等な形態になります。しかし，経営統合にいたる過程では折り合うことの難しい問題がでてきます。異なる会社の間で実質的な対等を確保することの難しさを，住友化学と三井化学のケースが示しているといえるでしょう。

5　純粋持株会社解禁と企業集団の展望

　1997年に純粋持株会社が解禁されて以降，企業組織再編法制の整備が進んできた。それに伴って，純粋持株会社を通じた経営統合が増えている。そこで本章では，純粋持株会社解禁を契機にして，企業集団がどのような展開をみせ

ているのかを考察した。

　経営統合では，同じ業種の大企業同士で大規模なグループを形成することが多い。今後は，異業種の企業同士がグループを形成することも増えると考えられる。また，経営統合によってコスト削減などの効果を出すためには，異なる組織を再編することが重要になる。

　一方，六大企業集団については，その中核的な存在である銀行が純粋持株会社のもとに統合され，3つのグループに集約されている。これによって，①企業集団の結束力の低下を促進させる傾向にあること，②企業集団そのものが再編される状況にはないこと，を明らかにした。銀行の統合が六大企業集団に与える影響については，引き続き検討していく必要がある。

　以上のように，純粋持株会社の解禁は企業集団のあり方に大きな影響を与えている。特に純粋持株会社を通じた経営統合は業界再編だけでなく，事業支配力の過度の集中をもたらす可能性が高いため，今後の展開をみていく必要がある。

[推薦図書]

下谷政弘（2006）『持株会社の時代』有斐閣
　　純粋持株会社の解禁までの経緯や利用状況について，持株会社の2つの機能に基づいて説明している。
玉村博巳（2006）『持株会社と現代企業』晃洋書房
　　持株会社の利用の実態とその特徴について，経営統合や企業組織再編などのさまざまな観点から分析している。
武藤泰明（2007）『持株会社経営の実際　第2版』日経文庫
　　純粋持株会社を設立するための具体的な方法や，設立によって得られる効果などが，簡潔にまとめられている。

[設　問]

1．純粋持株会社を通じた経営統合の例を1つ取り上げ，統合の目的や手順などを調べてみましょう。
2．問1.で取り上げた経営統合が，マーケットシェアの変化など，業界再編に与えた影響について調べてみましょう。

（安達房子）

第Ⅱ部

株式会社の国際比較

第7章

アメリカにおける株式会社
——新自由主義と株式会社——

　近年，グローバリゼーションの名の下に，アングロサクソン型の企業経営，特にアメリカ型の企業経営がグローバル・スタンダードとして世界中に広がっているといわれています。この場合，アメリカ型の企業経営は，新自由主義的な株主第一位の規範に基づいた企業経営であると考えられています。そして，世界中のあらゆる国々の中で，日本は，このようなアメリカ型の企業経営といわれているものの影響を最も受けている国であるということができます。本章では，これらの問題についてみるためにアメリカにおける株式会社について考えたいと思います。

1　アメリカにおける株式会社の歴史的展開

1　初期の株式会社

　今日，アメリカにおいて株式会社（corporation）は最も支配的な企業形態であるといえる。例えば，2004年についてみると，個人企業とパートナーシップを合計すると，約2300万社，収益が約4兆3000億ドルであったのに対し，株式会社形態の会社は，約556万社，収益は約21兆7200億ドルであった。個人企業やパートナーシップと比較して，数の上では4分の1しかない株式会社が，5倍以上の収益を上げていたのである。では，アメリカにおいて，株式会社は歴史的にみてどのように発展してきたのであろうか。新自由主義的な株主第一位の規範（shareholder primacy norm）が今日，株式会社をめぐる理論として中心的な位置を占めているが，ここでは，株主第一位の規範が歴史的にはどのようにみることができるのかという点も含めて論じていきたい。

　周知のように，株式会社の歴史的起源はヨーロッパにあり，株式会社の起源

は中世イギリスの宗教法人や都市自治団体（ecclesiastical and municipal corporations），さらにはローマ時代にさえ遡ることができる。わが国の代表的な見解である大塚久雄の主張によると，株式会社の発生史は，「個人企業→合名会社→合資会社→株式会社」という図式で発展してきたと跡付けることができるとされている（大塚久雄〔1969〕『株式会社発生史論』岩波書店，144頁）。大塚は，「株式会社」が誕生したとするための指標として，以下の4つの形態的特徴を挙げる。すなわち，①全社員の有限責任制の確立，②会社機関の存在，③譲渡自由な等額株式制，そして④確定資本金制と企業の永続性である。大塚は，このうち①の全社員の有限責任制の確立が「株式会社」誕生の決定的指標であるとする（大塚〔1969〕24-25頁）。そして，これら4つの特徴を最初に具備するに至ったオランダ東インド会社（1602年）をもって株式会社制度の起源とするのである。それより先に1600年に設立されたイギリス東インド会社は，当初は一航海ごとに資金を集める継続性のない「当座企業」に過ぎなかった。しかし，その後，徐々に元本をそのまま残すことにより永続的な形態である合本企業制へ移行し，永続企業となる。そして，1665年に全社員の有限責任制が導入されて，イギリスにおいても株式会社としての形態が築かれることとなったのである（三戸浩・池内秀己・勝部伸夫〔2004〕『企業論（新版）』有斐閣，56-58頁）。

そして，その次の重要な展開はイギリスにおいてなされる。これは，1720年に南海会社をめぐって起こったいわゆる「南海泡沫会社」事件である。この事件の結果，多くの破産者が生まれ，新たな会社設立を規制する「泡沫会社法」が制定されることになる。このことはまた，株式会社に対する広範囲にわたる国民の反対を伴っており，その後1世紀にわたってイギリスにおける株式会社の発展を停滞させることになってしまう。

これに対して，アメリカは「株式会社王国」と呼ばれ，株式会社はその最初期から繁栄していたといえる。アメリカでは，独立後間もない1783～1801年にかけて，300社以上の株式会社企業が設立されている。この当時のアメリカは，未だ定住人口は少なかった。これに対して，当時の世界の二大勢力であったイギリスとフランスには，それぞれわずか20社ほどしか株式会社は存在し

なかったのである。ただし，この時代においては，アメリカにおいても，企業形態からみれば個人企業やパートナーシップが依然として中心的な役割を果たしており，今日のように株式会社が重要な意味をもつようになるまでには，更なる時間が必要であった（正木久司〔1993〕『株式会社財務論』晃洋書房，33-34頁）。

また，このような初期の段階においては，アメリカの会社設立許可書は，第一には橋梁，運河，有料道路等のような公的な役割を果たす会社に与えられており，その後，銀行や保険会社のような金融機関に与えられるようになったが，製造業の株式会社は，アメリカが独立後30年間，ほとんど認められなかった点は注目しておく必要があろう。つまり，アメリカの初期の段階においては，株式会社は，主として橋梁等の公共財を提供するために投資を集め，財務負担を分散させる手段として用いられており，公共の利益に役立つという目的のために設立されたといえるのである。しかし，19世紀の初めにイギリスとの関係が悪化して，通商禁止法により外国製品の輸入が排除されるようになって，ビジネス界からの圧力が高まったこともあり，製造業のためにも株式会社形態が利用されるようになる。とはいえ，商取引を行う際に株式会社形態を用いることは，アメリカにおいても依然として19世紀においては，一般的なことではなかった。19世紀末から20世紀の初めまでの間に，株式会社は資本を調達し，商取引を行う手段として確立されてきたのである。株式会社形態を組織化し，その諸活動を規制する法律や規則は，株式会社の利用頻度が高まるにしたがって発展し，制定されてきたといえるのである（今西宏次〔2006〕『株式会社の権力とコーポレート・ガバナンス』文眞堂，196-204頁）。

2 株主有限責任制と株主第一位の規範

株式会社について考える場合，株主有限責任制についても注目する必要があると考えられる。株主有限責任制は，株式会社の最も基本的な特質の1つであり，株式会社制度が生まれて以来，株主に与えられた当然の権利であるかのごとく理解されているようにも思われる。大塚は，株式会社が成立したヨーロッパに関する歴史的研究から，すでに述べたように全社員の有限責任制の確立が

「株式会社」誕生の決定的指標であるとされている（大塚〔1969〕25頁）。しかし，株主有限責任制は，株式会社制度にとって生得的な特質であるといえるのであろうか。この点に関して，歴史的にみて株式会社制度が最も発展し，コーポレート・ガバナンスの問題が初めて問われた国であるアメリカについて考えてみたい。

アメリカにおいて株式会社制度が発展したのは，19世紀初め当時，発展途上国であったアメリカが先進国イギリスとの競争に打ち勝ち利潤を上げて，社会全体を豊かにするために，株式会社がマッチしたからであると考えられる。アメリカにおいては，当初，製造会社には株主有限責任制は認められていなかった。しかし，その後大規模な実業家が政治的な圧力をかけたこともあり，株主有限責任制が政策的に導入されることになる。株式会社は，社会的遊休資本を取り込み，大量の資本を集めることによって，巨大化して経営活動を行うことが可能になったのである。したがって，株主有限責任制は，株式会社制度に本来的・生得的なものではなく，無限責任というリスクから所有者，すなわち株主を解放することにより，一般的な資本の集積を促進するための政治的な選択を反映したものであり，政策的に採用されたものであるといえる。

では，このような株主有限責任制を用いるという政策は，株主に利益を与えるという目的のために採用されたのであろうか。筆者は，アメリカにおいて株式会社が多く用いられ，株主有限責任制が採用されたのは，株式会社制度を利用して社会全体の富を大きくし，社会全体を豊かにすることを目的としていたのではないかと考えている。かつてドッドは，「ビジネスが法により認められ，奨励されているのは，ビジネスがその所有者のための利潤の源泉であるというよりも，第一にビジネスがコミュニティの役に立つからである。したがってそこでは，無制限の私的利益は適切なサービスとは相容れないものであるように思われる」（E. M. Dodd〔1932〕"For Whom are Corporate Manager Trustees?", *Harvard Law Review*, Vol. XLV, p.1149）と主張している。これはまた，「株式会社は明らかに公共の利益に役立つという目的のために設立されたものであり，株主のための利益は，その目的のための手段であった」（Program on Corporations, Law & Democracy（POCLAD）〔2000〕"Our Hidden History: #1 in a series of primers on corporations and democracy from *ReclaimDemocracy.org*" http：//reclaimdemocracy.org/pdf/primers/hidden_corporate_history.pdf　2009年4月1日アクセス）ということを意味している。したがって，今日では株主第一位として株主のために利益を上げることが至上命題のように主張している論者も多いが，株主ための利益は手段であって，目的ではないのである。そして株主有限責任制についても，この目的を追求するための手段であると考えられるのである。

　では，アメリカにおいて株主第一位の規範の起源はどこにあり，どのようにして確立されていったのであろうか。まず，初期のアメリカにおいて株式会社は，州立法府により承認された特別な特許状により創造されたものであり，公共の利益に関連することにより正当化されていた。したがって，この当時は，株式会社は当該会社株主の最大の利益に役立つことが期待されていたわけではなかったと考えられる。

　19世紀に入って，橋梁や運河のような公的役割を果たす会社以外の製造業株式会社が多く設立され始めた。しかし，1840年頃までは，営利事業を行う際にはパートナーシップが標準的な法律形態であり（A. D. Chandler, Jr., 〔1977〕 *The Visible Hand*, Massachusetts, Harvard University Press, p.36 ［鳥羽欽一郎・小林袈裟治訳『経営者の時代（上）（下）』東洋経済新報社，1979年］），また製造業株式会社は公開市場で株式が取引されることはまれで，非上場会社がほとんどであった。法廷や議会は，1890年以前の比較的小規模な株式会社に基づいて，ほとんどの会社法を発展させていったのである。このような状況の中で，スミスは「株主第一位の規範が法廷によって初めて用いられたのは，非上場会社において多数株主と少数株主との間で起こった紛争を解決するためであった」（D. Smith〔1998〕 "The Shareholder Primacy Norm", *Journal of Corporation Law*, Vol.23. p.279）とする。非上場会社の多数株主（支配株主）は，通常その会社の経営者である。このため，19世紀の法廷は，株主第一位の規範を作り出すことで経営者が自己利益を追求することに歯止めをかけ，経営者がすべての株主の利害に基づいて行動することを要求したのである。したがって，株主第一位の規範は，非上場会社の株主間の対立というコンテクストの中で生まれ，展開された議論であり，上場会社が一般的なものとなる以前の非上場会

社の時代に確立された原則であるといえるのである。

　株主第一位の規範は，最終的には，1919年の有名なDodge v. Ford Motor Co. のケース*において確立されたといわれている。このケースはまた，株式会社の目的に関係するケースとして最も多く引用されるものである。しかし，あまり言及されないが，実はこのケースも，Ford Motor 社という非上場会社（支配株主は経営者であるヘンリー・フォード，訴訟時に同社の株式の58%を所有）に対して，少数株主であるドッジ兄弟（同，10%所有）が配当の支払いをめぐって起こした訴訟だったのである。以上のようにアメリカにおける株式会社の歴史的展開をみていくと，株式会社は，本来，株主の利益を第一位とするために設立されたものではないことがわかるであろう。

　　*　ミシガン州最高裁判所は，このケースで，「株式会社企業は，第一に株主の利益のために組織され，経営される。取締役の権力は，その目的のために用いられるべきである」としている（170 N.W. 668〔Michigan 1919〕）。

　では，アメリカで最も支配的な企業形態となっている株式会社の統治（コーポレート・ガバナンス）の問題は，同国において歴史的にみてどのように議論され，展開されてきたのであろうか。次節では，この問題について見てみたい。

2　アメリカにおけるコーポレート・ガバナンス論の展開

　本章冒頭のリード文において述べたように，わが国の企業経営は，アメリカ型の企業経営といわれているものの影響を大きく受けており，その結果，市場による規律，「株主重視」のコーポレート・ガバナンスが叫ばれている。したがって，本節では，アメリカ型の企業経営について考えるために，アメリカにおいてコーポレート・ガバナンス論がどのように展開してきたのかについてみてみたい。そして，一般に株主資本主義，アメリカ型の経営といわれているものだけで実際のアメリカ企業の経営をみることができるのか，についても考えてみたい。

　コーポレート・ガバナンス論は，アメリカにおいて始まった。では，アメリカにおいてこの問題は，いったいどのように展開してきたのか。アメリカでは，

20世紀の初頭からすでにコーポレート・ガバナンスの問題は存在しており，かなりの議論がなされていたのは事実である。しかし，このような事実は，今日的な視点からみて20世紀の初頭にコーポレート・ガバナンスの問題がすでに存在していたということであり，当時は，コーポレート・ガバナンスという用語は未だ用いられていなかった。

1 1960～70年代のコーポレート・ガバナンス論

では，コーポレート・ガバナンスという用語はいつ頃から用いられるようになったのか。筆者は，1960年代であると考えている。この用語を初めて用いた論者の一人であるイールズは，その著書を次のような問題意識で著している。現代の巨大株式会社は自社の従業員を全人格的に従属させ，市民の権利に直接的に影響を与えており，社会の中で州や連邦等の公的な政府と同様の権力を行使している。州や連邦等の公的な政府は，州法や合衆国憲法というその権力に対する歯止めとなる憲法を有している。これに対して，現代の巨大株式会社はその権力の歯止めとなる憲法をもっていない。イールズは，強大な社会的・経済的権力をもつ巨大株式会社の権力の歯止めとなるような憲法を探求することにより，コーポレート・ガバナンスの立憲主義的な基礎を求めようとした。また，すでに述べたように巨大株式会社は強大な権力をもつようになったため，多数の人々の生活に多大な影響を与えるようになっている。このため，イールズは，大会社（の経営者）は確かに第一義的には株主に対して有利な収益をもたらす義務をもってはいるものの，同時に社会の要求に対応すること，すなわち従業員，顧客，原材料の供給業者，地域社会等の構成員の要求にも対応する社会的責任ある会社（経営者）にもなる必要があると考えたのである（R. Eells〔1962〕*The Government of Corporation*, New York, Free Press of Glencoe）。

そして，アメリカでコーポレート・ガバナンス論争が本格化したのは，イールズの著作が発表されたのと同じ1960年代においてであった。これは，進歩的な社会活動家たちが小口の株主となり，当該会社に対して株主権を利用して社会的責任を果たすように要求し始めたためである。このような傾向は1970年代においても続いており，1970年代のコーポレート・ガバナンスの問題と

しては，次の4点を挙げることができるであろう。①所有と支配が分離して自己永続的な存在となり，また大きな社会的影響力をもつようになった経営者権力は，どのようにすれば正当化されうるかという問題，②取締役会に構成員代表の取締役を加えることにより，会社に社会的な目的も付加していくべきであるという要求，③従来の伝統的な会社統制メカニズムである法律や規制をさらに強化することにより，大会社を統制していくべきであるという議論，そして④アカウンタビリティを強化するべきであるという議論である。

したがって，結論的にいえば，1960～70年代のコーポレート・ガバナンスの問題には次の2つの流れが存在したと考えられる。まず，中心的な論点であった①本来的には私的権力である株式会社権力をどのように統制し，株式会社に社会的目標を付加していけばよいのかという議論（株式会社の社会的責任論）である。そして，②（①に対する批判として）株式会社を株主のために利潤を極大化するための経済的制度である（したがって，株式会社は株主以外の様々な利害関係者に対して社会的責任を果たすことはない）とする議論である。なお，この時代のポイントは，会社（経営者）とあらゆる利害関係者の関係が問題にされたという点にある。特に，経営者革命理論の議論として，所有と経営・支配の分離の結果，経営者が利潤極大化以外の目的をもちうるとして，経営目的論，社会的責任論，正当性論等多くの議論が展開されることになる。これが，経営者革命理論の貢献として，その後，経営学の研究の中で様々な展開をみせていくことになるのである。

2　1980年代以降のコーポレート・ガバナンス論

次に1980年代に目を向けると，株主対経営者の時代，つまり会社支配権市場をめぐる議論が中心となり，それ以前とは論点がかなり変化したといえる。これは，LBO（leveraged buyout：被買収会社の資産を担保に資金調達し，その資金を利用して買収する手法）を含めた敵対的企業買収運動の増加・大型化を契機として始まった。1980年代においては，ジャンク・ボンド（利払い・償還に関する危険は大きいが，その代わり利回りが大きい格付けの低い社債）が利用されるようになり，特にLBOを利用した敵対的企業買収運動が高まったことによっ

てコーポレート・ガバナンスに対する関心がさらに高まった。この時期の議論は，新古典派経済学の視点を導入して法制度の経済分析を行おうとするいわゆる「法と経済学（Law & Economics）」が大きな影響力をもつようになっており，また企業買収運動との関わりで論じられていたため，会社支配権市場をめぐる議論が中心であった。つまり，敵対的企業買収は無能な経営者を排除し，優秀な経営者が企業経営を行っていれば，株主が本来得られるはずであった利益を彼らに与える自由市場の装置であると考えられた。株式市場を通じて企業経営（経営者行動）を有効に監視し，規制できると考えられたのである。しかし，経営者は，敵対的企業買収に対抗し，自身の地位や利益を守るために様々な手法を考案し，利用することになる。このため，どのようにすれば有効に株主による企業経営（経営者行動）のチェックが行えるようになるのかが問題とされるようになる。そして，LBOブームが収束するにつれて，企業の借金漬け体質や対外競争力の低下が問題にされることになる。したがって，1980年代のコーポレート・ガバナンス論は，株主の願望と経営者の行動をいかにして一致させるかを中心に展開されていたといえるであろう。

しかし，敵対的企業買収は，理論的に考えれば経営者を規律する有用な道具のようにも考えられるが，実際には，「株主のためにいかに有益であったとしても，敵対的乗っ取りは株主以外のさまざまな構成員・利害関係者に，広範囲にわたる補償されることのないコストを課している」（今西〔2006〕139頁）。このため，証券取引所での取引価格よりも高い価格で，買い手が株主に新聞などを通じて直接株式を購入すると申し出ている場合であっても，取締役会の判断で，従業員，原材料の供給業者，顧客，地域社会といった利害関係者の利害に適切にかなっていない場合は，乗っ取りの申し込みに反対する決定を行う取締役会を保護する法律が制定されることになる。アメリカでは1980年代の中頃（最初は1983年のペンシルベニア州）〜1990年代の初めにかけて，30の州で，経営者が会社の意思決定を行う際に，株主の利害に加えて，株主以外の利害関係者の考慮も認める法律，いわゆる会社構成員法・利害関係者法が制定されることになった。つまり，アメリカにおいては，1980年代においても株主中心のコーポレート・ガバナンスに対する批判が行われていたのである。また，1983

年に開催された第5回経営倫理に関する全国会議において、「コーポレート・ガバナンスと倫理の制度化」の問題が討議されていた点も注目に値するであろう。

次に、1990年代に入ると、CalPERS（カルフォルニア州公務員退職年金基金）やTIAA-CREF（全米教職員年金・保険基金）のような公的年金基金を中心とする機関投資家が従来のウォールストリート・ルール（「会社経営に不満のある投資家は、会社に対して積極的に発言せず、その所有する株式を売却する」という暗黙のルール）から離れて、株主として積極的に経営に参加し始めるようになる。これは、期末時価ベースでみて、アメリカの会社株式に対する公的年金基金の所有構成比が、1980年には3％（年金基金全体では17％）であったものが、1990年には8％（同27％）、そして1997年には10％（同24％）とその構成比率を急速に高めていることに起因する（染宮秀樹〔1998〕「米国コーポレート・ガバナンスの展望」『財界観測』132頁）。

それ以前は、商業銀行の信託部門が機関投資家の中でも中心的な役割を果たしていたが、年金基金がそれに取って代わることになったのである。このような現象は、年金基金による積極的な行動主義やリレーションシップ・インベスティング（会社経営に積極的に参加する投資）等と呼ばれている。機関投資家の規模の拡大や多くの州で企業買収を規制する法律（会社構成員法）が成立したために、機関投資家は容易にその所有する株式を売却することができなくなり、株式の流動性が低下した。このため、多額の株式を所有している年金基金を中心とする機関投資家が、会社経営に対して発言するようになったのである。

すでに論じたように、1960～70年代では、経営者革命理論により様々な議論が展開されていた。しかし、1990年代以降、年金基金の積極的な行動主義により、巨大株式会社の著名な経営者が何人も解任され、数多くの株主提案がなされるようになっている。このため、エージェンシー理論の提唱者は、株主の反乱により所有と支配の分離が事実上終焉しており、株主反革命が起こっていると主張することになる。その結果、この立場からは、経営者革命論による貢献が無視されることになる。ブレアが論じるように「20世紀の最初の80年を通じて、株式会社は自社の株主のためだけでなく、すべての『利害関係者』

の利害に基づいて経営されるべきであるという考え方は，合衆国の学界，法廷及び取締役会において，ゆっくりとではあるが着実に承認と信頼性を得ていた。しかし，1980年代末〜1990年代初めの数年の間に，法学者や金融学者等のアカデミック・エリートはこの考えを拒絶し，会社の法律顧問は，経営者や取締役に対して，彼らが株価（share value）の名の下に行うあらゆる行動を正当化する助言を行い始めた」（Margaret M. Blair〔1998〕"For Whom Should Corporations Be Run？: An Economic Rationale for Stakeholder Management", *Long Range Planning*, Vol.31. p.195）。このような研究者や法律顧問が支持した考え方が，経営者や取締役は真の所有者たる株主の「代理人」と見なすべきである，という考えであったのである。

とはいえ，利害関係者論も1995〜2000年にかけてA. P. スローン財団の支援により行われた「株式会社の再定義プロジェクト」を通じて議論が活発化し，また会社法の分野においても1990年代に入って「進歩主義的な共同体理論」が新たに生起してきている。したがって，アメリカにおいては，1990年代以降も実際には株主の価値だけではなく，株主以外の利害関係者の利害も認めようとする多様な議論がなされているのである。

3　取締役会の改革とコーポレート・ガバナンス

株式会社の会社機関とコーポレート・ガバナンスについて考える場合，株主総会と同様に重要なのが，取締役会が歴史的にみてどのように改革されてきたのかである。これは，コーポレート・ガバナンスが法律的・理論的にみれば，取締役会により左右されるからである。仮に株主中心のガバナンスを作り上げるために取締役会を改革するとすれば，取締役会のメンバーは株主の意向を反映することができるような人々により構成される必要がある。これに対して，株式会社を1つの社会的な制度と考え，会社に経済的な目的だけでなく，社会的な目的も付加していこうとするなら，取締役会のメンバーに多様な利害関係者の意向を反映することができるような人々も含まれる必要があると考えられるのである。

すでに述べたように，アメリカにおいてコーポレート・ガバナンスの議論が始まったのは，1960〜70年代である。今日，コーポレート・ガバナンスは，「株主対経営者」の枠組みの中で，エージェンシー・コストをいかに最小化するか，つまり株主の願望と経営者の行動をいかに一致させるかを問題にすることが多い。しかし，この当時の中心的な論点は，本来的には私的権力である株式会社権力をどのようにして統制し，株式会社に社会的目標を付加していけばよいのかという議論（株式会社の社会的責任論）であった。そして，この流れの中で，取締役会改革の議論がスタートし，実際に改革されていったのである。

1960〜70年代においては，一般に会社は経営者が支配している，つまり経営者が効果的に取締役会を支配していると考えられており，株主民主主義ではコーポレート・ガバナンスをうまく描写することができないと考えられていた。しかし，1970年代以降，この取締役会を会社の統治主体として機能させるために改革していこうという動きが出てくることになる。このような改革は，通常，以下のような方向に向けられていた。すなわち，①取締役会の構成員，②その構造（各種取締役会委員会），そして③その監視活動と役割（権限の範囲，会合の同数，経営者が取締役のために準備する情報が十分であるかどうか，取締役がその活動のために使用している時間が十分であるかどうか），である。ここでは紙幅の都合もあるので，①のみを検討したい。

では，取締役会の構成員の問題について見てみる。ブランバーグは，1970年代に生じた取締役会の構成員の問題について，「今日の取締役会の構成員に対する関心の高まりは，本質的に株式会社が1つの制度として出現したことを反映している。株式会社はそれに関係する人々に対して多大な影響力をもつようになっており，このように会社の行動から大きな影響を受けている人々のグループが会社の意思決定過程において何らかの役割を果たすべきかどうか，という関心が生じている」（P. I. Blumberg〔1976〕"The Role of the Corporation in Society Today", *The Business Lawyer*, Vol.31. p.1403）と論じている。すなわち，取締役会構成員の変更に関する議論は，多様な利害関係者の代表を外部取締役として取締役会に参加させることにより，明らかに私的な制度である株式会社をいくらかでも公的な制度に変えていこうという努力である，と解されるので

表7-1 取締役会の構成員（取締役会に以下の個人が1人以上いる会社）(単位：%)

	2006年	2001年	1995年	1989年	1985年
他社の退職したエグゼクティブ	95	93	75	64.1	68.2
投資家	94	91	73	47.0 (1)	53.6 (1)
他社のCEO/COO	79	82	82	79.5	NA
女　性	85	78	69	59.1	45.0
元政府役人	53	56	54	27.7	29.6
少数民族	76	68	47	31.6	25.4
アフリカ系アメリカ人	46	42	34	NA	NA
ラテン系アメリカ人	19	16	9	NA	NA
アジア系アメリカ人	10	10	4	NA	NA
学　者	55	59	53	55.4	54.5
商業銀行	27	30	28	22.7	30.8
合衆国の市民ではない人	14	15	17	12.0	14.0

（注）　1985年と1989年のカテゴリーには，投資家は存在しなかったため，1995年，2001年，2006年のそれと比較して，主要な株主と投資銀行の合計を投資家とした。
（出所）　1995年，2001年，2006年については，Korn, et al.（2007）*33rd Annual Board of Directors Study*, p.28を基に作成した。1985年と1989年の数値については，Korn, et al.（1990）*17th Annual Board of Directors Study*, p.15を基に作成した。

ある。

では，取締役会構成員はどのように変化してきたのか。最初に，平均的な取締役会の内部取締役と外部取締役の構成比率についてみると，1975年時点では5人対8人（外部取締役62％），1990年時点では3人対10人（同77％），1996～2001年では2人対9人（同82％）であり，取締役会は，外部取締役の比率を高めてきたといえる。そして，2006年では，2人対8人（同80％）となっている。この外部取締役の出身職業はきわめて多様である。表7-1からは以下のことがわかる。まず，1980年代においては減少傾向にあった退社した他社の会社役員，投資家および商業銀行が，1990年代以降は商業銀行を除いて急激に増加しており，また他社のCEO（最高経営責任者）やCOO（最高業務執行責任者）は一貫して多くの会社で外部取締役となっている。特に株主代表の取締役の増加は，1990年代に入って年金基金に代表される機関投資家が会社経営に対して積極的に発言するようになったために，会社が株主価値に対する志向性を高めたことが原因であると思われる。また，部分的には，当該会社の株式の1％以上を所有する取締役の数が増加したためである。これに対して，女性，学者，少数民族の取締役は，株主以外の利害関係者・会社構成員の利害

関係への配慮から取締役になっている人たちであり，会社構成員代表の取締役（constituency director），一種の公益代表の取締役（public director）であると考えられる。特に女性取締役が1人以上いる会社は，1974年時点の約10%から1985年の45%，1989年の59%，2001年78%，2006年85%と著しく増大しており，同様に，少数民族の取締役も一貫して増大している点は注目される。

コーン等は，以上のようなアメリカの株式会社における取締役会構成員の変化に注目して，1990年に次のように論じている。すなわち，「取締役会は従業員，地域社会，環境主義者のグループといった株主以外の構成員の利害をますます保護するようになるであろう。……CEOは，依然としてその第1の構成員である株主に圧倒的に関心を向けている。しかし，外部取締役は，株主以外のグループのニーズにさらに多くの神経を向けるようになっており，取締役会で多数派を占めている彼らの発言力は，今後さらに大きな影響力をもつようになるであろう」（L. B. Korn, et al., 17th Annual Board of Directors Study〔1990〕New York, Korn/Ferry International. p.3）と。また，ダラスも「取締役会を多様化しようとする運動は，ますます多様化・国際化する社会において，従業員と消費者の利害関係に対する会社の感度を高めることを目的としている。この議論は，断固として株主価値を高めることとの関連で進行したものではあるが，多様性に対する利害関係は，ある程度は利害関係者資本主義の必要性を認めているものである」（L. L. Dallas〔2002〕"The New Managerialism and Diversity on Corporate Boards of Directors", Tulane Law Review, Vol.76. pp.1384-1385）と述べている。このように，アメリカの会社取締役会は，実際には，株主の価値だけではなく，株主以外の利害関係者の利害も認めようとするものなのである*。

* 取締役会委員会についても，1980年代中頃には，すでに約100の大会社が公共政策委員会（public policy committee）をもつようになっており，また2001年時点で，フォーチュン1000社の21%で，2006年時点では17%の会社で社会的な問題を取り扱う会社責任委員会が設置されており，この点も注目される。

4　日本へのインプリケーション：むすびにかえて

　今日，アメリカの会社法研究者は，コーポレート・ガバナンスが世界規模で収斂していくという概念に夢中になっているといわれている。これは，以下の理由に基づいている。すなわち，情報通信革命，国際的な移動の容易性，そして立法者，証券市場および年金基金からの圧力が折り重なって，コーポレート・ガバナンスの構造や実践に精通するように，大企業の経営者は動機付けられている。大企業の経営者は，世界中から集められたコーポレート・ガバナンスの構造や実践の中から最善のものを採用しなければならないというプレッシャーを感じており，そのため収斂していくと主張されることになる。そして，この問題について論じるアメリカの研究者の多くは，収斂はアメリカのコーポレート・ガバナンスを模写したものになると主張する。確かにアメリカ型が世界中から注目されているのは，事実である。そして，わが国のコーポレート・ガバナンス論の中心も，すでにみた議論から明らかなように1980年代以降のアメリカでの議論を受けて展開されており，市場による規律，「株主重視」のガバナンスが叫ばれているのである。

　従来の日本のコーポレート・ガバナンスモデルは，債権者と従業員の利害関係の保護を強調したものであり，株主価値それ自体に関連した誘引はほとんどなかったといわれている。これは，多くの点で日本の株式所有構造が原因であったと考えられる。第二次世界大戦後，日本の企業は，相互に株式を持ち合い，企業グループを形成し，「企業系列」の形でネットワークを形成してきた。企業グループに含まれる企業は通常は独立しているが，株式所有，ガバナンス，商取引関係などの問題に関して成文化された契約や暗黙の契約，取引慣行を有していた。また各事業会社は，企業グループ内の銀行と株式相互持ち合いだけではなく，多額の融資を受ける長期的な取引関係にあり（多くの場合銀行は最大の債権者でもあった），その経営に財務的な困難が生じた場合は支援を受ける関係にあった。日本では，歴史的に間接金融の比重が大きかったこともあって，債権者であり株主でもある銀行は，株式投資からの収益よりも債権者としての

リスクに関心をもっており,したがって企業の長期的な成長により注目していた。日本の取締役の約78％は従業員の内部昇進によって占められており。また権限は代表取締役である社長がもっているという現実から,企業経営が順調に行われている際には,会社は従業員を含めた経営者（すなわちインサイダー）によりコントロールされている,とみることができた。しかし,企業経営の状態が悪化した際には,銀行から派遣されている取締役が経営権を握るか,銀行から新たに経営者が派遣されることになる。このように銀行がモニタリング機能を果たすシステムは,「メインバンク」システムと呼ばれ,銀行は日本のコーポレート・ガバナンスシステムにおいて重要な役割を果たしてきたと考えられているのである。

以上のように日本のコーポレート・ガバナンスをみていくと,それは日本の他の経済的諸制度との関係で理解すれば,それらが極めて相互に補完的な関係にあり,その枠組みの中で有効なものであることがわかる。例えば,従来の日本企業は,長期雇用慣行（いわゆる終身雇用制）を強調し,年功賃金制度を用いることにより,1つのチームのような状態に置かれている従業員を含めた経営者（インサイダー）たちにインセンティブを与え,彼らの人的資本を投資させ続けることに成功してきた。中途採用の労働市場は限定的なものであったことも,従業員が長期就業を続けるインセンティブを高めていたと考えられる。会社が利害関係者理論的な視点をもち従業員の福利厚生制度を手厚くしていたことも,この点と大いに関連していたと考えられる（今村肇他〔2002〕「企業システム(1)——ITC革命,企業統治,雇用戦略」植草益編『社会経済システムとその変革：改革の方向を問う』NTT出版, 267 - 268頁）。

以上,従来の日本の会社のコーポレート・ガバナンスモデルを見てきたが,近年の日本企業を取り巻く環境の変化により,今日,従来のモデルに大きな変更が迫られているといわれている。環境の変化については,以下の3点が挙げられる。まず,第一には,グローバル化の影響である。日本の株主総会は,従来は株式相互持ち合いにより形骸化されていたが,持ち合い解消が徐々に進み,その代わりに海外の投資家（その多くはアメリカの年金基金に代表される機関投資家）の持ち株比率が高まり,彼らの発言力が今後ますます高まってくると考

えられる。第二には，情報通信技術革命により，ビジネスがスピード・アップし，またモジュール化の高まりにより他企業と迅速に戦略的提携を行うことができる体制が必要とされている点である。アメリカ型の方が，経営者が迅速な意思決定を行いやすいと考えられる。第三には，銀行の不良債権処理の際に株式の持ち合い解消売りが行われたこともあり，「メインバンク」システムが弱体化している中で，新たなモニタリング・システムが必要とされているように思われる点である（今村他〔2002〕266-267頁）。

以上のことから，日本の大規模な上場株式会社は，今日，新たなコーポレート・ガバナンスメカニズムを構築していく圧力・必要性に迫られていることがわかる。そして，そのような圧力は，近年の商法改正・新会社法を含めて，概観すれば株主価値を最大化するような会社政策を取りやすくするような改正であり，端的にいえば一般にアメリカ型（アングロサクソン型）と考えられているモデル採用に対する圧力であると考えられる。

しかし，筆者は，一般にアメリカ型（アングロサクソン型）と考えられているモデルを単純に日本企業に適用し，株主重視経営を行おうとしても，簡単には機能しないのではないかと考えている。それは，以下の2つの理由によるものである。

まず，第一には次の点が挙げられる。制度を「ゲームのルール」として概念化したノースによると，ゲームのルールには2つのタイプが存在する。1つは立憲的な財産権のルールや契約等の成文化されたフォーマル・ルールであり，もう1つは規範や習慣などの成文化されていないインフォーマル・ルールである。比較制度分析の考え方に基づくと，仮に外国に優れたフォーマル・ルールがありそれを取り入れても，それぞれの国にはその国に固有のインフォーマル・ルールが存在し，それが慣性をもって変化が困難になる場合がある。借り物のフォーマル・ルールとその国固有のインフォーマル・ルールの間に軋轢が生じ，うまく機能しなくなってしまうのである（D. North〔1990〕*Institutions, Institutional Change and Economic Performance*, Cambridge University Press［松下公視訳『制度・制度変化・経済成果』晃洋書房，1994年］）。伊丹は，現在の日本におけるコーポレート・ガバナンスモデルの本質を「建て前は株主主権で，本音

第Ⅱ部　株式会社の国際比較

>> *Column* <<

「会社はだれのもの？」

　アメリカでは，「会社は株主のものである」と一般的に考えられていると思われています。この点に関連して，2000年に『ビジネス・ウイーク』誌で，アメリカ人が巨大化した株式会社をどのようにみているのかに関して興味深い調査がなされています（A. Bernstein〔2000〕"Too much Corporate Power?", *Business Week*, September 11）。

　この調査によると，アメリカ人は巨大な株式会社があまりに強大な権力を保持しているにもかかわらず，本質的には道徳的な関心を有していないと感じています。そして，アメリカ人のほぼ75％が「ビジネスがアメリカ人の生活の極めて多くの側面に対して過大な権力を有するようになっている」と感じていることが示されています。

　この調査は，次の2つのどちらに積極的に同意できるかについても調査しており，興味深いものがあります。①「アメリカの株式会社はただ1つの目的（当該会社株主の最大限の利益を追求すること）のみをもつべきであり，この目的を追求することにより，長期的にみればアメリカに最適の利益がもたらされる」，そして②「アメリカの株式会社は複数の目的をもつべきである。会社は自社の従業員やその会社が事業活動を行っている地域社会に対して何らかの義務を負っており，自社の従業員や地域社会に利益をもたらすという目的のために時には利益の一部を犠牲にすべきである」というものです。調査結果は，①が5％であったのに対して，②は圧倒的多数である95％の人々が支持していました。

　アメリカでは一般的に，「会社は株主のものである」と考えられているといわれていますが，実際には，ほとんどのアメリカ人が，巨大化した株式会社に対しては「社会的な存在である」と考えているのだということをこの調査は示しているのだと考えられます。

は従業員主権」とまとめ，慣行として従業員主権が行われてきたと主張している（伊丹敬之〔2000〕『日本型コーポレートガバナンス』日本経済新聞社，50頁）。従業員主権というインフォーマル・ルールが存在する会社に，株主重視・株主主権というフォーマル・ルールを押し付けても簡単には機能しないと考えられるのである。

　次に，第二には，アメリカのコーポレート・ガバナンスのモデルは，株主を

最も重視し，株主の価値を中心とした経営を行うためのモデルであると考えられているものの，すでに述べたように，実際には，株主の価値だけではなく，株主以外の利害関係者の利害も認めようとするものである，という点が無視されているためである。この点に関連して，1994〜97年までアメリカ証券取引委員会（SEC）のコミッショナーを務めていたウォールマンの主張は興味深いものがある。彼は，アメリカにおいてこれまで株式会社が発展してきた理由は，長期の会社利害の促進を目標としてもち，また過去1世紀にわたって合衆国が経験した社会的富の増大を促進した州の会社法（近年では，会社構成員法に代表される）と共に，株主の利害を強力に保護する連邦による証券規制の組み合わせの結果である，と主張している。このため，「適切な投資家保護と会社構成員アプローチの二重概念の粗末な代用品として株主第一位モデルを輸出しても，簡単には機能しない。社会をより裕福にするという株式会社の真の目的とその目標を達成する方法との理解が十分ではなかったために，われわれは，間違ったコーポレート・ガバナンス理論を輸出してしまった」(S. M. H. Wallman〔1999〕"Understanding the Purpose of a Corporation : An Introduction", *The Journal of Corporation Law*, Vol. 24, No. 4. p.818) とするのである。また，フォート等も，「アメリカのコーポレート・ガバナンスに対するアプローチは，株主第一位に基礎をおいたアプローチではあるが，かなりの程度の柔軟性が組み込まれたものである。つまり，株主は依然として最も重要な会社構成員ではあるが，他の会社構成員の利害関係もはっきりと認められているのである」(T. L. Fort, et al.〔2003〕"Adapting Corporate Governance for Sustainable Peace", *Vanderbilt Journal of Transnational Law*, Vol.36. pp.401-402) としている。わが国では新自由主義的な株主重視・株主第一位モデルが全盛で，この方向にしたがって改革が進められようとしているが，われわれは，ウォールマンやフォート等の主張を真剣に受け止める必要があるように思われる。商法を改正して株式会社制度の一部のみアメリカの制度を真似してもうまく機能しない。アメリカ企業の手法をそのまま取り入れるのではなく，従来からある日本企業のよい点を生かしつつ，アメリカから学んでいく必要があると考えられるのである。

第Ⅱ部　株式会社の国際比較

推薦図書

今西宏次（2006）『株式会社の権力とコーポレート・ガバナンス』文眞堂
　　アメリカにおける株式会社とコーポレート・ガバナンスの問題が，歴史的にどのように展開されてきたのかについて論じている。本章について，さらに詳しく学習したい場合に読む本。

三戸浩・勝部伸夫・池内秀己（2006）『企業論』有斐閣アルマ
　　現代社会において最も重要な組織である企業とは何かについてわかりやすく解説したテキスト。

ロナルド・ドーア（2006）『誰のための会社にするか』岩波新書
　　今日，わが国において，株主中心の会社制度をめざした様々な改革が行われているが，改めて会社の役割の原点を問い，誰のための会社にするか考えている。

設　問

1．アメリカのコーポレート・ガバナンスに関する議論が，日本のコーポレート・ガバナンスをめぐる議論や2003年に導入された委員会等設置会社にどのような影響を与えたのかについて調べてみよう。
2．日本の会社機関がどのようなものになっているのか調べ，アメリカの会社機関と比較し，その異同について検討してみよう。

（今西宏次）

第8章

ドイツにおける株式会社
——社会的市場経済と株式会社——

　第二次世界大戦後，エアハルトが断行したドイツの経済政策の特徴とは何でしょうか。この経済政策に影響を与えた経済思想とは何でしょうか。またドイツの株式会社の特徴とは何でしょうか。順次明らかにしていきましょう。

1　社会的市場経済の理念と政策

1　社会的市場経済の骨子

　1997年2月4日，ルードヴィヒ・エアハルト（Ludwig Erhard）は100歳でその生涯を閉じた。1949年から1963年までは，コンラート・アデナウアー（Konrad Adenauer）首相の下，経済大臣として，その後1963年から1966年までの3年間は首相として，長きにわたり第二次世界大戦後の旧西ドイツの再建と経済発展の歴史を創り上げた人物である。彼の舵取りの下，旧西ドイツは1950年代に文字どおり，「奇跡の経済成長」を遂げている。

　経済学者のアルフレッド・ミュラー＝アルマック（Alfred Müller-Armack）とエアハルトにより考案され，1948年より旧西ドイツで実践された経済政策モデルが「社会的市場経済（Soziale Marktwirtschaft）」である。

　エアハルトは，「社会的市場経済」の基本的考えについて，次のように述べている。すなわち，「私が初めて西ドイツ政府で経済を担当するかなり以前，1948年8月の末，レックリングハウゼンでのイギリス占領地域のCDU党大会において私は，以前の所得構成についての旧来の考え方を新たに復活させるのは誤りであり，従ってそれを拒否すると述べた。いかなる疑念をも拭い去り，私は，我々国民の一層多くの，さらに幅広い層を福祉へと導くような経済構造

の実現に向けて努力することができるとしたかったのである。幅広い層の大衆購買力を通じて，最終的に旧い保守的な社会構造を克服するというのが出発点における願いであった。伝統的な階級構造とは，一方で消費を行いうる薄い上層階級が存在し，他方では不十分な購買力しか持たぬ大量の，極めて幅広い下層階級が存在するというものであった。われわれの経済秩序を新たに形成するために，またこの進歩的な動向とは対立する状態と，『富める者』と『貧しき者』との感情的対立を克服するための前提条件を創出しなければならなかったのである。一時たりとて私の努力の実態的，道義的基盤が揺らぐことはなかった。この基盤が，当時も今日も私の思考と行動を規定している。各人の福祉への到達とその保証のために成功を約束してくれる手段が競争である。競争のみが，特に消費者という機能において，経済的進歩をすべての人間の利益となし，直接より高い実績から生じるわけではないすべての長所を明らかにしてくれる。競争という方法を通じて，その言葉の最高の意義，つまり進歩と利潤の社会化が行われ，それに加えて個人的勤労意欲が維持される。この方法で福祉を最大化できるという確信の内在的要素とは，すべての労働者に，生産性の向上という規準に応じた絶え間ない賃金の増大を実現させるという要求である。この目標を達成するためには重要な前提条件が満たされなければならない」と（Ludwig Erhard〔1957〕"Wohlstand für Alle", S.7-8）。ここで，競争を手段とする経済発展とそれを基盤とする福祉の実現が力説されている。

　また，ミュラー＝アルマックは，「社会的市場経済の意義とは，市場における自由原則と社会的調整の結合にある」（Alfred Müller-Armack〔1966〕"Wirtschaftsordnung und Wirtschaftspolitik", S. 243）と指摘する。

　つまりは，競争と社会的調整が社会的市場経済の両輪を成す。両者を実現するための経済政策の立案と実行が社会的市場経済の主要課題となる。

2　オルドリベラリズムとオイケンの「競争秩序政策の構成諸原理」

　「社会的市場経済」の構想の中で，とり分け競争秩序の創出に多大な影響を与えたのがオルドリベラリズム（Ordoliberalismus）である。オルドリベラリズムは，フライブルク大学で結成された経済学者と法学者から構成される研究・

教育グループであることから，フライブルク学派（Freiburger Schule）とも呼ばれる。その代表的人物として，ヴァルター・オイケン（Walter Eucken），フランツ・ベーム（Franz Böhm），ハンス・グロスマン－ドェルト（Hans Großmann-Doerth），ヴィルヘルム・レプケ（Wilhelm Röpke）（レプケの思想的特徴については，藤本建夫〔2008〕『ドイツ自由主義経済学の生誕――レプケと第三の道』ミネルヴァ書房，を参照されたい），アレキサンダー・リュストウ（Alexander Rüstow）等が挙げられる。フライブルクでオイケンが2人の法学者，グロスマン－ドェルトとベームに出会ったことがフライブルク学派成立の根源的契機となった。ベームは後に，3人の出会いを単なる偶然ではなく，神の摂理であると回顧している。

オルドリベラリズムは，機能的競争秩序を国家が保証すべしといい，そのための国家による競争秩序政策の必要性と重要性を主張する。この点で，国家による政策的介入を是としない**レッセフェール**とも，また市場での企業間競争を容認しない中央集権体制とも一線を画す。

秩序政策とは何か，その内容を明らかにした上で，オイケンの主張する競争秩序政策の構成原則について，補足説明を加えながら順に考察していこう。

秩序政策とは，組織形態や経済制度を規定する法律的，組織的措置の総体を指す。様々なタイプの経済秩序が存在するわけで，まずはどの経済秩序の基本タイプ（中央集権型計画，分権型計画，経済過程の調整）を選択するのかが重要であり，経済秩序のタイプに応じて，秩序政策の内容が決定される。

オイケンは，経済過程の制御と競争の確保を一義的とした競争秩序政策の重要性を主張し，そのための構成原理として以下の8点を列挙する（Johann Eekhoff/Jochen Pimpertz〔1996〕"Ordnungspolitik: Ein unbequemer, aber erfolgversprechender Weg", in ; Soziale Marktwirtschaft als historische Weichenstellung, S. 28）。

レッセフェール：自由放任主義ともいう。私企業の自由な活動を推進するために，国家は私企業の活動に干渉したり，政策的介入をしてはならないという主義・主張をいう。

①根本原理（Das Grundprinzip）

「完全競争下の価格体系」をオイケンは「根本原理」と位置づける。

市場経済においては、価格が情報手段、調整手段として利用され、価格に基づき経済的決定が下される。個人も企業もこれならば自らの経済成果を交換してもよいという価格が存在し、この価格を通して、商品が過剰なのか、不足なのか、適量なのかを知ることができる。価格の変動は、供給者と需要者に経済活動の刺激を与え、自由な市場価格が成立する中で資源の最適配分が実現する。仮に、国家が市場価格から遊離した価格——最低価格や最高価格——を人為的に設定すると、国家は市場諸力を明らかに誤った方向へ誘導することになる。例えば、今、高すぎる市場価格から消費者を保護するために、本来的価格よりも低水準で「最高価格」が設定されたとする。供給者は供給を抑制し、需要は増大する。双方が共に価格は低いと意識するからである。その結果、不足は激しさを増し、価格は高騰する。歪曲された価格による誤った制御は、さらなる国家の介入を誘発する。これが、その基本的考え方である。

オイケンは、「完全競争の機能的な価格体系の確立が各々の経済政策的措置の本質的基準とされる。これが経済構造を規定する根本原理である」（Walter Eucken〔1952〕"Grundsätze der Wirtschaftspolitik", S. 254）と指摘し、「この根本原理は、一定の経済政策的行為、例えば国家の補助金、国家による強制的独占の創設、全般的物価凍結、輸入禁止等が回避されることを要求するに留まらない。カルテル禁止でも不十分である。そもそもこの原理は消極的なものではない。むしろ、完全競争を発展せしめ、それにより根本原理の実現をめざす、積極的な経済構造政策が必要である」と付け加える（Walter Eucken〔1952〕S. 255）。

②通貨政策の優位（Primat der Währungspolitik）

通貨価値の安定は、機能的な貨幣制度の前提条件を成す。貨幣は、交換関係や信用関係を容易にするという経済的機能を担う。想定外の通貨価値の変動は、偶発的利潤や偶発的損失を招く。ひとたび貨幣価値に対する信用が失われると、家計も企業も実物資産の保有に走る。こうなると貨幣はもはや、価値保存機能を果していないことになる。この事態に至るや、価値安定化のためのコストは

はかり知れない。となれば，貨幣政策は唯一の目的，すなわち貨幣価値の安定に従う。貨幣価値の安定についての責任は，政治的影響力から独立した中央銀行が担う。

通貨政策についてオイケンは，次のように述べている。すなわち「経済政策の枠組の中で，通貨政策に特別な順位を割り当てるというこの原理は，——すでに示したように——秩序政策的意義を担っている。この原理に基づく行動により，——粗い言い方をすれば，——経済が通貨の犠牲になるのではない。逆である。一定程度の通貨価値の安定により，経済過程において利用可能な制御装置を設置することが可能になる」と（Walter Eucken〔1952〕S. 257）。

③開放市場（Offene Märkte）

オイケンは，競争秩序の構築のためには供給と需要の開放が必要であるとし，「何人にも営業を認めること。投資の禁止，認可の拒否，特権，強制権と禁止権これらについては廃止すること，営業の自由と居住の自由を確立すること，国家による輸入禁止を回避すること，つまり，選択過程を完全競争の価格体系に委ねるために，あらゆる国家的封鎖措置の回避に国家は自ら制限を加えてはならない。むしろ，市場封鎖が私的利害集団により行われないことが必要である」と述べる（Walter Eucken〔1952〕S. 266-267）。開放市場は，国家と私的権力集団の市場封鎖回避による完全競争の価格体系の確立という意義を担う。

④私的所有（Privateigentum）

私的所有を語るにあたりオイケンは，私的所有は様々な経済秩序と両立しうるという前提条件に立つ。その上で，「完全競争における私的所有は，

（a）国民経済のための処分権と処分の自由

（b）全体の負担で他の所有者の処分権と処分の自由を制限する力を無くすこと

を意味する」とし（Walter Eucken〔1952〕S. 274），「競争秩序の枠組みにおいてのみ，私的所有は所有者のみならず，非所有者にとっても利益をもたらすというよくいわれるフレーズが該当する」と断言する（Walter Eucken〔1952〕S. 274）。

⑤契約の自由（Vertragsfreiheit）

家計，もしくは企業は，契約相手を自由に選択し，自由意思に基づいて契約を結ぶ。第三者が契約の締結に介入してはならない。ところが，契約の自由が競争を促進すると同時に，逆に競争を破壊し，独占の形成をもたらしたことから，オイケンは，競争秩序を実現する契約の自由を容認する。その上で，契約の自由の限界も明白になったとして，「契約の自由は，契約の自由を制限，あるいは排除するという契約を締結する目的のために供与されてはならない」(Walter Eucken〔1952〕S. 278) こと，「契約の自由は，完全競争が存在する経済過程においてのみ供与される」(Walter Eucken〔1952〕S. 279) ことという2条件を提示する。

⑥責任 (Haftung)

自由な経済活動により利益を得る者は，損害に対しての責任を負う。責任は，競争の経済秩序とも，また自由と自己責任が支配する社会秩序とも両立しうる原理としてオイケンは捉えている。その上で，「いかなる責任の制限も中央管理経済の傾向を呼び起こす」と警告する (Walter Eucken〔1952〕S. 285)。

⑦経済政策の恒常性 (Konstanz der Wirtschaftspolitik)

投資の減少と不足から不完全雇用が生じる。そこで「とり分け，競争秩序を創出しようとする政策にとって，経済政策の一定の恒常性が必要となる。これにより充分な投資活動が行われる。この恒常性なくして，競争秩序は機能的でありえない」とオイケンは述べている (Walter Eucken〔1952〕S. 288)。ここでの経済政策は，租税政策，通商政策，通貨政策等が該当するが，注目すべきは，「経済政策の恒常性」の意義である。他の6原理は，競争秩序政策の構成原理であるが，「⑦経済政策の恒常性」は，競争秩序を機能的にするのみならず，不完全雇用の回避となる投資活発化という意義も担う。

⑧構成諸原理の連繋 (Die Zusammengehörigkeit der konstituierenden Prinzipien)

以上指摘した7原理が単独に存在しては意味がない。それが「構成諸原理の連繋」である。

競争秩序政策の構成諸原理を考察してきたが，経済的権力集団，すなわち独占体と国家の権力の濫用を封じ込めるための「競争秩序」の形成とそのための

国家の競争秩序政策の重要性を看取しうる*。

* この点についてエアハルトも同様の見解を示している。彼は、「それ故、市場経済は自由競争体制から分離されてはならない。市場経済はまた自由な価格機能を放棄することはできないのである。自由な価格機能を排除したい者は、国家であれ、企業組織であれ、カルテルであれ、競争を圧殺し、経済を硬直化させるのである」と断言する（Ludwig Erhard〔1957〕S. 174-175）。

3　エアハルトの経済政策

表8-1は、ドイツ連邦共和国の経済秩序を規定する主な法律の一覧である。これらは、エアハルトが経済大臣を務めた時期に成立したものである。

ここでは、①通貨改革と価格改革、②銀行制度改革、③貿易の自由化、そして④競争制限禁止法の4つを取り上げ、その要点を確認しておこう。

①通貨改革と価格改革

敗戦直後、混沌がドイツ全土を支配していた。占領軍は、戦時期すでに戦費調達のために膨張していた**マネーサプライ**を一層増大させると同時に、物価を統制下に置いていた。生産水準が極度に低下する中で、過剰購買力が存在していた。通貨は価値保存機能を全く喪失し、交換のための有効な手段とはもはやなりえていなかった。

1948年、この状況の中で通貨改革が断行された。それまで通用していたライヒスマルク（RM）に替え、ドイツマルク（DM）を新通貨とすること、賃金、給与、家賃、借地料、そして年金については、ライヒスマルクとドイツマルクの交換比率を1:1とすること、預金、債権、そして債務については10:1とすることが決定された。

その結果、通貨量はそれまでの1450億ライヒスマルクから、1948年6月末には44億ドイツマルクとなり、93％以上が流通から姿を消し、過剰通貨が除去された（Michael von Prollius〔2006〕"Deutsche Wirtschaftsgeschichte nach 1945", S. 64）。

マネーサプライ：貨幣供給量のことで、金融機関以外の民間部門が保有する現金通貨と預金通貨の合計残高をいう。

表 8-1 ドイツ連邦共和国の経済秩序を規定する法律一覧

通貨改革と経済改革（1948） 　機能的貨幣秩序の確立，市場経済の成立 基本法（1949） 　行動の自由と営業の自由の保障，職業選択の自由，移住の自由，所有の保証，団結の自由 賃金協約法（1949） 　いわゆる社会的パートナー（労働組合と経営者団体）による自律的賃金協約 連邦銀行法（1957） 　連邦政府から独立した立場での通貨の安全性を保証する義務 競争制限禁止法（1957） 　一貫した競争秩序の（骨抜きの）試み 動態的年金の導入（1957） 　年金を賃金，所得動向と自動的にリンク 欧州共同体に関する法律（1957） 　経済的統治権の欧州経済共同体への委任による外国貿易秩序（関税同盟と農業・競争・通商政策等の経済政策の一部） 社会福祉法（1961） 　社会保障システムの最終的受け入れネットとしての補助的援助

（出所）　Michael von Prollius（2006）S. 75.

　通貨改革の好影響は立ちどころに現れた。企業は運転資金を確保するために手持ち商品の速やかなる売却を余儀なくされ，闇市場は消滅し，工場は生産に勤しんだ。この状況は次のように表現されている。「全く突然，闇市場は姿を消した。陳列棚には商品が溢れ，工場の煙突は煙を吹きあげ，通りという通りにはトラックがひしめいた。どこであろうと至る所で，廃墟の死の静寂に代わり，建設の騒音が鳴り響いた。再建の規模には目を見張ったが，その突然さにはさらに驚かされた。それはまさしく通貨改革の日に，あらゆる経済分野で始まった。自分の目で確めた者だけが，倉庫の再補充と陳列棚の豊富さに通貨改革がもたらした，文字どおり瞬間的な効果を物語ることができる。日一日と店々は商品で溢れ，工場は作業を再開したのである」（Ludwig Erhard〔1957〕S. 21）。

　また同年，エアハルトは，「経済統制の緩和はしない。全廃である」と述べ，価格統制の撤廃に踏み切った。工業完成品，原料，食料品の統制が次々に撤廃され，1948年7月までに価格規制の約90%が廃止された（Michael von Prollius〔2006〕S. 69）。

②銀行制度改革

1948年当時，各州に中央銀行が存在し，1948年3月にはフランクフルトにレンダーバンク（Die Bank Deutscher Länder）が設立された。1948年6月20日の発券法（Emissionsgesetz）の成立により，レンダーバンクが発券銀行となり，各州中央銀行とレンダーバンクの並存という「二元構造」を成していた。中央銀行理事会（Zentralbankrat）が最高意思決定機関であり，これは各州中央銀行総裁とレンダーバンク役員会の議長から構成され，公定歩合政策，最低準備政策，さらには公開市場政策の基準の設定などの任務にあたった。レンダーバンクは設立当初から政治から独立していた。

1957年7月26日のドイツ連邦銀行法により，それまでの「二元構造」は廃止され，ドイツ連邦銀行が設立され，政治から独立して文字どおり「通貨の番人」の役割を果すこととなった。

③貿易の自由化

1949年，エアハルトは経済大臣に就任するや早々，輸出の増大は国内市場規模の小さい西ドイツ経済にとり，決定的意義をもつと訴えた。彼の主張は，現実を軽視したものであるとの批判を浴びたが，これに屈することはなかった。輸出の増大を図れば，当然，輸入も増大せざるをえないが，西ドイツの産業の競争力強化のためには，低廉な原材料と半製品の輸入は不可欠とし，1949年11月，輸入自由化リストを発表した。翌1950年には輸入に占める自由化物質の比率は38%となった。朝鮮動乱に伴う思惑輸入の急増や欧州多角決済機構発足当初の不手際などから貿易収入が悪化したため，1951年初頭から輸入自由化措置は1年間の停止を余儀なくされたが，1952年には再開された。同年の輸入の7割ちかくが自由化物質で占められていたという（小松勇五郎〔1961〕『西ドイツの自由化対策——重化学工業の競争力養成過程』重工業新聞社，100頁）。1957年6月，国際通貨基金の理事会は，西ドイツに対し，「輸入制限を続けるための国際収支上の理由はない」と指摘し，これにより西ドイツは例外許可を獲得しない限り，すべての輸入制限を廃止する義務を負うこととなった。

④競争制限禁止法*

1947年，ドイツ人のみから構成される経済委員会において，独占禁止関係

法案起草準備委員会が結成された。1949年，同委員会は，「能率競争確保法」と「独占庁法」の2草案を作成した。占領軍は「草案」の提出を求めたが，同委員会は，将来ドイツ連邦議会に提出したいとこれを拒否した。

* 競争制限禁止法の成立と展開については，植草益「西ドイツの産業組織」伊藤光晴・石川博友・植草益編（1975）『世界の企業4　西ドイツの経済と産業』筑摩書房　所収を参照されたい。

1952年，政府は「草案」を練り直し，「競争制限防止法案」として議会に提出した。ところが，独占を「原則禁止」とするか，あるいは「濫用防止」とするかで審議は紛糾した。エアハルトは，「独占禁止」は自由経済と表裏一体であるとし，「原則禁止」の立場に立つ政府草案を作成した。これに対し，野党のみならず与党の相当部分が真っ向からこれに異議を唱えた。反対勢力は，独占それ自体は悪に非ず，政府はその濫用を取り締れば事足りるとし，政府原案に大幅な修正を加えようと試みたのである。議論は白熱し，議会の決議にはなかなか至らず，1957年にやっと「競争制限禁止法」が成立した。

同法の特徴は以下の点にある。すなわち，同法1条において，「競争制限により，生産，取引等の市場関係に影響を及ぼすような**カルテル**契約，あるいはカルテル決議は無効とする」とし，「原則禁止」としながら，同法8条においては「国民経済，および公共の利益上の重大な理由から競争制限が特に必要と認められる場合には，連邦経済大臣はこれを許可する」とし，「原則禁止」を事実上棚上げとした。連邦議会の審議の際にも，与野党を問わず「競争制限禁止法」を骨抜きにする条文ではないかとの質問が集中した。1条と8条の並存は，「原則禁止」と「濫用防止」の妥協の産物を意味しているともいえるだろう。

さて，エアハルトの経済政策の成果は，**表8-2**と**表8-3**に示されている。表8-2からは，旧西ドイツが他の諸国と比較し，急速に工業生産を拡大していることが理解できる。また表8-3からは，1950年代の輸入と輸出の急拡大

カルテル：同一産業に所属する大企業が，各々の独立性を保持しながら協約を締結することで市場での独占力を発揮しようというもの。価格，生産量，販売量について協約をかわす。

表 8-2　総工業生産の国際比較

(1950=100)

	1938	1949	1950	1951	1952	1953	1954	1955	1956
西ドイツ	107	80	100	119	126	139	155	178	192
フランス	81	99	100	113	118	115	125	137	159
ノルウェー	65	88	100	107	108	114	125	129	140
カナダ	48	94	100	107	110	117	116	126	134
アメリカ	43	87	100	107	111	120	112	124	128
イギリスと北アイルランド	75	93	100	104	101	107	114	121	120
デンマーク	—	89	100	102	98	102	108	113	113

(Quelle : Statistisches Bundesamt)
(出所) Ludwig Erhard, Wohlstand für Alle, 1957, S. 68. より

表 8-3　輸入と輸出の推移

	1936	1950	1951	1952	1953	1954	1955	1956	1957	1958	1959	1960
輸　入	2,838	11,374	14,726	16,203	16,010	19,337	24,472	27,964	31,697	31,133	35,823	42,723
輸　出	3,381	8,362	14,577	16,909	18,526	22,035	25,717	30,861	35,968	36,998	41,184	47,946

(注)　単位：100万ライヒスマルク（1936），100万ドイツマルク（1950～60）
(出所) Statistisches Jahrbuch für die Bundesrepublik Deutschland, 1961, S. 295.

が理解できる。

　以上，①通貨改革と価格改革，②銀行制度改革，③貿易の自由化，そして④競争制限禁止法を考察したが，オイケンが提起した，競争秩序政策の構成原理，具体的には，「根本原理」，「通貨政策の優位」，「開放市場」らとの強い連関性を看取することができる。また前掲表 8-1 の諸政策を実現するための法律一覧をみるならば，オイケンの指摘する「構成諸原理の連繋」をも認めうる。

2　ドイツの株式会社とその特質

1　ドイツの企業形態と株式会社

　ドイツ企業の企業形態別企業数とその構成比を確認しておこう。表 8-4 から，2005 年度の実態が理解できる。個人企業数は 213 万 837 であり，全体の 70.2% を占めているが，株式会社数は 7258 であり，全体のわずか 0.2% を占めるにすぎない。

第Ⅱ部　株式会社の国際比較

表8-4　企業形態別企業数と構成比（2005）

	企業数	構成比（%）
個人企業	2,130,837	70.2
合名会社	261,705	8.6
合資会社	121,653	4.0
株式会社	7,258	0.2
有限会社	452,946	4.9
その他の法形態	62,359	2.1
合　計	3,036,758	100.0

（出所）　Statistisches Jahrbuch für die Bundesrepblik Deutschland 2007, S. 617. より作成。

表8-5　100大企業の企業形態

法形態	企業数 2002	企業数 2004
株式会社	74	75
有限会社	7	6
公法上の法人団体	3	4
登記上の協同組合	1	2
有限合資会社	5	3
合資会社	3	5
株式合資会社	2	2
相互保険会社	2	3
合名会社	1	0
その他（財団・分類不能）	2	0
合　計	100	100

（出所）　Monopolkommission, Hauptgutachten 2004 / 2005, 2006, S. 190.

　次に表8-5には，ドイツの100大企業の企業形態別内訳が示されている。100大企業となると，2002年には74社，2004年には75社が株式会社形態を採用し，個人企業形態はみられない。

　次に表8-6からは，2004年度の従業員数トップ10企業の雇用規模がわかる。10社のうち7社が株式会社形態である。

　これら3表から，企業数では極めて低い比率を示すが，ドイツ経済に大きな影響力をもつ，それがドイツ株式会社といえる。

表8-6　従業員数でのトップ10企業（2004）

従業員数ランキング	価値生産ランキング	企業名	従業員数
1	8	Deutsche Bahn AG	205,771
2	3	Daimler Chrysler AG	185,154
3	4	Volkswagen AG	177,350
4	1	Deutsche Telekom AG	170,837
5	2	Siemens AG	164,000
6	5	Deutsche Post AG	163,621
7	32	REWE-Gruppe	120,000
8	34	Schwarz-Gruppe	120,000
9	15	Metro AG	112,194
10	6	Robert Bosch GmbH	110,569

（出所）Monopolkommission, Hauptgutachten 2004/2005, 2006, S. 187.

2　監査役会の機能と権限

　ドイツの株式会社において，監査役会はどのような権限をもっているのか。株式法に基づき確認しておこう。

　まず，株式法84条で規定されているように，監査役会は取締役会役員の選任権と解任権をもつ。

　その他の権限について同法111条の第1項から第5項は，次のように規定する。すなわち，

(1)　監査役会は，業務執行（Geschäftsführung）を監視しなければならない。

(2)　監査役会は，会社の帳簿，書類，ならびに資産項目，なかんずく，会社現金と手持ち有価証券，商品在庫を閲覧し，審査しうる。その件に関し，監査役会は，数名のメンバーに対しても，あるいは，一定の課題については，専門家に対し，依頼することができる。

(3)　会社の利益が要請する場合，監査役会は，株主総会を招集しなければならない。この決定に関しては，単純多数で足りる。

(4)　業務執行の諸措置は，監査役会に委譲されえない。しかしながら，定款，あるいは監査役会は，その同意を以てしてのみ一定種類の業務が執り行われてもよいと決定することができる。監査役会が同意を拒否した場合，取締役会は，株主総会が同意に関する決議を行うよう要請しうる。株主総会による同意の決議には，少なくとも投票数の4分の3の大多数を必要とする。定款は，別の大多数も，さらなる要件も規定することはできない。

(5) 監査役会メンバーは，自らの課題を他のものにより代表させることはできない（§111 Abs. 1.～5. Aktiengesetz ; in Bundesgesetzblatt Nr. 48, den 11. September 1965, S. 1114)

と。

すなわち監査役会は，取締役会による業務執行の監視権，業務執行の成果が記されている帳簿・書類・資産項目に関する閲監権と審査権のみならず，「一定種類の業務（bestimmte Arten von Geschäften)＊」についての同意権をもつことが可能である。同意権を必要とする業務が決定された場合には，監査役会が拒否すれば，取締役会はこの業務を執行することができない。

＊ 立法者は，株式法111条第4項の「一定種類の業務」の内容を確定していない。この点について，クヌート・マルテンスは「定款，あるいは監査役会それ自体に関し，『一定種類の業務』を同意留保に従わせる可能性が存在する。立法者により選択された定式化は業務の正確な規定が必要であることを暗示する」と述べている（Martens K.〔1999〕Managementüberwachung durch den Aufsichtsrat Ein Beitrag zur Corporate Governance-Diskussion aus agency theoretischer Sicht, S. 21)。

このように監査役会が実に「多大な権限」をもつ点に，第一のドイツ的特質を見出すことができる。

次に，株式法の90条第1項は，

「取締役会は，監査役会に対し，以下の事項に関する報告を行わなければならない。
1．意図された業務政策とその他，将来的業務執行についての基本的問題点
2．会社の収益性，就中，自己資本収益性
3．業務の経過，就中，売上げと会社の状況
4．会社の収益性，あるいは，流動性に取り分け意義をもちうる諸業務
加えて，その他の重要な理由から，監査役会議長に対し報告されなければならない」（§90 Abs. 1. Aktiengesetz〔1965〕S. 1108)

と規定し，同条第3項は，

「監査役会は，いつでも，会社の案件，結合企業に対するその法律的，業務的関係，並びに，会社の状況に対し由々しき影響を与えうるこれら企業の業務的経過に関し，取締役会に対し報告を求めることができる。また，メンバー1名であったとしても，監査役会に対してのみ報告を要求しうる。取締役会が報告

を拒否する場合，他の監査役会メンバーがその要求を支持する限りにおいてのみ，報告は要求されうる」（§90 Abs. 3. Aktiengesetz〔1965〕S. 1108）

と規定する。つまり取締役会は，監査役会に対し，現時点の業務政策と将来的業務政策，その問題点について報告義務を負うのみならず，収益性，業務経過，さらには収益性と流動性に意義をもつ諸業務についても報告義務を負う。また他の監査役の支持があれば，1名の監査役の発案であれ，第3項の規定項目について，監査役会は取締役会に対して報告を要請できる。

以上の考察から，ドイツ株式会社においては，取締役会が業務を執行し，監査役会がその業務執行の監査を行うという単純な構造とはなっていない。監査役会は，取締役会からの報告や「書類」に基づき監査を行いながら，取締役会の人事権をもち，「一定種類の業務」についての同意権ももちうる。つまり，監査役会と取締役会が統合的に企業の指揮と管理を担っているわけで，ここに第二のドイツ的特質を見出すことができる。

さて，1990年代，投資失敗による巨額な企業損失や詐欺事件など，ドイツ企業に不祥事が続発した。これを契機に，「監査役会の監査機能に問題があるのではないか」との議論が湧き起こった。この議論を受け，従来の株式法や商法を改正する形で1998年4月27日に発布されたのが「企業領域におけるコントロールと透明性に関する法律（Gesetz zur Kontrolle und Transparenz im Unternehmensbereich）」である。

この中から，監査役会に関する改正項目を2点紹介しておこう。第一は，取締役会の監査役会に対する報告義務内容の明確化，特定化である。以前，株式法の90条第1項で「意図された業務政策と将来的業務執行についての基本問題」と規定されていたカ所は，「意図された業務政策とその他企業計画についての根本問題（とりわけ財務計画・投資計画，そして人事計画）」*となり，将来計画については財務・投資，人事計画とその問題点が示されねばならないこととなった。第二は，監査役会会議の増加である。以前は6カ月に1回の開催が，3カ月に1回となり，上場会社については6カ月に2回召集されねばならないとされた（KonTra G, Ebenda, S. 787）（新株式法110条第3項）。

* Gesetz zur Kontrolle und Transparenz im Unternehmensbereich (KonTra G) ; in Bundesgesetzblatt N. 24., den 30 April 1998, S. 786. 以下では同法をKonTra Gと記す。

　一層の経営の透明性が求められるようになり，2002年7月19日には，「透明性と公開性へ向けての株式法と決算法のさらなる改革のための法律（Gesetz zur weiteren Reform des Aktien-und Bilanzrechts, zu Transparenz und Publizität)」が発布された。このうち3点紹介しよう。第一に，先の株式法90条第1項の「人事計画」の後に「理由の説明を受けた上で，以前報告された目的と実情との乖離が理解されねばならない」*と付け加えられ，目的と実情の乖離の理由の説明が必要となった。第二に，90条第3項から「取締役会が報告を拒否する場合，他の監査役メンバーがその要求を支持する限りにおいてのみ，報告は要求される」という個所が削除された（Transparenz- und Publizitätsgesetz, Ebenda, S. 2681）。つまり，1名の監査役の発案であれ，取締役会は報告を義務づけられる。第三は，いわゆる「一定種類の業務」についての同意権についてである。株式法111条第4項で「定款か，あるいは監査役会は，その同意を以てしてのみ一定種類の業務が執り行われてもよいと決定することができる」から「決定しなければならない」（Transparenz- und Publizitätsgesetz, Ebenda, S. 2681）となり，監査役会の同意権についての介入が強化された。

* Gesetz zur weiteren Reform des Aktien-und Bilanzrechts, zu Transparenz und Publizität (Transparenz- und Publizitätsgesetz) ; in Bundesgesetzblatt Nr 50, den 25. Juli 2002, S. 2681. 以下では同法をTransparenz- und Publizitätsgesetzと記す。

３　共同決定制度の成立と展開

　共同決定とは，企業レベルにおける意思形成過程と決定過程への従業員の参加をいう。従業員の共同法定は，単なる情報権，提案権，協議権にとどまらず共同決定権にまで及ぶ。

　共同決定の理念に影響を与えたのは，社会主義思想，キリスト教の社会的教義，そしてリベラルな市民思想である。その構想の萌芽は，1848年のドイツ事業所条例草案（Gewerbeordnungsentwürfe）に求められるが，共同決定につい

ての重要法規としては，1891年の事業所条例改訂（Gewerbeordnungsnovelle）とワイマール共和国で制定された1920年の経営協議会法（Betriebsrätegesetzgebung）が挙げられる。

企業レベルでの共同決定導入の根拠として，
(1)民主主義原則の企業への適用
(2)労資対等
(3)経済権力の管理
(4)人間の尊厳の尊重

の4点が指摘できるが，1919年に制定されたワイマール憲法165条においては，「労働者，および職員は，企業者と同等の権利をもって共働し，賃金，および労働条件の決定，並びに生産力の全経済的発展に参加する資格を有する」と規定され，労資対等と労資共同での経済権力の管理が謳われている。

第二次世界大戦後，共同決定に関する法律が着々と制定され，共同決定制度が整備されていく*。

* 第二次世界大戦後のドイツの労使関係の成立と展開については，林昭（2005）「持続可能な社会と日独比較経営の展開――第2次大戦後の労資関係の形成・展開を中心として」『比較経営学会誌』第29号を参照されたい。

①モンタン共同決定法（1951年）

1951年，モンタン共同決定法（Montan-Mitbestimmungsgesetz）が制定され，鉱山，製鉄，製鋼業，いわゆるモンタン産業の企業（株式会社，有限会社，法人格をもつ鉱山法に基づく鉱山組合）において共同決定制度が導入された。この法律は，1000名以上の従業員を抱えるモンタン産業の企業において労資対等の共同決定を規定している。

図8-1が示すように，監査役会は11名のメンバー（資本金に応じて15名，あるいは21名の場合もある）から構成される。その内訳は，4名の出資者の代表者，1名のその他メンバー，4名の従業員代表者，1名のその他メンバー，そして1名の中立メンバーである。出資者代表と従業員代表の「その他メンバー」は，労働組合や雇用者に属してはならず，当該企業において本質的な経済的利害をもってはならないとされている。11番目のメンバーは，その他の監

第Ⅱ部　株式会社の国際比較

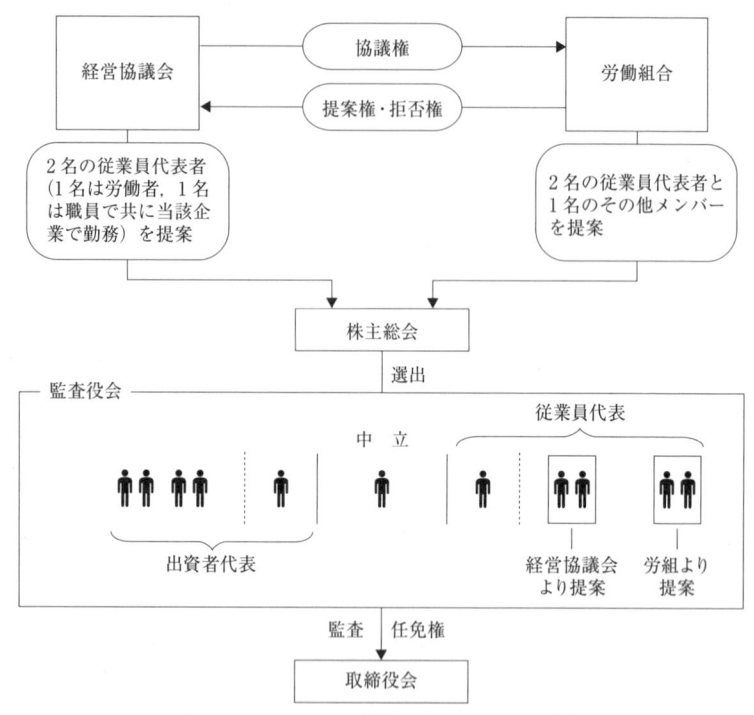

図8-1　モンタン共同決定法による監査役会

査役会のメンバーにより，両グループの多数決を以て提案されることになる。株主総会が，すべての監査役会メンバーを選出するが，従業員代表については，経営協議会と労働組合の提案に従い，選出する。

②経営組織法（1952年）による共同決定

モンタン産業以外の企業については，1952年に経営組織法（Betriebsverfassungsgesetz）が制定され，1976年に共同決定法が成立するまで経営組織法に基づく共同決定が実践される。同法は，2000名未満の従業員を抱える株式会社，株式合資会社，そして500名以上の従業員を抱える有限会社に適用された。

図8-2から明らかなように監査役会のメンバー9名のうち，出資者の代表者が6名を占め，従業員代表者はその半分の3名にすぎない。従って，労資対等の共同決定とはいえない点に最大の特徴がある。また，モンタン共同決定においては，従業員代表者については，労働組合や経営協議会の提案と推薦に従

182

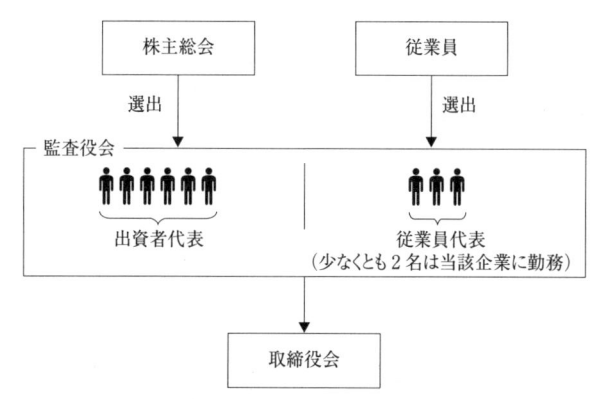

```
          ┌──────────┐        ┌──────────┐
          │  株主総会  │        │  従業員   │
          └────┬─────┘        └────┬─────┘
               │選出                │選出
┌──監査役会────▼────────────────────▼──────────┐
│                                              │
│       👤👤👤👤👤        👤👤👤              │
│        出資者代表         従業員代表            │
│                      (少なくとも2名は当該企業に勤務) │
└──────┬───────────────────────────────────────┘
       │
       ▼
  ┌──────────┐
  │  取締役会  │
  └──────────┘
```

図8-2　経営組織法（1952）による監査役会

いながらも，形式的には株主総会がすべての監査役会メンバーの選出を行うとされていたのに対し，経営組織法に基づく共同決定においては，従業員代表者は従業員が選出し，出資者の代表者は株主総会が選出する点に注目したい。

③共同決定法（1976年）の成立と監査役会

モンタン共同決定の他部門への導入をめぐる議論が1960年代末より高まり，1976年に共同決定法が成立することとなった。同法は，2000名以上の従業員を抱える資本会社（モンタン企業を除く）に適用される。

ここで監査役会は，同数の出資者代表者と従業員代表者で占められることになり，議席数からは対等な決定が確保されることになる。

監査役会議長と副議長の選出は，監査役会で行われ，3分の2以上の多数で決定される。仮に1回目の投票で3分の2に達しない場合には，出資者代表者が議長を，従業員代表者が副議長を選出することとなる。監査役会の決議で，同数となった場合には，議長が次の裁決で2票をもつので，議長の影響力は決定的となる。

また，従業員数に応じて監査役会メンバーの数が決まる。従業員数が2000～1万名までの場合には12名，2万名までの場合には16名，2万名以上の場合には20名となる。

図8-3は，2万名以上の従業員を抱える企業の監査役会を示している。

以上モンタン共同決定法，経営組織法による共同決定法，そして共同決定法

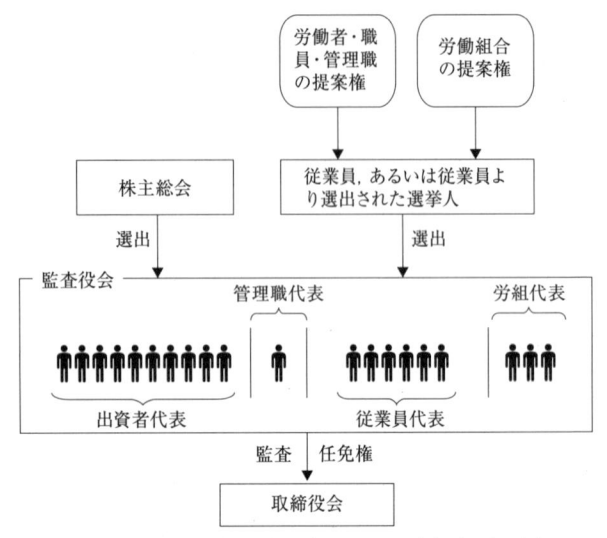

図8-3 共同決定法（1976）による監査役会（20名）

に基づく共同決定を考察してきたが，前項で確認したように「多大な権限」をもつ監査役会に，持ち分所有の根拠のない従業員代表を送り込むことができる点に，第三のドイツ的特質を見出せる。

4　1970年代の株式会社の所有構造と銀行

表8-7は，1972年，1975年，そして1978年のドイツの100大企業の所有構造を示している。ここから，100大企業による所有のみならず，公的機関と個人・家族所有による所有もみられる。公的機関による所有は，100社のうち，1972年と1975年は13社，1978年は15社あり，個人・家族所有は，1972年と1975年は28社，1978年は25社となっている（合計での数値）。

銀行による所有（合計での数値）は，1972年は29社，1975年は32社，1978年は31社であり，25〜50％所有が多く，各々25社，28社，24社と推移している。

次に**表8-8**は，金融機関と保険から100大企業の監査役会への派遣数が示されている。金融機関からの派遣総数は145名であり，うち20名は監査役会議長，6名は副議長のポストを獲得している。金融機関からの監査役総数は保

表8-7　ドイツ100大企業の所有

所有者	所有比率（%）										
	25%以下			25〜50%			50%以上			合計		
	1972	1975	1978	1972	1975	1978	1972	1975	1978	1972	1975	1978
公的機関	6	6	7	2	2	3	5	5	5	13	13	15
銀　行	4	4	5	25	28	24	0	0	2	29	32	31
保　険	2	1	0	8	7	7	0	0	0	10	8	7
100大企業	14	12	13	30	23	21	1	7	8	45	42	42
個人・家族（家族財団を除く）	9	8	9	6	7	3	13	13	13	28	28	25
外国大企業	2	2	1	6	3	1	20	20	22	28	25	24
その他の外国企業	5	6	7	3	4	5	0	1	1	8	11	13
その他（財団・100大企業以外の企業・協同組合）	12	9	5	5	6	8	12	12	12	29	27	25
分散所有	9	11	8	8	10	9	21	16	18	38	37	35
合　計	63	59	55	93	89	81	72	74	81	228	223	217

（出所）　Monopolkommission, Hauptgutachten 1978/1979, 1980, S. 102.

表8-8　金融機関，保険，そして労働組合から100大企業の監査機関への派遣（1978年）

	ポスト内訳			総数	監査機関総メンバーに占める比率
	議長	副議長	その他		
金融機関	20	6	119	145	9.8
保　険	1	1	16	18	1.2
労働組合	0	29	172	201	13.6

（出所）　Monopolkommission, Hauptgutachten 1978/1979, 1980, S. 117.

険の約8倍である。100大企業の銀行と保険の所有実態と比較し（表8-7参照），銀行が圧倒的により多くの監査役を派遣する理由は寄託議決権（Dopot-Stimmrecht）にある。ドイツの銀行は，ユニバーサルバンクとして銀行業務のみならず，證券業務も行っている。顧客が銀行で株式を購入し，この株式を銀行に寄託し，議決権を銀行に委託すると，銀行は顧客（株式購入者＝株式所有者）に代わり，株主総会において議決権を行使する。これを寄託議決権という。

15企業に対する銀行の自己保有株と寄託株の比率を示したのが**表8-9**であ

第Ⅱ部 株式会社の国際比較

表8-9 銀行の議決権シェアと監査役ポスト

順位	会社名	株主総会出席議決権1975年(%)	銀行の議決権シェア(%)			銀行の監査役ポスト 1974年末		
			自己保有	寄託株	計	議長	副議長	計
1	August Thyssen Hütte AG	83.37	0.01	45.27	45.28	-	-	5
2	VEBA AG	80.92	0.17	37.82	37.99	-	-	4
3	BASF AG	61.71	0.09	87.06	87.15	-	-	1
4	Volkswagenwerk AG	58.57	0.07	25.16	25.23	-	-	4
5	Daimler-Benz AG	92.95	30.61	26.27	56.88	1	-	4
6	Siemens AG	73.01	0.91	80.11	81.02	-	1	4
7	Hoechst AG	67.60	0.37	88.25	88.62	-	-	1
8	Ruhrkohle AG	100.00				-	-	2
9	Bayer AG	62.99	0.62	78.47	79.09	-	1	2
10	ESSO AG	100.00				-	-	-
11	Allgemeine Elektrizitäts-gesellschaft AEG-Telefunken	67.31	0.11	89.18	89.29	-	3	5
12	Deutsche Shell AG	100.00				-	-	1
13	Mannesmann AG	85.64	0.38	76.56	76.94	1	-	3
14	Rheinisch-Westfälisches Elektrizitätswerk AG	86.03	0.24	24.39	24.63	1	1	5
15	Gelsenberg AG	97.45				-	-	2

(出所) Monopolkommission, Hauptgutachten 1976/1977, 1978, S. 560.

る。ここから，寄託株が株主総会でいかに有効に議決権として寄与しているかが理解できる。例えば，August Thyssen Hütte AG に対する株式の銀行の自己保有比率はわずか 0.01% にすぎないが，寄託株は 45.27% を占め，その合計株式保有である 45.28% であり，株主総会出席議決権の 83.37% を掌握している。その結果，5名の監査役のポストを確保している。つまり，銀行は，自己保有株に加えて寄託株の議決権をあたかも「我が物」として使用し，その結果，株主総会で自己保有株以上の権限を発揮し，より多くの監査役ポストを手中に収めている。

次に，銀行の中でもドイツ銀行，ドレスナー銀行そしてコンメルツ銀行のいわゆる三大銀行の影響力の大きさを確認しておこう。

表8-10 は，1978年度の100大企業のうち，どの企業に三大銀行の取締役が，監査役として出向いているかがわかる。ドイツ銀行は，38社，ドレスナ

第8章　ドイツにおける株式会社

表8-10　三大銀行取締役メンバーの100大企業監査機関への派遣（1978年）

Firma (1)	Firma (2)	Firma (1)	Firma (2)
Deutsche Bank AG	Aktiengesellschaft der Dillinger Hüttenwerke Allgemeine Elektricitäts-Gesellschaft AEG Telefunken BASF AG Bayer AG Bertelsmann AG Brown, Boveri & Cie AG Continental Gummi-Werke AG Daimler-Benz AG Deutsche Shell AG Deutsche Texaco AG Enka Glanzstoff AG Hapag-Lloyd AG Henkel KGaA Hoesch Werke AG Philipp Holzmann AG Horten AG Karstadt AG Kaufhof AG Klöckner-Humboldt-Deutz AG Klöckner-Werke AG Linde AG Mannesmann AG Metallgesellschaft AG Mobil Oil AG Preussag AG Reemtsma Cigarettenfabriken AG Rheinisch-Westfälisches Elektrizitätswerk AG Salzgitter AG Schering AG Siemens AG Stahlwerke Röchling-Burbach GmbH Strabag Bau-AG Thyssen AG VEBA AG Vereinigte Elektrizitätswerke Westfalen AG Vereinigte Industrie-Unternehmungen AG Volkswagenwerk AG Otto Wolff AG	Dresdner Bank AG Commerzbank AG	Allgemeine Elektricitäts-Gesellschaft AEG-Telefunken Bilfinger + Berger Bau-AG Martin Brinkmann AG Brown, Boveri & Cie AG Daimler-Benz AG Degussa Deutsche BP AG Deutsche Texaco AG Esso AG Hapag-Lloyd AG Henkel KGaA Hoechst AG Karstadt AG Kaufhof AG Fried. Krupp GmbH Metallgesellschaft AG Rheinisch-Westfälisches Elektrizitätswerk AG Siemens AG Stahlwerke Röchling-Burbach GmbH Standard Elektrik Lorenz AG Thyssen AG VEBA AG Otto Wolff AG Allgemeine Elektricitäts-Gesellschaft AEG-Telefunken Bayer AG Bertelsmann AG Daimler-Benz AG Ford-Werke AG Hochtief AG Horten AG Karstadt AG Linde AG Preussag AG Schering AG Standard Elektrik Lorenz AG Strabag Bau-AG Vereinigte Industrie-Unternehmungen AG

（出所）Monopolkommission, Hauptgutachten 1978/1979, 1980, S. 118.と S. 119.

一銀行は23社，コンメルツ銀行は14社にも及ぶ。

表8-11は，100大企業の監査機関への銀行代表者の派遣数を示している。銀行の中でも三大銀行の，また三大銀行の中ではドイツ銀行の派遣総ポストが

第Ⅱ部　株式会社の国際比較

表8-11　100大企業の監査機関への銀行代表者の派遣（1978年）

	議長	副議長	その他	総ポスト
Ⅰ　大銀行	15	6	73	94
1.ドイツ銀行	12	4	35	51
2.ドレスナー銀行	1	2	21	24
3.コンメルツ銀行	2		17	19
Ⅱ　地域銀行,専門銀行並びに個人銀行家	4		32	36
Ⅲ　貯蓄部門	1		11	12
Ⅳ　協同組合部門			3	3
合　計	20	6	119	145

（出所）　Monopolkommission, Hauptgutachten 1978/1979, 1980, S. 120.

51と圧倒的に多い。

　かくて銀行は，産業資本に対する出資に伴う議決権と寄託議決権を合わせた株主総会での議決権行使により，監査役会で多くのポストを獲得し，銀行資本と産業資本の結合を強固なものにしていた。これが第四のドイツ的特質であった。

3　近年の動向：EUとグローバル化の中で

　EU法に基づくEU法人，すなわちヨーロッパ会社（Societas Europaea）の設立が法律上可能となった。ヨーロッパ会社法が2001年10月8日にEU閣僚理事会で採択され，2004年10月以降に最初のヨーロッパ会社が誕生することとなった（ヨーロッパ会社の設立方法については，海道ノブチカ〔2005〕『ドイツの企業体制——ドイツのコーポレート・ガバナンス』森山書店，174-175頁を参照されたい）。

　経営体制と，従業員の経営参加の2つの視点からヨーロッパ会社を検討しよう。経営体制については，監査機関と業務執行機関の双方をもつドイツモデル（二層型システム）とするか，唯一の経営機関を認める一元型システムとするか，選択可能とされた。また，従業員には情報権と協議権のみを認める方式とするか，従業員の経営参加（ドイツモデル）を認めるか，については，特別交渉機関との交渉に委ねられるとした。

表8-12 株式所有者別株式保有比率の推移

(単位:%)

	銀行	保険	投資会社	その他の企業	個人	公的機関	外国人	総計
1996	9.5	5.6	5.5	37.5	15.7	10.9	15.3	100
1998	8.6	8.9	6.5	35.4	15.7	9.0	15.9	100
2000	8.4	4.8	4.7	40.1	15.6	6.5	19.9	100
2002	7.5	5.1	4.4	45.3	14.4	5.8	17.5	100
2004	6.6	4.3	4.1	42.9	14.5	6.6	21.0	100

(出所) Deutsche Bundesbank, Wertpapierdepots August 2005, S.32 より。

表8-13 100大企業に対する資本参加件数

	1996	1998	2000	2002	2004
Allianz AG	28	23	22	22	14
Deutsche Bank AG	15	10	8	9	5
Dresdner Bank AG	13	10	8	−	−
Münchener Rückversicherungs-Gesellschaft AG	13	13	6	9	8
Bayerische Hypo-und Vereinsbank AG	−	4	4	2	1
Commerzbank AG	6	4	2	3	2
6大金融機関の資本参加総数	75	64	50	45	30

(出所) Monopolkommission, Hauptgutachten 2004/2005, 2006, S.215. より。

1990年代以降，株式所有者別株式保存の構造に変化が生じている。**表8-12**から，1996年から2004年にかけて，銀行と公的機関の所有比率の低下と外国人所有比率の上昇が見てとれる。

銀行の株式所有比率の低下は，すでに指摘した「第四のドイツ的特質」，すなわち「銀行資本と産業資本のドイツ的結合」に変化を惹起する。

表8-13から，1996年から2004年にかけての金融企業，それもドイツ6大金融機関の100大ドイツ企業に対する出資件数とその推移がわかる。6大金融機関のいずれもが，出資件数を減少させ，その総数は1996年の75件から2004年の30件へと大きく減少した。

この変化の原因として，グローバル化とそれに伴う制度改革，BIS規制が考えられる。グローバル化による国際競争力の強化の中で，金融機関にとり収益の極大化の圧力は増大する。工業資本への資本参加は，金融機関の「活動資金の封鎖」を意味する。より多くの収益を求めて投資銀行業務（Investment-banken）や個人顧客取引業務（Privatkundengeschäft）へ集中しなければならな

第Ⅱ部　株式会社の国際比較

> ▶▶ *Column* ◀◀
>
> **1963年のドイツ事情**
>
> 　1963年は，アメリカ大統領のロバート・ケネディがベルリンを訪問し，ドイツ国内ではアデナウアー政権が終わりを告げた年です。
>
> 　ケネディはベルリンで演説し，大群衆は彼の言葉に酔いしれました。演説の中でケネディは，"Ich bin ein Berliner（私はベルリン子である）"とこの部分だけドイツ語を披露しました。英語の草稿には，"Ish bin ine bear-LEAN-ar"と印されていたということです。
>
> 　さて同年10月，アデナウアーは任期途中で退陣しました。14年余りにわたる長期政権の終焉でした。アデナウアーの後を継ぐのが，彼の下で経済大臣として辣腕をふるい，「奇跡の経済」を実現したルードヴィヒ・エアハルトでした。アデナウアーはエアハルトを「彼は首相の器ではない」と評したということです。エアハルトが首相に就任するや西ドイツを戦後初めての経済危機が襲いました。国家財政は赤字を計上し，CDU・CSUは増税を訴えました。これに対し，FDPは社会福祉予算の削減を要求しましたが受け入れられず，閣僚を引き上げてしまいました。そして1966年11月，連立は解消され，エアハルト政権は終焉を迎えたのです。

い金融機関にとり，工業資本への出資は文字通り足枷となる。税制改革も出資部分の売却の促進に作用した。2001年に保有株式の売却で生じた利潤が非課税となっている。BIS規制に伴う金融機関に対する自己資本要請も，収益性の高い業務への資本の集中を強要する。

　次に，株式保有比率を上昇している外国企業の実例を紹介しておこう。2008年4月，フォルクスワーゲン（VW）の監査役会ピエヒ会長は，VW法の撤廃を表明した（VWの経営評議会会長ベルンド・オスタロー〔Bernd Osterloh〕と大株主ポルシェ〔Porsche〕，そしてポルシェの取締役会会長ヴェンデェリン・ヴィデキング〔Wendelin Wiedeking〕の対決については，Spiegel, Nr. 19., 5. 5. 2008, S. 92-94を参照されたい）。VWの31%の株式を保有するポルシェも撤廃を要求している。VW法は1960年に制定され，いかなる株主であろうと20%以上株式を保有していても議決権は20%を超えて行使することができない，20名から成る監査役会において連邦と州は，株式所有に関係なく各々2名の監査役員を

選任できる，また工場の建設，生産拠点の移転については，監査役において3分の2以上の多数決が必要であると規定し，敵対的買収から保護されている。2007年，欧州司法裁判所は資本の自由な移動を認めるEU法令に違反していると判決を言い渡している。監査役会会長とポルシェの要求に対し，2008年5月27日，VWを敵対的買収から守るVW法の改正案を閣議決定したが，ニーダーザクセン州が拒否権を行使できるとしており，ポルシェは同日，この特権廃止を求め提訴している。2009年1月5日にポルシェはVWの出資比率について50%を超えたと発表し，VWを子会社化した。

　アメリカのサブプライムローン問題に端を発する金融恐慌の中で，ドイツの金融機関の業績悪化から如何なる実態変化が生じるのか。戦後ドイツが構築してきた，経済政策と株式会社にみるドイツ的特質がEUとグローバル化，そして金融恐慌の中でどのように推移するのか着目していく必要がある。

[推薦図書]
W. オイケン／大野忠男訳（1967）『経済政策原理』勁草書房
　　自由放任主義とその経済政策とは何か，中央集権経済とその経済政策とは何かが考察された上で，そこで生じる問題点が明らかにされる。そして彼の考えるあるべき競争秩序とその政策の内容が提示される。
ヘルムート・シュミット／大島俊三・城崎照彦訳（2000）『グローバリゼーションの時代――21世紀への最大の課題に挑む』集英社
　　1997年12月から1998年1月にかけて，デュッセルドルフのハインリヒ・ハイネ大学でヘルムート・シュミットが行った3回の講義を内容としている。グローバリゼーションが如何なる諸現象をもたらしたのか，これに対し，ドイツやEUが何をなすべきか，彼の主張が述べられている。
海道ノブチカ（2005）『ドイツの企業体制――ドイツのコーポレート・ガバナンス』森山書店
　　ドイツの企業体制の特徴とは何か，監査役会，共同決定法，寄託議決権の制度の考察から，また歴史的形成過程に着目しながら明らかにされる。またヨーロッパ会社の設立やその意味などについても言及されている。

設問

1. ドイツ自由経済学の思想的特徴について述べてください。
2. ドイツ株式会社における監査役会の権限と機能とは何か述べてください。

（前田　淳）

第9章

ロシアにおける株式会社
――移行経済と株式会社――

　1989年の東欧革命と1991年末のソビエト連邦の崩壊は，1917年のロシア革命とならんで20世紀最大の歴史的事件のひとつでした。ソ連・東欧諸国はそろって，生産手段の社会的所有と計画化によって特徴づけられる社会主義を放棄し，私的所有と市場による調整に基づく資本主義の導入をめざしたのです。この社会主義から資本主義への転換を試みた移行（経済）国では，株式会社は，どのようなかたちで社会主義の遺産を引き継ぎ，変容しているのでしょうか。以下では，社会主義体制が最も長く存続したロシアを取り上げて，この問題をみていきましょう。

1　ロシアにおける株式会社の復活

1　民営化

　帝政時代にはロシアでも株式会社の発展がみられていたが，ソ連時代には（農業部門を除き）ほとんどの経営組織が国有または公有化された。株式会社の復活は，1980年代後半に始まったペレストロイカによってようやく可能となる。1990年3月，「ソ連における所有について」によって国有の優位性が廃止され，国有企業の改組もしくは個人による新たな設立によって株式会社が生まれることになった。

　1991年末にソ連が崩壊すると，ロシア連邦（旧ロシア・ソビエト連邦社会主義共和国）では本格的な市場経済への移行が開始された。改革の初期段階では，貿易・価格・為替の自由化政策とともに，国有企業の民営化（私有化）が中心的な政策課題であった。

　民営化の第一段階（1992年8月から1994年6月まで）は，**バウチャー民営化**

第Ⅱ部　株式会社の国際比較

表 9-1　民

	1993	1994	1995	1996	1997	1998
その年に設立された株式会社	13,547	9,814	2,816	1,123	496	360
内訳：						
連邦所有	5,419	4,921	1,326	538	180	101
連邦構成主体所有	6,028	3,744	859	393	221	178
地方自治体所有	2,100	1,149	631	192	95	81
定款資本（100万ルーブル[1]）	503	755	585	526	338	4,431
黄金株をもつ株式会社	204	792	429	132	58	28

（注）1）1999年までは10億ルーブル。
（出所）Росстат, *Россия в цифрах* 各年版。

と呼ばれるが，従業員に株式の優先的な取得権が与えられたため，インサイダー所有企業が多数誕生した（額面価格の70％で普通株の51％を取得する方式を，67％の企業が選択した）。食堂や商店などの小規模企業の民営化は比較的容易で，売却・買取権つき賃貸が進んだ。中・大規模国有企業の場合は，まず資産評価に基づき株式化され，その後に売却が決定された。

　バウチャー利用期限後の民営化は，企業株の取得が貨幣でのみ認められたため，貨幣民営化と呼ばれる。貨幣民営化では国家に売却収入がもたらされるようになり，国家財政が逼迫していた当時の状況も反映して，大規模企業の民営化が進んだ。石油企業の売却や外資の参入規制の緩和もあり，民営化の手法としては，**担保型民営化**も利用されている。当時の民営化では，優良企業が安価で売却され，いわゆる財閥と呼ばれる大資本家が台頭した。

　1997年7月には新たな民営化法が制定され，信託機関による国家資産の管理を認めた。すでに多数の企業で民営化が進んだことを受け，より実情に即した個別的対応が可能との判断から，「個別民営化」がめざされた。

バウチャー民営化：額面1万ルーブルのバウチャーが全国民に配布され，国民はそれを株式の購入に充てることができた。このバウチャーは取引することも可能であり，バウチャーを募って企業に投資をする投資ファンドも生まれた。
担保型民営化：国家株を連邦政府への信用供与に対する担保として取得する方法。1995年8月の大統領令「連邦所有の株を担保にした譲渡手続き」により，12回のオークションが行われた。連邦政府が期限通りに返済しなかったために，担保となった株は最終的に売却された。この民営化は1997年7月の大統領令で禁止された。

営化の実績

1999	2000	2001	2002	2003	2004	2005	2006	2007
258	199	125	125	314	414	396	386	254
31	36	11	10	159	121	112	97	73
203	138	93	94	120	214	200	245	109
24	25	21	21	35	79	84	44	72
2,183	1,970	1,451	1,029	9,767	5,087	25,278	8,912	9,973
42	8	2	1	10	1	-	2	

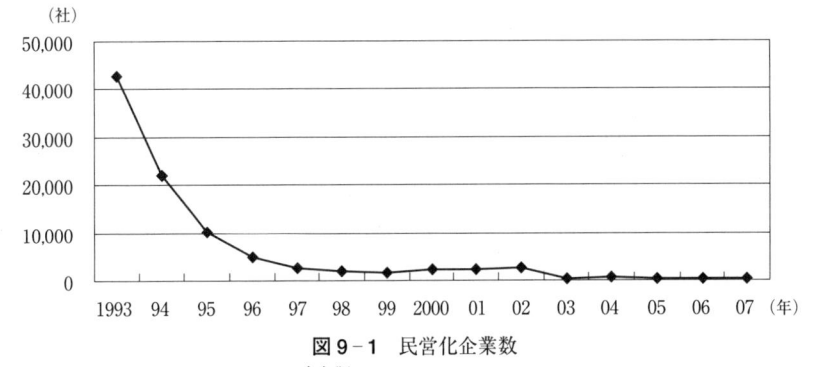

図9-1 民営化企業数

（出所）Росстат, *Россия в цифрах* 各年版。

　経営主体の国家から民間への移行によって，効率や収益に対する関心が増大し，リストラクチャリング（経営再建）が進むと期待されていた。しかし，民営化の経営状態への影響については相反する研究成果が報告されており，現在のところ確たる評価を下すことはできない。

　民営化の実績を**表9-1**と**図9-1**に示した。特に民営化の初期段階で多数の株式会社が設立されていることがわかる。近年の株式会社化件数は年数100件程度に過ぎないが，民営化が完全に完了したわけではない。ユニタリー企業（後述）の民営化は今後も予定されており，2008年7月には民営化への中小企業の参加を促す法律も定められた（連邦法「中小企業が賃貸したロシア連邦構成主体または自治体所有の不動産譲渡の特殊性について」）。

2 新規企業の設立

　民間企業の誕生のもう1つの経路は，いうまでもなく新規企業の設立である。新規企業については2つの点を指摘しておく必要があろう。

　ひとつは，エリツィン時代に多額の富を蓄積した財閥と呼ばれる資本家が誕生したことである。メナテップ銀行のホドルコフスキー（後のユーコス社長）やモスト・グループのグシンスキーなどの創始者たちは，すでにソ連時代末期にビジネスを立ち上げている。金融や通信，商業部門はソ連時代には未発達の部門であり，ソ連崩壊前後に新規企業が相次いで参入した。とはいえ多くの資本家は，90年代に民営化企業を傘下に納めながら事業拡大を行っており，すべてを一から築き上げたわけではない。

　もう1つは，これら大企業とは対照をなす，いわゆる小企業の存在である。2007年7月の連邦法「ロシア連邦における中小企業の発展について」では，平均従業員数が15名以下をマイクロビジネス，16〜100名を小企業，101〜250名を中企業としている*。ロシアの都市部には多数のルィノック（いちば）がみられるが，こうした商売の大半の法的地位は，「法人格を形成しない企業家」（ПБОЮЛ）と呼ばれる個人経営で，約400万人が就業している。このような個人企業家と農民（フェルメール）にも同法は適用される。

　* その他，税控除前売上高（または資産総額，5年に1度上限を決定）と，他の法人の資本参加が25%以下という基準がある。なお，従来は，小企業と中・大企業にわけられており，平均従業員数が鉱工業，建設，運輸では100名，農業，科学技術部門では60名，小売業・家庭向けサービスで30名，卸売業で50名以下の企業を小企業と定義していた。

　株式会社に議論を限定した場合には中小企業の重要性は確かに低下するかもしれないが，ソ連時代からの伝統的な国有企業には大規模企業が多いため，中小企業の比重によって新規企業設立の動向を知ることができる。多くの先進国ではGDPや雇用において小企業が重要な比重を占めているのに比較すると，ロシアでの小企業の割合は極めて小さく，2004年の売上高はGDPの11.3%にすぎず，その46.3%が商業と食堂であった。ベンチャービジネスの発展の基盤は依然として弱いといえるだろう。

2　株式会社の法的枠組み

1　経営組織の分類

　次に，ロシアにおける経営組織の分類をみていこう。

　まず，自然人と同じく法律上権利義務の帰属者となりうる法人は，営利法人（商業組織）と非営利法人に分けられる。営利法人は，事業組合である合名会社，合資会社と，事業会社である株式会社，有限会社，追加責任会社，さらに生産協同組合，国家・自治体ユニタリー企業からなる。非営利法人は，社会・宗教団体，消費協同組合，基金，施設からなる。

　それぞれの特徴について**表9-2**に簡単にまとめたが，ユニタリー企業，追加責任会社は日本のわれわれにとっては馴染みのないものであろう。

　ユニタリー企業とは本来的に所有権が分割できない組織（資産と経営権が分離しない）で，ロシアでは国または地方自治体のみが設立できる。負債に対しては自己の財産をもって責任を負い，国または自治体が経営者を任命し，かつ事業決定に影響を与える。定款の中で，事業の目的や品目だけでなく，活動の範囲を定めなければならない。詳細は民法典と，2002年11月の「国家および自治体ユニタリー企業法」で規定されている。ある調査によると（Кузьменко Т., А. Макрушин〔2004〕Разработка и создание базы данных по количественным и качественным характеристикам общественного сектора субъектов РФ и муниципальных образований, SITE.），国家ユニタリー企業では，農林業，運輸・通信がそれぞれ16％を占め，自治体ユニタリー企業では42％が住宅公共サービス事業であった。本来，公共性のあるものが中心だが，書店やパン工場など必ずしも公的に運営しなければならないとはいえない企業もある。全般的には効率が低く，今後も民営化が進められる予定である。

　追加責任会社では，会社の資産を超過する負債に対して，出資額に応じた社員（出資者）の追加的な責任が定款資本によって定められている。追加責任会社は，他の一部の旧社会主義諸国でも採用されているという（西村可明・岩﨑一郎・杉浦史和〔2007〕「ロシア経済体制転換の15年——回顧と展望（下）」『世界

第Ⅱ部　株式会社の国際比較

表9-2　法人の分類

営利法人 (коммерческая организация)	事業組合 (хозяйственное товарищество)	合名会社 (полное товарищество)	会社の管理は参加者全員の合意により行われ，会社の債務に対しては自己の財産をもって連帯して責任を負う
		合資会社 (товарищество на вере)	会社の債務に対して自己の財産をもって責任を負う「無限責任社員」と資金提供額の範囲においてのみ責任を負う「有限責任社員」からなる
	事業会社 (хозяйственное общество)	有限会社 (общество с ограниченной ответственностью)	会社の債務に対して責任を負わず，出資額の損失リスクを負う点は株式会社に似ており，その閉鎖性と規模で合名会社に近い
		追加責任会社 (общество с дополнительной ответственностью)	出資額に応じて一定の追加的な責任を負う
		株式会社 (акционерное общество)	会社の債務に対して責任を負わず，出資額の損失リスクを負う
	生産協同組合 (производственный кооператив)		共同の経済活動のために市民が自発的に結合
	国家・自治体ユニタリー企業 (унитарное предприятие)		本来的に所有権が分割できない組織(資産と経営権が分離しない)
非営利法人 (некоммерческая организация)	社会・宗教団体 (общественные и религиозные организации(объединения))		精神的・非物質的消費の充足のための市民の自発的結合
	消費協同組合 (потребительский кооператив)		参加者の物質的・消費需要を満たすための市民の自発的結合
	基金 (фонд)		市民や法人の任意の納付によって公益のために設立
	施設 (учреждение)		管理・社会・文化機能を果たすために設立

(出所)　民法典をもとに筆者作成。

経済評論』12月号，30-44頁)。

　表9-3は，税務局の統一国家法人登記簿データである。不完全ではあるがそれによると，法人の半数以上は**有限会社**であり，資本主義の代表とみなされている株式会社は法人の4.9％，営利法人の中でも5.8％を占めるにすぎない。しかしながら，鉱工業企業のみに限定すると，株式会社の比重が圧倒的に高い。

表9-3　法人の構成（2009年1月1日現在）

	組織数	割合
総　数	4,021,318	100.0
営利法人	3,365,085	83.7
有限会社（含む追加責任会社）	3,007,145	74.8
株式会社	195,911	4.9
合名会社	483	0.01
合資会社	693	0.02
生産協同組合	23,279	0.58
非営利法人	656,233	16.3

（出所）http://www.nalog.ru（2009年4月28日アクセス）をもとに筆者作成。

表9-4　1999年高等経済学院データ

	企業数	シェア	従業員数 最小値	従業員数 最大値
株式会社	316	87.8	25	113,944
公開株式会社	268	75.3	25	113,944
閉鎖株式会社	48	13.5	70	8,324
ユニタリー企業	31	8.7	13	9,873
有限会社	6	1.7	142	2,351
その他	3	0.8	144	240
計	356	100.0	13	113,944

（出所）I. Iwasaki (2007) Corporate Law and Governance Mechanism in Russia, *Corporate restructuring and Governance in Transition Economies*, Dallago B., I. Iwasaki (ed.), Palgrave Macmillan, pp.213-249.

例えば1999年に実施された高等経済学院の調査（**表9-4**）によると，株式会社が87.8％を占めており，現在のロシアではすでに株式会社が企業制度の中核になっているといえるだろう。

2　株式会社の種類

　株式会社は現在，主に民法典と株式会社法によって規定されている。

有限会社：1994年までは組合形態（Товарищество с ограниченной ответственностью）とされていた。有限会社法は1998年2月8日採択，3月1日施行。

民法典は第一部が 1994 年 10 月に制定，1995 年 1 月に施行されており，その第 4 章に「法人」の規定がある（第二部は 1996 年 3 月施行，第三部は 2002 年 3 月施行）。「株式会社法」は 1996 年 1 月に施行され，1999 年と，2001 年以降毎年改正が行われている。同法施行前には，ソ連時代のロシア閣僚会議決定「株式会社に関する規定」（1990 年 12 月）が有効であった。

　ここで，この「株式会社法」の適用の範囲外の株式会社が存在することに留意する必要がある。銀行・投資・保険業務の株式会社，「ロシア連邦における土地改革実施に関する緊急対策について」（1991 年 12 月 27 日大統領令）に基づいて編成された主な農業関連企業である。さらに，民営化企業については，国家の持ち株比率が 25% 以上，あるいは黄金株が設定されている場合には民営化法によって規定される。

　ロシアでは，株式会社の設立に際しては発起設立のみが認められており，株式はすべて記名株式である。定款の定めにより，株主総会において議決権をもつ普通株のほかに，**優先株**を発行することができる。また，国家が民営化の際に「黄金株」を残したケースがみられたが，「黄金株」は少数であっても株主総会の決定を覆す「拒否権」をもつ。

　ロシアの株式会社は，株式譲渡に制限のない公開株式会社と，株式が公開募集されず，第三者への譲渡に制限をもつ（他の株主の合意が必要）閉鎖株式会社に分けられる。さらに閉鎖株式会社の一形態として「従業員株式会社（人民企業）」がある。公開株式会社は，最低資本金が会社登記日現在の法定最低月額賃金の 1000 倍で，株主数に制限は無い。閉鎖株式会社の最低資本金は法定最低月額賃金の 100 倍，株主数は 50 名以下である。閉鎖株式会社で株主数が 50 を超えた場合には，1 年以内に公開株式会社に再編されなければならない。ただし，株式会社法施行までに設立された株式会社についてはこの制限は適用されないため，大企業でも閉鎖株式会社は多い。また，株式会社法では，民営化によって設立されうる株式会社は，公開株式会社に限られた。

優先株：配当や残余財産を普通株よりも優先して受け取ることができる株式。議決権は制限される。

第9章 ロシアにおける株式会社

3　機関設計

　株式会社の内部機関としては，株主総会，取締役会（監査役会），単独執行機関，合議執行機関，監査委員会（監査人）がある（図9-2，表9-5）。

　株主総会は，会社の最高管理機関である。株主総会の権限としては，会社の定款の変更の承認，会社の組織変更の承認，会社の取締役会の選任，定款資本の増額や減額の決定，会社の執行機関の選任（定款によって取締役会の決定とすることも可能），会社の監査委員会（監査役）の選任，会社の年次報告書，損益計算書等会計報告書の承認，総会の実施手続きや株主への資料（情報）の通知様式の決定，大型取引*や利害関係者との取引の承認，グループへの参加の決定がある。

> *　会社の貸借対照表上の純資産の25%を上回る価額の資産の，直接または間接の取得または譲渡または譲渡の可能性を伴う取引，発行済み普通株式の25%を上回る，普通株式もしくは普通株式に転換される優先株式の発行を伴う取引で，会社の取締役会によって決定される。資産総額の50%を超える場合は株主総会によって3/4の議決が必要である。

　取締役会（監査役会）は執行機関の業務執行を監督する機関で，会社の業務全般の指導を行う。議決権のある株主数が50名未満の会社では，定款により，取締役会の機能を株主総会が果たすことができる。構成員数は5名以上で，議

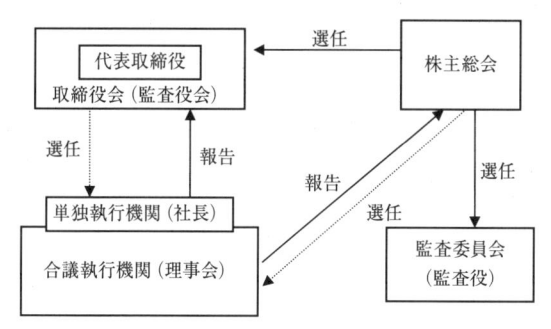

図9-2　ロシアの株式会社の機関設計

（参考）　深尾光洋・森田泰子（1997）『企業ガバナンス構造の国際比較』日本経済新聞社；溝端佐登史（2006）「ロシアにおける企業社会の変貌」日本比較経営学会編『会社と社会——比較経営学のすすめ』文理閣；西村可明・岩崎一郎・杉浦史和（2007）「ロシア経済体制転換の15年——回顧と展望（下）」『世界経済評論』12月号，30-44頁。

表9-5 株式会社の内部機関

設置機関	位置づけ	主な決定事項	その他
株主総会	最高管理機関	定款の変更,会社の組織変更,取締役会の選任	年1回定例株主総会+臨時株主総会(議決は通常出席者の過半数,重要事項は3/4の賛成が必要)
取締役会(監査役会)	全般的な監督機関	全般的な活動の方向性の決定,株主総会の召集と議題の決定	株主が50名以上の場合必要,成員は5名以上,株主1000名以上では7名以上,1万名以上で9名以上
社長(経営者)理事会	単独執行機関合議執行機関	日常業務の執行(取締役会と契約し,取締役会および株主総会に報告義務)	単独執行機関は人民企業を除いて必ず設置,合議執行機関は任意(人民企業では不可) 株主総会(特別の規定がある場合は取締役会)が選出 取締役会の代表と社長の兼任は不可 執行機関の役員が取締役会の1/4以上を占めることはできない
監査委員会(監査役)	監督機関	財務・経営活動の調査	必ず設置(人民企業での名称は統制委員会)

(出所) 民法典をもとに筆者作成。

決権のある株主数が1000人を超す会社では,7名以上,1万を超す会社では9名以上とされている。取締役会の構成員は株主総会で**累積投票**によって選出される。

　取締役会の権限は,会社業務の全般的方向性の決定,株主総会の招集,株主総会の議題の決定,社債およびその他の有価証券の取得などである。

　会社の執行機関は,会社の日常業務の指導を行う。執行機関は単独執行機関(社長)のみの場合と,単独執行機関と合議執行機関(理事会)が併存する場合とがある。執行機関は取締役会と株主総会に報告義務を負う。執行機関は,株主総会,または定款に定めのある場合には取締役会によって選出される(既述)。単独執行機関は取締役会の長を兼任できず,執行機関の役員は取締役会の4分の1をかねることはできない(改正前は過半数まで認められていた)。

　監査委員会(監査役)は,会社の財務・経営活動の監督実施のために,株主

累積投票:累積投票では,議決権付き株式1株ごとに,選任される役員の数と同数の議決権をもつ。

総会によって選任される。具体的には，監査委員会は株主総会前や，株主の請求に応じて財務・経営活動の調査，情報提供を行う。監査委員会のメンバーも取締役やその他のポストに就くことはできない。監査人の選任に際しては役員保有株式の議決権も行使されず，監査委員会の独立性の確保がめざされている。しかし，実際には監査制度の浅さと人材不足もあって監査委員会の役割は極めて小さい。

　市場移行期のロシアは様々な法体系のモデルを英米型に求めたが，帝政時代には伝統的に大陸法（ドイツ型）の影響を受けていたといわれる。株式会社法においても，受託管理機関を常に取締役会（監査役会）と並記している点などに，ドイツ型と英米型双方からの影響がうかがえる。受託管理機関と執行機関で構成員の重複に制限があるとはいえ，完全に独立していないとみれば，英米型に近いかもしれない。このように，ロシアの株式会社に関する法体系は，特定の国からの単なる輸入ではないが，その基本的な枠組みや原理を先進諸国と共有する，十分に資本主義的なものである。

　なお，ロシアでは，閉鎖株式会社の一形態として「従業員株式会社（人民企業）」が存在する。法的基盤は，米国の従業員持ち株制度（ESOP）等を模して制定された1998年10月の「従業員株式会社（人民企業）の法的規定の特徴について」である。人民企業として登録される条件は，定款資本の75％を従業員が所有し，株主数が5000人以下であることである。最低資本金は法定最低月額賃金の1000倍で，1株の額面は法定最低月額賃金の20％以下，1人は定款資本の5％を超えて株を保有できない。人民企業の大きな特徴は，株主総会で，（活動の優先的方向の決定，株式買い取り価格の決定，企業の清算など）一部案件を除いて，1人1票制がとられていることである。なお，社長に相当する企業長は監査役会（取締役会）の議長をかねることができる。

3　株式会社の所有構造とコーポレート・ガバナンス

1　経営者所有

　前節では株式会社の組織的な枠組みをみたが，本節では所有構造とコーポレ

第Ⅱ部　株式会社の国際比較

表9-6　株式会社の所有構造（鉱工業企業へのアンケート調査）

	1995	1997	1999	2001	2003	2005	2007
インサイダー	54	52	50	50	50	48	51
経営者	11	15	15	19	25	31	35
従業員	43	37	34	28	22	16	13
子会社	-	-	1	3	3	1	3
アウトサイダー	37	42	42	42	45	45	40
個　人	11	15	20	22	21	20	13
非金融機関	16	16	13	12	15	18	18
商業銀行	1	1	1	1	1	0	2
投資ファンド	4	4	3	3	2	2	0
ホールディング・カンパニー	4	4	3	4	5	3	6
外国投資家	1	2	2	0	2	2	0
国　　家	9	7	7	7	4	7	9
調査企業数	136	135	156	154	102	101	102

（出所）Institute of World Economy and International Relations（2007）*Russian Economic Barometer*, No.3.

ート・ガバナンスという点から，ロシアの株式会社の特徴をみていこう。

　企業の所有構造については多くの調査・研究があるが，その一例を**表9-6**に示した。そこから第一にわかるのは，90年代半ばに最大のシェアを占めていたのは従業員であったということである。従業員が支配的な地位を占めた場合には，従業員の労働意欲や経営の安定化にプラスに働く可能性もあるとはいえ，不況下でも雇用削減が進まないことが懸念された。実際ロシアでは，企業が生産低下にもかかわらず従業員を解雇せず，**隠れた失業**が生まれた。しかしその一方で，従業員が取締役会に入るケースもみられるものの（**表9-7**），従業員と経営者間の情報の非対象性から従業員が企業経営に影響を及ぼすことは極めて困難であった。そのため実質的には経営者に実権があったといわれる。

　表9-6では従業員の比重はその後急速に低下しているが，インサイダー所

コーポレート・ガバナンス：企業の様々なステークホルダー（利害関係者）間の権限や責任の調整を巡る問題を指す。ロシアでは2003年4月に有価証券市場委員会が「コーポレート・ガバナンス法典」を作成している。これは拘束力をもたないものであるが，OECDのコーポレート・ガバナンス原則を参考にしている。

隠れた失業：実質上仕事がないにもかかわらず，企業に籍がある状態。失業者として統計に現われないためこのように呼ぶ。ロシアでは住宅・食堂などの福利施設が企業に付属していたことや，失業保険の未整備が隠れた失業を生んだ。

表9−7　取締役会の構成（取締役総数に対する比重）

	右記計	独立系企業	ホールディング子会社	親会社
経営者	46.4	54.5	30.5	45.3
従業員・組合	5.0	6.3	2.7	4.0
政府機関	5.0	5.1	4.2	8.7
大外部株主	32.0	24.0	48.4	28.9
小外部株主	4.7	5.1	3.8	5.5
独立した取締役	6.2	4.1	10.0	7.7
その他	0.7	1.0	0.4	0.0
取締役総数	6.7	6.3	7.2	7.1
株式会社数	736	460	237	38

（出所）Т.Г.Долгопятова (2007) Концентрация акционерной собственности и развитие российских компаний (эмпирические свидетельства), *Вопросы экономики* №1, с .84-97.

有は，2005年を除き過半数を占めており，従業員から経営者へ所有権が移転した事実が確認できる。特に閉鎖株式会社においては，企業に従業員の持株の優先的な取得権があったため，従業員の退職等によって経営陣への株の集中が進行したと考えられる。経営者は，所有者としての企業支配権も獲得したのである。

このことは，企業の内部コントロールにおいて次のような問題をもたらした。

まず，執行機関と取締役会の一体化，あるいは取締役会の形骸化が進行した。すでにみたように，執行機関の役員の取締役兼任には制限があり，2つの機関の機能分化がめざされているが，現実には両者の間での人的な交差が確認される（表9−7）。単独執行機関（社長）と取締役会の長の兼任も，株式会社法では禁じられているにもかかわらず，実際にはみられるという。組織の長である経営者が圧倒的な力をもつために，取締役会が，執行機関の監督機関から，経営者お抱えのポケット機関になっているとの指摘がある（Radygin〔2003〕"Privatiation, Ownership Redistribution and Formation of the Institutional Basis for Economic Reforms", Gaidar E.（ed.）, Economics of Russian Transition, Cambridge, London, MIT Press）。

経営者による企業支配が進むと，株主総会の形骸化も進む。取締役会の決定がすなわち株主総会の決定となり，少数株主の権利が侵害される可能性も高ま

る。株主の権利保護の観点から問題と思われる事例としては，株主総会の通知の故意の遅れ，株主総会参加費の設定，株主からの低価格での株の買い戻し，適切な配当の不履行などがある。これらの一部は明らかな違法であり，また一部は，漸次改善されつつあるとはいえ法制度の盲点をついたものである。

　所有権移転の過程で特に問題となったのが，株式の追加発行による株式の希薄化（dilution）である。株式を追加発行することによって，既存の株主の権利（議決権や配当の比重）を故意に低下させ，究極的には所有，経営権を他者に移転することができる。そもそも新株発行の承認権は原則株主総会（定款の修正で取締役会も可能）に与えられており，売却方法についても株主総会が決定し，決定がない場合は公開売却することとされていたが，現実には新株発行をめぐって多くの企業紛争が発生した。そのため2001年の法改正では，株主は従来の持ち株比率に応じて，新たに発行される株式を優先的に取得でき，25％を超える追加株の発行では公開にするとの規定が盛り込まれている。また，少数株主の権利保護のために，累積投票による取締役の選任が定められた（かつては，株主数が1000人未満の場合は義務ではなかった）。

　旧国有企業は，非効率な経営，旧式の生産設備，ソフトな予算制約等のソ連時代の負の遺産を抱えていたため，抜本的なリストラクチャリングが求められていた。しかし，経営者は外部所有者の出現と外部資金の導入には極めて懐疑的で，投資の大半は会社の自己資本によってまかなわれている。自己資本比率の高さは，銀行制度の未発達や利子率の高さとともに企業サイドのアウトサイダーに対する警戒心をも反映したものである。このような点から，ロシアの株式会社は，（時には公開株式会社であっても）かなり閉鎖的な性格をもつといえよう（А.А. Яковлев〔2006〕Агенты модернизации, М. ГУ-ВШЭ）。バーリ＝ミーンズは企業規模の拡大とともに株式の分散化が進行する結果として，「所有と経営の分離」と事実上の「経営者支配」が確立されると想定した。しかしロシアでは，株式所有の集中による経営者＝所有者支配が進み，取締役会と株主総会の機能の低下や，少数株主の権利の軽視といった特徴がみられることになったのである。

2 外部所有者

次にアウトサイダーの所有についてみると，1999年以降2006年までは，個人投資家の比重が増大していたが，2007年には非金融機関と逆転している（前掲表9-6）。非金融機関の拡大傾向は他の実証研究においても指摘されている（Т. Г. Долгопятова〔2007〕Концентрация акционерной собственности и развитие российских компаний〔эмпирические свидетельства〕, «Вопросы экономики» №1, с.84-97）。

外部株主への株の移転の方法の1つとしては，証券市場での公開の取引が考えられるが，現在のところロシアの証券市場は限定的な役割しか果たしていない*。所有権移転の多くは，経営者からの譲渡や新株発行時の直接相対取引によって進行している。さらに，敵対的，そして時に暴力的手法の利用が目立つ。武力による会社の実行支配（立てこもり）や経営者暗殺のニュースは特に90年代にマスコミを賑わせた。1998年施行の「破産法」下では，企業を故意に支払い不能に陥れ，意思通りに働く管財人を送り込み，安価な価格で企業資産を手に入れるという手法も多用された（藤原克美〔2003〕「ロシアの企業破産」『ロシアにおける企業制度改革』日本国際問題研究所，68-83頁）。しかし，2003年の法改正後，こうした事例は減少し，かわって企業のM&A（合併・買収）が増大した（2007年1-10月のM&A取引は394件，500万ドル以上）。M&Aそのものは西欧でも拡大しているが，「敵対的買収」，あるいは**レイド**という乗っ取り行為の横行がロシアの特徴的な現象である。

* ロシアの証券市場は，1996年4月の連邦法「有価証券市場について」によって規制され，連邦有価証券市場委員会が監督している。主な証券市場は，モスク銀行間為替取引所（ММВБ）とロシア取引システム（РТС）である。2007年末現在，ロシアの資本市場で株の取引が行われているのは404社（すべて国内企業）にすぎず，証券市場の市場化率（GDP比）は世界第12位である。«Эксперт» №21（610）26 мая-02 июня 2008.

また，こうしたアウトサイダー所有は，**オフショア**を利用して行われること

レイド：法的あるいは道義的に問題のある乗っ取り行為。そのプレイヤーをレイダーという。2007年にはレイド行為を抑制する法改正の準備が進められた。

があり，それが複雑な所有構造に繋がっている。オフショアの利用と株の相互持ち合いによって所有関係が不透明となり，株主や投資家が必要な情報を得られず，不正や脱税がみられた。

　所有権移転のこのような経緯から，外部株主も必ずしも肯定的な評価を受けていない。外部株主の参加によって期待されるのは，投資やリストラクチュアリングの進行であるが，例えば，外部所有者が投機や土地目的で参入し，永続的活動体としての企業には関心を示さないケースもある。金融機関や投資ファンドの所有比率は依然として小さく，さらに肯定的効果が広く認められている外資の資本参加も極めて限定的である。

③　国家の参加

　最後に国家のシェアを確認しよう。前掲表9-6の企業調査では，国家の所有比率は1995年以降ほぼ7～9％で推移している。

　しかし，国家が参加している株式会社においては，その役割は決して小さいものではない。なぜなら，国家の持ち株比率が25％以上または黄金株をもつ株式会社には，私有化関連の法規が株式会社法を超越するかたちで適用され，国家に特別の権利が付与されるからである。政府は取締役会や監査委員会に代表者を送ることができ，黄金株の場合には必ず配置される。さらに，取締役会に参加する政府代表は株主総会の選任を必要としない。派遣されるのは所轄官庁の大臣や高級官僚で，1人で複数の企業の役員を兼任することも多い（M. Ионцев〔2002〕Акционерное общество : Правовые Основы. Имущественные Отношения. Управление и Контроль. Защита Прав Акционеров, M. Ось-89）。そのため，役員派遣による国家の統治能力に疑問をはさむ声や，官僚制の弊害を懸念する声もある。メドベージェフ政権は，取締役会へ派遣する官僚を減らし，独立した経営者に替えていく意向を表明していたが（«Ведмости», №105, 9 июня 2008, с.1），2008年秋以降に発表された危機対策では，役員派遣を国家支援の

オフショア：制度上の制約が少なく，無税か税率が著しく低い地域・国のこと。特にロシアでは，キプロスで子会社を設立するケースが多い。

表9-8　株の所有比率に基づく可能な事柄

株の所有比率	株主の権利と可能な事柄
75%	定款の改正，会社の再編，会社の清算，株数・名目額・種類の決定，自社株の取得，資産の50％を超える大口取引の承認
50%（支配株）	株主総会の定足数，総会での多数決の決定権（3/4の場合を除く）
30%	株主総会の再総会の定足数
25%（ブロック株）	株主総会が3/4以上で採択しなければならない会社の決定の阻止 会計文書および合議執行機関の議事録へのアクセス
10%	臨時株主総会の開催請求，会社の財務・経済活動の調査の請求 取締役会の決定がない場合，取締役会が招集を拒否する場合に，株主総会を招集
2%	株主総会の議案提案，取締役会・監査委員会・候補者の提案
1%	裁判所への取締役・取締役会の提訴，株主総会への参加権をもつ者のリストの入手，株主の氏名やその持ち株数などを含む情報の入手

（出所）　株式会社法をもとに筆者作成。

条件とする可能性も出てきている。

4　所有の集中*

　以上は，鉱工業企業を対象とした企業調査から得られる一般的傾向であるが，さらに最近では，インサイダー・アウトサイダーを問わず所有の集中が生じていることが，多くの調査によって確認されている。ドルゴピャトヴァを中心として行われた822の工業企業（含通信）への調査では（Т. Г. Долгопятова〔2007〕Концентрация акционерной собственности и развитие российских компаний（эмпирические свидетельства），«Вопросы экономики» №1, с.84-97），3分の2の企業に支配株主（所有比率50％以上）が，5分の4の企業にブロック株主（同25％）が存在していた。同調査ではまた，所有の集中度が高いほど，経営者および取締役の交代が活発であった。これは，一見矛盾しているように思われるが，所有者自身の交代を伴いながら，資本の集中が進行していると理解することができる。株主の権利が十分に守られていないという不審から，所有者はできるだけ高い所有比率を求める傾向にあるのではないだろうか（株の所有比率に基づく可能な事柄については表9-8を参照）。

＊　企業株の 30% 以上を取得する場合には，他の株主に彼らの株を売却するように提案しなければならない。2006 年 1 月の株式会社法の改正では，「第六章　公開株式会社の株式の 30% 以上の取得」が追加され，その場合の権利と義務が詳細に規定された。

アヴダシェヴァ（C. Авдашева〔2007〕Российские холдинги : новые эмпирические свидетельства «Вопросы экономики» № 1, c.98-111）によると，アウトサイダーへの所有の集中は，ホールディング・カンパニーの設立と関係している。ホールディングの数は 1999～2002 年にかけて特に増大し，65% の企業が何らかのグループに属している。グループ参加のメリットは，投資資金の獲得や敵対的買収からの保護などであるが，親会社に意思決定が集中した集権的なグループが形成されているわけではなく，相対的に経営者の独立性は高い。かわりに，子会社の取締役会の 48.4% が大外部株主であり，株主総会や取締役会の機能も相対的に高いという結果が出ている。これらを総合すると，ホールディングの形成が，これまで述べてきたロシアのコーポレート・ガバナンスとは異なる新しい傾向をもたらしている可能性があるだろう。

4　超巨大企業と国家関与

1　超巨大企業

　これまでは，企業ないし株式会社の「一般型」をみてきた。しかし，ロシアを代表する企業として読者がまず頭に浮かべるのは，「ガスプロム」や「ルクオイル」といった超巨大企業ではないだろうか。2007 年の売上高ランキング上位 10 社で，GDP の約 28.5% を生み出していることを指摘すれば，これらの企業の重要性を理解できるだろう（表 9−9）＊。

＊　さらに，モスクワ銀行間為替取引所では，ガスプロム 1 社で取引全体の 32.6%，ノリリスクニッケルが 12.0% を占めている（2007 年）。

大企業は国内外の証券市場で資金調達を行っているため，証券取引所が求め

ホールディング・カンパニー：ホールディング・カンパニー（持株会社）とは，他の企業の支配株を保有するものである。自身も事業を営んでいる事業持株会社と，自身では全く具体的な事業活動を行わない純粋持株会社がある。

表9-9 『エクスペルト』紙ランキング（2007年売上高上位20社）

順位	企業名	主要部門	2007年売上高（100万ルーブル）	順位	企業名	主要部門	2007年売上高（100万ルーブル）
1	「ガスプロム」	石油・ガス	2,390,467.0	11	合同企業「ルスアル」	金属	382,728.0
2	石油会社「ルクオイル」	石油・ガス	1,719,103.9	12	「タトネフチ」	石油・ガス	356,276.0
3	ロシア鉄道	運輸	975,590.2	13	株式金融会社「システマ」	電気通信	350,470.4
4	石油会社「ロスネフチ」	石油・ガス	903,562.3	14	「エヴラズ・グループ C.A.」	鉄鋼	327,628.6
5	ロシア株式会社「UES」	電力	821,693.0	15	「ガスプロムバンク」グループ	銀行	268,424.0
6	TNK-BPホールディング	石油・ガス	637,965.2	16	「スビャジインベスト」	電気通信	244,337.5
7	「スルグトネフチェガス」	石油・ガス	617,278.2	17	株式企業「トランスネフチ」	輸送	221,942.0
8	ロシアズベルバンク	銀行	525,801.0	18	マグニトゴルスク冶金コンビナート	鉄鋼	209,679.3
9	冶金会社「ノリリスクニッケル」	金属	421,430.5	19	ノボリペック冶金コンビナート	鉄鋼	197,453.6
10	「セベルスタリ」	金属	389,964.8	20	「TAIF」グループ	石油・石油化学	192,102.0

（出所）«Эксперт», №39 (628), 6-12 октября 2008, с.170-171.

る報告書の提出やコーポレート・ガバナンス法典の遵守を通じて，企業の資金運用や経営の透明性がある程度確保される。その点では，超巨大企業がロシア企業の経営面での変化を先取りしている可能性がある。したがって，その例外的性格に留意しつつも，超巨大企業の動向を分析することには十分な意義があるだろう。

　しかし，企業の表面的なイメージに惑わされることなく，株式会社の実像や企業経営の変化については慎重に検討すべきである。一部の企業は海外でも積極的にM&Aを展開し，国際的な知名度も高い。代表的な企業としては，ニッ

ケル部門の「ノリリスクニッケル」やアルミ部門の「ルスアル」などが挙げられるが，これらの企業の目覚しい拡張は，資源の国際市場価格の高騰という外的環境にその多くを負っていた。実際，上述のランキングでは，電力，運輸，通信といったインフラ部門を除くほとんどが，金属・鉄鋼または石油関連の企業で，2008年秋以降の世界的な経済危機により，これらの企業の苦戦が伝えられている。したがって，ロシアの超巨大企業のパフォーマンスから，コーポレート・ガバナンスといった企業の内的な変化を直接読みとることは困難である。

2 国家関与

　前述の企業ランキングでは上位5社中4社，10社中5社が事実上国営とみなされる企業である。特に，メドベージェフ大統領が2008年6月まで会長を務めたガスプロムが圧倒的な規模を誇るが，ガスプロム，ロシア鉄道，ロスネフチ，UESで，GDPの15.4%を占めている。

　しかし，国家の資本参加において注目されるのは，その規模もさることながら，**ユーコス事件**をきっかけに広く意識されるようになった国家の影響力の拡大傾向である。『エクスペルト』紙の分析では，国家の企業支配の傾向は確実で，同紙ランキングの上位400社のうち40社がM&Aによって2004年から2007年の間に姿を消しており，うち半分が国家のものとなっている（«Эксперт» №36（557），1–7 октября 2007）。**八月危機**以降ロシア政府は，資源価格高騰による膨大な輸出収入を，税収として国家の手中に収める方法を復活・整備した。しかし，民間企業の場合には，資金の流れをすべて国家がコントロールできるわけではなく，価格操作によって利益が国外に流出する可能性

UES：電力独占体UES（統一エネルギーシステム）は2008年6月をもって解体した。子会社の民営化が順次実施される予定である。
ユーコス事件：2003年10月，ユーコス社長のホドルコフスキーが脱税と横領の容疑で逮捕された。2004年，同社の資産は差し押さえられ，12月には主要石油採掘企業ユガンスクネフチェガスが競売にかけられた。これは，最終的にロスネフチの手に渡っている。
八月危機：1998年にロシアで生じた金融危機。為替と株の暴落に対処するため，8月17日，政府と中央銀行は，短期国債の新規国債への借り換えと国債取引の一時停止，民間の対外債務支払いの90日間凍結，ルーブルの大幅切り下げを柱とする共同声明を発表した。

もある。税制度といった一般的な統制の枠組みを超えて，国家が巨大企業を直接支配下に入れた背景には，このような民間企業に対する不審があるのではないだろうか。多くの産油国にみられる富の極端な偏在を考慮すると，国家による強制的な資源配分と戦略的に重要な部門への集中的投資は妥当な政策にも思われる。しかし，他方で当然ながら懸念されるのは，国家の介入による競争の排除の危険性と官僚的調整の効率性への否定的影響である。

このような疑念はさらに，株主としての参加にとどまらない国家の経済への多様な関与によっても強まってきている。

例えば2007年には国家コーポレーション＊（本章コラムも参照）が相次いで設立された。国家コーポレーションは，社会的機能・管理機能，その他の社会的に有益な機能を果たすために，ロシア連邦の資産で「個別の法律によって」形成される。それぞれの特別法ごとに詳細な規制は異なるが，共通する特徴は，国家コーポレーションに渡された資産がコーポレーション自体の所有となり，資産利用に関してのみ政府に報告義務を負うことである。本稿との関係でいえば，個別法の中で，一部のコーポレーションでは子会社の設立が認められており，実態的には営利企業を子会社として抱えているという点が重要であろう。

＊　国家コーポレーションは，1996年1月の連邦法「非商業組織について」を基礎として設立された非営利組織であり，公益法人に相当する。これまでに設立された国家コーポレーションは，「金融機関再建庁」(1999年)，「預金保険機関」(2003年)，「対外経済銀行」(以下2007年)，「ロシア・ナノテクノロジー」，「住宅公共サービス改革助成基金」，「オリンプストロイ」，「ロシア原子力」，「ロシア・テクノロジー」である。

また，石油産業などの重要な分野への政治的介入はよく知られているが，2008年4月には，42の分野で，外資の参加を制限する厳しい措置が導入されている（連邦法「国防および国家安全保障上戦略的意義を有する事業会社への外国投資の実施方法について」）。

5　ロシアの株式会社と移行経済：まとめにかえて

ロシアの株式会社の多くでは，形式上従業員所有の場合も含めて経営者が実

> > *Column* < <

国家コーポレーション「ロシア・テクノロジー」

　国家コーポレーション「ロシア・テクノロジー」は，2007年11月に連邦法№279-ФЗによって設立されました。国家ユニタリー企業「ロシア武器輸出」を中核として設立され，ハイテク部門における生産と輸出の相互関係を樹立することが目的とされています。これまで生産企業の一部は，軍事契約を締結したにもかかわらず期限内に履行できていないため，「ロシア武器輸出」によってこれらの企業をコントロールすることになりました。しかし，その設立にあたっては，所有権をもたず，制約の多いユニタリー企業からの解放を望んだ「ロシア武器輸出」の都合が大きく左右したと考えられています。「ロシア・テクノロジー」は，「ロシア武器輸出」とともに同社が支配してきたチタン企業の「アビスマ」や，自動車産業の「アフト・バズ」，「アバロンプロム」，「ルス・スペッスタリ」などを直接傘下に置き，「アバロンプロム」内には複数のホールディングもつくられます。また，すべての子会社で2012年までにIPO（新規株式公開）を実施する予定です。

　国家コーポレーションの設立は，国際競争力をもつ産業を育成するために国家資金を優先的に配分するという政府のねらいに沿ったものです。公益法人が子会社を設立することも，日本の道路公団にもみられたように，とりわけロシア独自のものでもありません。しかし，こうした公益法人では放漫な経営や天下り・汚職の温床となる危険性が高いことも各国の経験が示すところです。とりわけ「ロシア・テクノロジー」に関しては，実態としては営利活動を行う企業の統合であり，公益性の追求という面からは説得力に欠けています。機械工業等，基幹的な工業部門に大きくかかわる組織だからこそ，市場における競争の確保や，資金配分における公平性等への十分な配慮が求められるでしょう。

参考：«Эксперт» №45 (586), 3–9 декабря 2007, с.22–26.；В. Дементьев〔2008〕К дискуссии о роли госкорпораций в экономической стратегии России, «Российский экономический журнал» №1–2, с. 27–41.

権を握っていた。さらに，経営者はますます所有を集中させ，「所有と経営の分離」ではなく株式所有の集中による経営者＝所有者支配が進んでいる。株式の，分散でも相互持ち合いでもなく，経営者への集中の傾向は，制度上株式会社の企業を，実質上，個人所有企業に近いものにしている。これは，おそらくは，経営者のアウトサイダーに対する警戒心によるものであり，企業の情報公開度や透明性の低さにつながる。

ロシア企業の閉鎖的性格は，証券市場が十分発達しておらず，公開市場で取引される銘柄が限定的であることとも関係している。アウトサイダー所有の場合にも，所有権の移転は相対取引によって行われている。株式市場や機関投資家が企業に直接影響を及ぼすことは少なく，アウトサイダー所有のコーポレート・ガバナンスへの肯定的な影響も確認されていない。したがって，近年グループ化の進行に伴う変化を示唆する研究があるとはいえ，依然としてロシアの株式会社の最大の特徴は，個人所有企業に近い経営者所有であるといえるだろう。

　ロシア企業一般についてはこのような特徴が指摘できる一方で，一部の超巨大企業では独自の展開がみられる。国際的に事業を拡大する企業は先進国の経営手法を取り入れつつ，国家とは特殊な関係を構築している。戦略的に重要な産業に属する一部の超巨大企業では，景気拡大と国家の政策によって，多国籍化（multinationalization）と国有化（nationalization）の同時進行とでも呼べる特徴がみられ，その範囲は拡大する傾向にあった。このような企業と一般企業との境界はどこにあり，それはどう変化していくのかについては，今後注意深く検討する必要があるだろう。

　通常，経営者の行動や経営スタイルは一朝一夕に変化するものではなく，企業の経営面における変化は，長期的視野にたって検討すべきものである。ロシアの株式会社の現状には，長期にわたる私的企業の不在という旧社会主義国の初期条件が大きく影響している。さらにまた，1990年代前半の不況や金融危機を含む移行後の道のり自体も，現在の株式会社を様々に規定している。90年代にみられた未払いや余剰人員の維持は，八月危機以降の急速な経済成長によって結果的に解消されたものの，必ずしも経営手法の抜本的な変化を示すものではない。資源バブルがはじけた現在，市場経済におけるロシア株式会社の「経営」そのものが試されているといえるかもしれない。

　なお，移行経済としてロシアを特別に扱うことの利点は，歴史的産物として欧米や日本とは異なるロシア企業の実態を理解できることである。しかし，すでにロシアでも，資本主義の法的な枠組みは90年代にほぼ整備されており，本章でみたロシアの株式会社の特徴も，過渡的なものというよりは，ロシア型

資本主義を構成する要素として一定の定着をみていると考えられる。

> [推薦図書]

加藤志津子（2006）『市場経済移行期のロシア企業——ゴルバチョフ，エリツィン，プーチンの時代』文眞堂
　企業システムの変容を，ソ連時代からプーチン時代までを視野にいれて論じている。関連文献の翻訳情報も詳しい。

ヤコブ・パッペ・溝端佐登史／溝端佐登史・小西豊・横川和穂訳（2003）『ロシアのビッグビジネス』文理閣
　ロシアの「オリガルヒ」の設立経緯から所有構造・人脈までを詳細に検討しており，「オリガルヒ」の具体像をイメージすることができる。

田中宏（2005）『EU 加盟と移行の経済学』ミネルヴァ書房
　東・中欧，特にハンガリー経済の分析を中心にして，移行経済の理論的，体系的な把握を試みた書。

> [設　問]

1. ソ連崩壊後，ロシアではどのような特徴をもつ株式会社が生まれましたか。
2. 国家が株の取得を通じて企業を支配する場合の是非を考えましょう。

　　　　　　　　　　　　　　　　　　　　　　　　　　　　（藤原克美）

第10章

中国における株式会社
——「社会主義市場経済」と株式会社——

　株式会社は，私有財産制と市場経済を基礎とする資本主義国において，当事者の利己心を尊重しながら大企業という社会的共同事業に資金を集中し得る優れた企業形態として発展を遂げてきました。しかし今日では，公有制を重視する「社会主義」政権の中国においても株式会社が大企業の主要形態になっています。中国はなぜ株式会社を自らの体制に取り入れたのでしょうか。また，それにはどのような体制的紋章が刻印されているのでしょうか。

1　中国と株式会社

　かつて中国では，工場や機械設備といった生産手段の社会的な所有を主張する「社会主義」の考え方が支配的であり，巨額の資金を要する大企業は国有企業の形態で設立するのが一般的であった*。1949年の革命前から存在していた財閥資本や外国資本の株式会社も1950年代の「社会主義的改造」によって国有化され，政府による企業所有と管理を前提とする計画経済体制の下に組み込まれていた。

　*　中小零細企業の場合は，国有企業のほか，地域社会の共同所有である集団所有制企業の形態が多用された。

　ところが今日，その中国においても株式会社が大企業の主要な企業形態になっている。上場企業数は2007年末までに1731社に達し，今では有名企業の大半が証券取引所に株式を上場させているといっても過言ではない。中国の工業化を支えた巨大鉄鋼コンビナートの鞍山製鉄所も，中国最大の銀行である中国工商銀行も，現在ではれっきとした株式会社であり，上場企業である。

　こうした変化は，まず，1978年から始まった改革開放政策のもとで株式会

社の設立実験が進められ，その後1992年の市場経済化によって正式解禁されたことによるものである。つい先日まで株式会社を資本主義の私有財産制の象徴とみなして拒否していたのであるから，今頃になって「社会主義」体制の下にそれを導入しようとする中国共産党の急角度な路線転換には驚かざるを得ない。しかし，だからといって，中国の大企業が純然たる私企業に変化したと考えるのは早計といわざるを得ない。また，これを根拠に中国が資本主義に移行したと考えるのも早計である。中国の株式会社は，確かにその企業形態こそ資本主義のそれと同じくするとはいえ，大株主は政府またはその代理人（政府資本の親会社が多い。以下単に「政府」とする）であり，したがって中国共産党の巨大な官僚機構の支配下に組み込まれた存在であるからである。しかも，その株式会社は，民間資本を巧妙な方式で結合しつつ，その影響力をますます増大させている。党官僚の権力に対する執着と「社会主義」政権の意思は，市場経済化が進んだ今日においても衰えていないとみなければならない。そういう意味で中国の株式会社は世界の株式会社のなかでも異質な存在であるといえるだろう。

　以下では，株式会社の象徴的な存在である上場企業を対象にして，中国の株式会社の現実を分析する。そして，中国共産党が掲げる「社会主義市場経済体制」の中で株式会社が如何なる役割を果たしているのかについて検討し，資本主義の株式会社と同じ企業形態でありながら体制的紋章が刻印された中国の株式会社の異質性について明らかにすることにしよう*。

* 2004年末現在，中国には325万社の法人企業が存在し，うち6万1000社が株式会社であった（国務院第一次全国経済普査領導小組弁公室・国家統計局〔2006〕『第一次全国経済普査主要数据公報』中国統計出版社）。ただし，その多くは1994年の会社法整備の前後に設立された雑多な株式会社である。現在では株式会社の資本金は最低でも500万元（約7500万円）必要である（2006年の同法改正以前は1000万元）。

2　中国政府と株式会社

　中国の上場企業は，2007年末現在，1731社を数える。日本の上場企業数は約4000社であるから日本の半分以下であるが，株式会社の歴史が実質15年程

度であることを考えれば急成長を遂げたといえるだろう。1731社の上場企業のうち,国内(香港・マカオを除く大陸)に登記された企業は1638社。うち860社が上海証券取引所に,670社が深圳証券取引所に上場している。このほか,145社が資本主義エリアの香港証券取引所に上場しており,うち37社は上海または深圳の証券取引所との重複上場である。中国にはこれら国内登記の上場企業のほか,海外登記の上場企業も多数存在し,93社が主に香港企業として香港証券取引所に株式を上場させている。これら93社は法的には香港企業であるものの,大陸資本の企業であることから,政治的カラーを根拠に「レッドチップ企業」と呼ばれている。多くは大陸の本社と大陸の現場企業を繋ぐ海外の中間持株会社として機能している(本章コラム参照)。

　これら上場企業の中には著名な国有企業の名前が多数含まれている。このことから,中国では国有企業の私有化が進行していると錯覚されやすい。しかし,その実態たるや必ずしもそうではない。株式会社化後も政府が株式所有を通じて支配している企業が多いのが現状である。例えば上海証券取引所研究センターの調査(上海証券交易所研究中心編(2006)『中国公司治理報告2006——国有控股上市公司治理』復旦大学出版社)によると,2005年末現在,同取引所には835社が株式を上場させていたが,そのうち662社(79.3%)に「国有株」が存在していた。うち,政府の持株比率が過半数を超えるものが370社あり,同じく政府の持株比率が30%を超えるものが163社存在したという。筆頭株主以外の株式所有が分散している中国の現状を考えれば,30%という持株比率は事実上の単独支配といってもよく,したがって上場企業の63.8%が政府の支配下におかれていることになる。

　こうした傾向は大規模な上場企業においてより顕著である。表10-1は2007年の売上高でみた上場企業の上位50社であるが,このクラスの上場企業になると政府支配下の企業が全体の86%にも及んでいる。うち,政府が株式の過半数を支配する上場企業は36社(5社は複数の政府投資主体の出資合計で過半

国有株:国有企業の株式会社化に際して政府またはその代理人(主に親会社)に発行される特別な株式。株式会社化される国有企業や国有資産が誰の投資によって形成されたのかに応じて「国家株」と「国有法人株」の二種類が発行された。現在では政府所有の「A株」や「H株」を含む概念。

第Ⅱ部　株式会社の国際比較

表10-1　中国上場企業上位50社の状況（2007年末）

	上場企業名	産業	売上高（億元）	時価総額（億元）	上場株式	筆頭株主	上場企業との関係	所有比率	最終所有者	備考
1	中国石油化工股份有限公司	石油・天然ガス	12,048	18,234	A,H,N,L	中国石油化工集団公司	母体企業	75.8	国務院国資委	
2	中国石油天然気股份有限公司	石油・天然ガス	8,350	25,877	A,H,N	中国石油集団公司	母体企業	86.3	国務院国資委	
3	中国移動有限公司	通信	3,570	25,867	H	中国移動通信集団	母体企業	74.3	国務院国資委	
4	中国人壽保険股份有限公司	保険	2,813	14,877	A,H,N	中国人壽保険（集団）公司	母体企業	68.4	財政部	
5	中国工商銀行股份有限公司	銀行	2,542	25,864	A,H	財政部		35.3	中央政府	（政）中央匯金 35.3%所有
6	中国建設銀行股份有限公司	銀行	2,195	21,490	A,H	中央匯金		59.1	中央政府	
7	宝山鋼鉄股份有限公司	鉄鋼	1,913	3,054	A	宝鋼集団有限公司	母体企業	74.0	国務院国資委	
8	中国銀行股份有限公司	銀行	1,807	14,445	A,H	中央匯金		67.5	中央政府	
9	中国鉄路股份有限公司	鉄道建設	1,805	2,387	A,H	中国鉄路工程総公司	母体企業	58.3	国務院国資委	
10	中国聯通股份有限公司	通信	1,787	4,699	H,N	中国聯合通信有限公司	母体企業	70.9	国務院国資委	
11	中国平安保険（集団）股份有限公司	保険	1,652	7,084	A,H	匯豊保険控股有限公司	出資企業	8.4	外資企業	（外）HSBC 8.4%所有
12	中国交通建設股份有限公司	インフラ建設	1,506	3,032	A,H	中国交通建設集団有限公司	母体企業	70.1	国務院国資委	
13	聯想集団有限公司	PC	1,148	584	レッドチップ	聯想控股有限公司	母体企業	46.9	中国科学院	
14	上海汽車集団股份有限公司	自動車	1,041	1,722	A	上海汽車工業（集団）総公司	母体企業	83.8	上海市国資委	（外）IBM 7.5%所有（08年3月）
15	中国聯通股份有限公司	通信	995	2,285	レッドチップ	中国網通集団有限公司	母体企業	71.3	国務院国資委	
16	中国遠洋控股股份有限公司	海運	939	3,778	A,H	中国遠洋運輸（集団）総公司	母体企業	53.6	国務院国資委	
17	中国太平洋保険（集団）股份有限公司	保険	930	3,808	A	華宝投資有限公司	出資企業	17.4	国務院国資委	（政）申能（集団）16.6%等で政府が過半数
18	中国石油天然气股份有限公司	石油・天然ガス	907	5,509	レッドチップ	中国石油集団公司	母体企業	65.0	国務院国資委	
19	中国人民財産保険股份有限公司	保険	887	1,164	H	中国人民保険集団公司	母体企業	69.0	財政部（財源）	
20	中興通訊股份有限公司	通信	851	365	A	中興通訊（香港）有限公司	母体企業	63.2	国務院国資委	
21	中国五鉱発展股份有限公司	石炭	846	1,446	A,H	中国五鉱集団公司	母体企業	74.1	国務院国資委	
22	中国石化上海石油化工股份有限公司	石油・天然ガス	821	12,303	A,H	中華集団公司	母体企業	73.9	山西省国資委	
23	山西太鋼不銹鋼股份有限公司	ステンレス	811	857	A	太原鋼鉄（集団）有限公司	母体企業	70.5	山西省国資委	
24	中国鋁業股份有限公司	アルミ	762	4,368	A,H	中国鋁業公司	母体企業	38.6	国務院国資委	（政）信達資産 6.7%等で政府が過半数
25	鞍鋼鋼鉄股份有限公司	鉄鋼	655	2,073	A	鞍山鋼鉄集団公司	母体企業	67.3	国務院国資委	
26	交通銀行股份有限公司	銀行	623	6,396	A,H	財政部		20.4	中央政府	（外）HSBC18.6%（政）中央匯金6.1%等で30%以上
27	冠捷科技有限公司	PC用周辺機器	618	105	レッドチップ	東南CRT香港	外国企業	13.4	外国企業	（政）中国長城資産捜索深圳 10.2%所有
28	東風汽車集団股份有限公司	自動車	593	433	H	東風汽車公司	母体企業	66.9	国務院国資委	
29	上海西電集団股份有限公司	電機	582	749	レッドチップ	中電電気（集団）総公司	母体企業	51.7	国務院国資委	
30	上海電気集団股份有限公司	電機	564	735	H	上海電気（集団）総公司	母体企業	62.3	上海市国資委	
31	中国東方航空股份有限公司	航空	559	1,003	A,H,N	中国東方航空集団公司	母体企業	50.3	国務院国資委	
32	中国石化上海高橋石油化工股份有限公司	石油化学	554	923	A	中国石油化工股份有限会社	母体企業	55.6	国務院国資委	
33	武漢鋼鉄股份有限公司	鉄鋼	542	1,544	A	武漢鋼鉄（集団）公司	母体企業	63.8	国務院国資委	
34	馬鞍山鋼鉄股份有限公司	鉄鋼	506	589	A,H	馬鋼（集団）控股有限公司	母体企業	56.7	安徽省国資委	
35	中国国際航空股份有限公司	航空	504	1,570	A,H,N	中国航空集団公司	母体企業	42.0	国務院国資委	（政）中国華容集団 8.8%所有
36	華能国際電力股份有限公司	電力	497	2,601	A,H,N	中国華能集団公司	母体企業	40.4	国務院国資委	（政）中国航空投資（集団）11.3%、（政）キャセイ17.6%等
37	中国国際海運集装箱（集団）股份有限公司	コンテナ製造	488	513	A,B	COSCO Container Industries	出資企業	16.5	国務院国資委	（政）招商局国際投資 16.2%等で政府 30%以上所有
38	湖南華菱管線股份有限公司	鉄鋼	438	327	A	湖南華菱鋼鉄集団有限責任公司	母体企業	33.9	湖南省国資委	（外）アルセロールミッタル 33.02%所有
39	中国南方航空股份有限公司	航空	435	809	A,H,N	中国東方航空集団公司	母体企業	59.7	国務院国資委	
40	国美電器控股有限公司	家電量販	425	606	香港メイン	黄光裕	個人	42.1	個人	
41	中信証券有限公司	証券	421	903	レッドチップ	中国中信集団公司	母体企業	28.7	財政部	
42	唐山鋼鉄股份有限公司	鉄鋼	418	566	A	唐山鋼鉄集団有限責任公司	母体企業	51.1	河北省国資委	※母体企業が財務関係を管理、常智健 18.4%所有
43	江西銅業股份有限公司	銅	414	1,079	A,H	江西銅業集団公司	母体企業	42.4	江西省国資委	（政）国泰君安投資 0.44%所有
44	中国遠洋運輸股份有限公司	海運	410	5,567	A,H	招商局船舶有限公司	母体企業	62.1	国務院国資委	（政）中国洋運輸集団 6.44%等で政府 30%以上所有
45	蘇寧電器連鎖集団股份有限公司	家電量販	402	1,036	A	張近東	個人	29.7	個人	（私）江蘇蘇寧電器集団 15.32%
46	TCL集団股份有限公司	電機	391	151	A	惠州市投資控股集団有限公司	地方政府	12.7	惠州市国資委	（外）Hutchison Intl. Ltd. 0.44%所有
47	中国海運股份有限公司	海運	389	134	H	中国対外貿易運輸（集団）総公司	母体企業	57.9	国務院国資委	（外）フィリップス 6.3%、TCL労組 4.1%
48	中国南方電網股份有限公司	電力	380	412	A	珠海格力集団公司	母体企業	22.6	集団所有	
49	鋼聯特力電器控股股份有限公司	電機	370	328	A	銅陵有色金属集団控股有限公司	母体企業	56.9	安徽省国資委	※母体企業は市国資委の管理

（注）原資料は売上高第24位の富士機国際控股有限公司以下各社、香港の台湾系上場の台湾企業であるため除外。「国資委」は国有資産監督管理委員会の略。また、備考の（政）は政府系、（外）は外資系、（私）は私有資、（公）は公有企業を意味する。「フォーチュン」中国版ホームページ（www.fortunechina.com）と「中国上場企業100強排行榜」2008年7月11日掲載、T&Cフィナンシャルリサーチ編「中国株二季報」2008年秋号、中国証券報社編「2007年上市公司速査手冊」新華出版社 2007年、新浪網ホームページ（finance.sina.com.cn）掲載情報より作成。

数）であり，30％以上を支配する上場企業は7社（同，3社）であった。上場企業の上位50社は，企業数においては上場企業全体の3％にも満たないが，時価総額では全体の62％を占めている。こうした「ビッグ・ビジネス」の実に86％が政府支配下にあるというのが中国の株式会社の実態である。

なお，これら上場企業の直接の所有者は政府資本の会社であることが多い。大規模な国有企業が株式会社化される場合，資産の一部だけがその対象になることが多く（後述），もとの国有企業は株式会社化後も存続し，現物出資者として株式会社の親会社になるからである（多くの場合，親会社は政府100％出資の有限会社に転換される）。その結果，政府→母体国有企業→上場企業という二重の支配構造が一般に形成されている。

これに対して，政府の持株比率が30％を下回る上場企業は，当初から民間会社として設立された企業や新興分野の企業が多い。中国平安保険（筆頭株主はイギリス系金融機関のHSBC）や家電量販チェーンの国美電器あるいは蘇寧電器などがこれに該当する*。

こうした政府による上場企業支配は，当然，その幹部人事にも影響を与えている。上場企業の社長や取締役会会長は，母体国有企業の出身者か政府官吏が担当するのが通例である。株式会社化に際して旧経営陣が一掃されるということはない。さすがに数年前までのような，母体企業の幹部が株式会社の幹部を兼職するという露骨な支配従属関係は現在では解消されている。しかし，管理面から政府の支配下におかれている事実に変わりはない。株主総会は当初から形骸化が著しく，株主数が数万人に及ぶ大企業であっても会場出席者数は数十人であることが多い。主要企業の出席状況は**表10-2**にみるとおりであるが，数百人が参加した2社を除いて，多くは10～40人前後の参加であった。しかも議案はすべて90％以上の賛成で可決されている。中国の上場企業の多くが所有と管理の両面から政府支配を受けている証左といってよいだろう。

* 売上高第38位の湖南華菱管線は母体国有企業が筆頭株主として33.92％を所有しているとはいえ，第2位のアルセロール・ミタルが33.02％の株式を所有している。これは，アルセロール・ミタル（当時はミタル・スチール）が2005年10月に筆頭株主の母体国有企業より国有株の譲渡を受けたことによるものである。したがって政府持株比率は30

第Ⅱ部　株式会社の国際比較

表10-2　主な国内（大陸）上場企業の2007年度株主総会（2008年開催）出席者数状況

上場企業名	開催日	出席者数（人）	出席率(%)（議決権）	議案賛成率(%)（最低）
中国石油化工股份有限公司	5月26日	21	85.1	92.2
中国石油天然気股份有限公司	5月15日	33	97.7	98.1
中国人壽保険股份有限公司	5月28日	23	72.7	96.3
中国工商銀行股份有限公司	6月5日	934	86.7	97.6
中国建設銀行股份有限公司	6月12日	22	88.1	97.9
宝山鋼鉄股份有限公司	4月28日	15	74.7	99.9
中国銀行股份有限公司	6月19日	696	88.2	99.9999
中国中鐵股份有限公司	6月25日	11	61.1	98.8
中国平安保険（集団）股份有限公司	5月13日	104	66.8	93.3
上海汽車集団股份有限公司	4月16日	45	85.9	98.8

（出所）　各社社告。

%を超えるが圧倒的な支配とはいえない。逆に，第41位の中信泰富は政府持株比率が28.7%であるが，中国共産党と関係の深い旧財閥の栄智健（食品・紡績財閥の元総帥で，のちに国家副主席を勤めた栄毅仁の長男）が18.4%を所有し，共同出資関係になっていることから事実上の政府支配であるといってもよい。

3　中国の株式会社の趨勢

　以上でみたような上場企業の政府支配は，理論的可能性からいうと，私有化に向けた動きの過渡的現象と考えられなくもない。私有化を前提とした株式会社化であっても，もとの国有企業が政府所有である以上は，いったん，政府100%出資の株式会社にならざるを得ず，現に1980年代に行われた日本の**三公社民営化**や，1990年代のソ連・東欧の「社会主義」からの離脱においても，この現象がみられたからである。日本の「民営化」の場合は，その後，政府所有株式の売り出しが行われ（市場売却），また，ロシアや東欧の私有化の初期段階では，株式クーポンを媒介とした政府所有株式の国民への分配が行われた

三公社民営化：わが国で1985年から1987年にかけて行われた国有企業の民営化。日本電電公社，日本専売公社，日本国有鉄道の3社が，NTT，JT，JR各社に改組された。

(「バウチャー民営化」)。

　しかし，中国の場合はこれらとは異なる展開になる可能性が高い。なぜなら中国における国有企業の株式会社化は，これまでの動向をみる限り，政府が企業所有から本気で手を引く気配が全く感じられないからである。むしろ，政府の力が却って増強されているといってもよい。このことは，国有株に売却制限があった2006年6月以前においても（企業ごとに順次解除。解除の決定は2005年4月以後，順次行われた。後述），以後においても基本的に変わりはない。以下では，この逆説的な現象について検討することにしよう。

4　国有企業の株式会社化の現実

　まず，国有株に売却制限が付されていた2006年6月以前の動向を中心に見てみよう。国有企業の株式会社化は，株式会社が正式に解禁された1992年以降，明らかに政府支配を強化する方向で展開されてきた。その証左は以下の通りである。

1　資金調達を目的とした株式会社化

　第一に，国有企業の株式会社化が，私有化としてではなく，政府支配下の企業の資金調達を目的に進められてきたことである。資金調達のために中国では大量の株式が一般投資家向けに発行されたが，主に企業資産の現物出資と引き換えに政府に交付された国有株は2006年6月まで市場での売却が制限され，企業を支配するための**支配証券**として政府の手元にそのまま温存された。

　表10-3は国内（大陸）上場企業の発行済株式をみたものである。周知の通り，中国の株式は，投資主体や投資経緯，払込通貨によって制度的にいくつかの種類に区分され（株主権分離設置〔股権分置〕），売却制限の解除決定が始まる2005年4月までは，「国家株」と「国有法人株」が「国有株」であった（「国有

支配証券：企業の最高意志決定機関である株主総会において経営の意思決定に参画できる機能からみた株式の性質。株式には，このほか利益の配当を要求できる「利潤証券」としての性質や，解散時に残余財産の請求ができる「物的証券」としての性質がある。

表10-3 国内(大陸)上場企業の発行済株式数推移(億株)

年	国家株	発起法人株	外資法人株	第三者割当法人株	内部職工株	その他	A株	B株	H株	計
1992	29	9	3	6	1	0	11	10	0	69
1995	329	135	12	62	3	6	180	57	65	848
1998	866	528	36	152	52	31	608	134	120	2,527
2001	2,411	663	46	245	24	16	1,318	163	332	5,218
2004	3,344	757	70	345	9	46	1,993	197	388	7,149
2007	6,034	723	88	49	1	5,423	4,838	251	5,242	22,470

(出所) 中国証券監督管理委員会編(2008)『中国証券期貨統計年鑑2008』学林出版社。

法人株」は統計では「発起法人株」に含まれ，その大部分を占める)。この表からは，年々の上場企業数の増加に伴って国有株が累積していく様子をうかがい知ることができる。日本やロシア・東欧のように政府所有株が売却されることなく，支配証券として温存されたためである。表には最新の2007年の数値も掲げたが，2005年4月以降は売却制限の解除決定に伴って，「A株」や「H株」(後述)の中にも政府所有の株式が含まれるようになっていることに注意が必要である(「国家株」と「国有法人株」から転換された中国建設銀行の政府所有H株1660億株など。また，2007年の「その他」の大部分は売却制限の解除決定によりA株に転換された後，暫定的な売却制限が設定されている政府所有株であると考えてよい)。

　こうして国有株が温存される状況下で，中国の株式会社は一般投資家向けの新株を大量に追加発行した。「A株」，「B株」，「H株」などがそれである。いずれも額面価格が1元の株式であるが，投資家の国籍や払込通貨，上場する証券取引所によって厳格に区別されており，例えばA株は基本的に中国人のみが所有可能な株式で，出資金は人民元によって払い込まれ，株式は上海または深圳のいずれかの証券取引所に上場し，人民元で取引される株式である。これに対してH株は原則外国人のみが所有可能な株式で，出資金は香港ドルによって払い込まれ，株式は香港証券取引所に上場し，香港ドルで取引される。B株は国籍に関わりなく所有可能な株式で，出資金は外貨によって払い込まれ，株式は上海または深圳のいずれかの証券取引所に上場し，外貨で取引される(上海は米ドル，深圳は香港ドル)。以上3種類の株式について，1993年から2007

表10-4 上場企業の新株発行数推移（億株）

年	A株 IPO	A株 その他	A株 計	B株	H株	レッドチップ	合計
1993	43	n.a.	n.a.	13	40	n.a.	n.a.
1994	11	⋮	⋮	10	70	⋮	⋮
1995	5			11	15		
1996	38			17	32		
1997	106			25	137		
1998	86			10	13		
1999	98			2	23		
2000	146			7	359		
2001	93			0	48		
2002	134			0	158		
2003	84			1	197		
2004	55			2	172		
2005	14			0	553		
2006	351			0	937		
2007	413			0	224		
計	1,677	n.a.	n.a.	97	2,978	n.a.	n.a.

（出所）中国証券監督管理委員会編（2007）『中国証券期貨統計年鑑2007』学林出版社、中国証券監督管理委員会ホームページ掲載値（www.csrc.gov.cn　2008年8月15日アクセス）より作成。

年までの15年間の発行量を**表10-4**によって見てみると、A株がIPOのみで1677億株、B株が97億株、H株が2978億株発行されていた。総計4755億株もの追加発行であった。こうして一般投資家によって引き受けられた株式の出資金は上場企業の大金庫に収められ、設備投資や流動資金の補充など、上場企業の規模拡大と競争力強化のために用いられた。これら多くの上場企業が政府支配下にあることについてはすでに確認した通りである。政府所有株の処分が優先され、一般投資家からの資金調達が重視されなかった日本などの国有企業の民営化とは対照的な動きであるといえるだろう。

ちなみに、ここでいうA株、B株、H株の区分は、発行時の株主や現在の株主を整理するための管理上の区分ではない。株式そのものの区分であり、それゆえ外資の乗っ取りに対する防火壁としても機能するものであった。潤沢な資金と野心を備えた外国企業であっても買収し得るのはB株やH株の総数が上限である。極めて限定された機関投資家や*、政府公認の譲渡を除き**、外

資がA株を購入することはできない。また，株式の流通が相互に分断されていることから，同じ企業の株式であっても株価が大幅に異なるという異様な現象も生じている。

 ＊　中国政府の認可を受けたQFII（Qualified Foreign Institutional Investor：適格外国機関投資家）と呼ばれる機関投資家は一定の限度内で購入可能。
＊＊　ミタル・スチールによる湖南華菱管線株の買収は，政府同意の下で，母体国有企業の湖南華菱鋼鉄集団が国有株を譲渡したことによる。湖南華菱鋼鉄集団は準大手の鉄鋼メーカーであるが，在来設備の中小3社を合併した寄せ集め企業にすぎず，鉄鋼業界の中での競争力は高くなかった。戦略産業として外資が制限されやすい鉄鋼業の現状を逆手にとって，豊富な資金力をもつミタル・スチールの中国旗艦企業となることにより，発展上の閉塞を打ち破ろうとしたと思われる。

2　新株のプレミアム付発行

　第二に，こうした新株の発行がプレミアム付価格で行われていることである。このことに中国共産党の権力への執着を感じないわけにはいかない。なぜならば，プレミアム付価格による新株発行は，同一規模の資金を調達する場合であっても，額面価格による発行と比べて創業者の持株比率の減少が寡少で済むからである。例えば，ここに政府の所有株式数が10億株（資本金10億元）で内部留保が5億元，借入金15億元，総資産30億元の株式会社があったとしよう。この企業が設備投資のために30億元の資金を必要とし，新株発行と借入金でそれぞれ15億元ずつ調達したとする。もし，1株1元の額面価格によって新株を発行するなら，新株発行量は15億株となり，政府の持株比率は100％から40％に低下することになる。しかし，例えば1株6元のプレミアム付価格で発行するなら発行量は2.5億株で済み，政府の持株比率も80％への低下にとどまるのである。政府は支配下にある上場企業を依然として80％という持株比率で支配しながら，総資産を倍増させることができるのである。

　以上は単なる例示であるが，こうしたプレミアム付価格での新株発行は中国において大々的に展開された。**表10-5**は，1993年から2007年にかけて行わ

IPO：Initial Public Offeringの略。株式の新規公開発行のこと。

第10章　中国における株式会社

表10-5　上場企業の資金調達額推移（億元）

年	A株 IPO	A株 その他	A株 計	B株	H株	レッドチップ	合計
1993	195	82	276	38	61	113	489
1994	50	50	100	38	108	144	390
1995	23	63	86	33	32	71	222
1996	224	70	294	47	84	203	629
1997	655	171	826	108	354	867	2,154
1998	409	369	778	26	38	186	1,027
1999	498	396	894	4	46	595	1,538
2000	812	715	1,527	14	561	3,142	5,244
2001	534	648	1,182	0	73	204	1,459
2002	517	263	780	0	193	564	1,537
2003	454	366	820	4	516	52	1,392
2004	353	482	836	27	646	283	1,792
2005	57	281	338	0	1,687	238	2,263
2006	1,572	891	2,464	0	3,154	523	6,140
2007	4,591	3,132	7,723	0	850	1,137	9,710
計	10,944	7,979	18,923	339	8,403	8,323	35,987

（注）H株は香港証券取引所の公表値より換算。計算レート（1 HK$=xRMB）は93年：0.75, 94年：1.09, 95-04年：1.07, 05年：1.06, 06年：1.03, 07年：0.98。
（出所）中国証券監督管理委員会編（2007）『中国証券期貨統計年鑑2007』学林出版社, 中国証券監督管理委員会ホームページ（www.csrc.gov.cn）掲載値, 香港交易所ホームページ（www.hkex.com.hk）掲載値より作成。2008年8月15日アクセス。

れた資金調達であるが，例えばA株IPOによる資金調達は1兆994億元の調達額に対して1677億株の発行量であった。平均6.56元のプレミアム付価格での発行ということになる。調達資金の総額は，国内登記の企業だけでも2兆7664億元にのぼり，香港登記のレッドチップ企業を含めれば，3兆5987億元にものぼる。政府支配企業の占める比重から考えても，これらの調達資金の多くは政府支配下の上場企業に集中されたとみてよい。

こうした発行方式は，決して不公正なものではない。あらゆる定期的な収入が資本に還元され，**擬制資本**として現れる市場経済の原理を応用したものであり，資本主義国ではいずれの創業者であっても踏襲していることである。ただ，

擬制資本：例えば10円の預金に対して1円の利子が付く利子率10％の環境において，年2円の定期的な収入をもたらす証券は最低20円の価格で取引され得る。このように定期的な収入を還元して，現物とは異なった価値をもつものとして形成される資本のこと。

中国の場合，本来このような経済活動が不得手とみなされてきた政府がこのような方式を踏襲したため，「異様」に映るだけのことである。

３ 優良企業の株式会社化

　以上のような株式会社化の目的は，当然，株式会社化そのものの進め方にも影響を与えざるを得ない。株式会社化の目的は有利な資金調達であるから，株式会社化される企業は市場で評価されうる優良企業に限定される。なぜならば，優良企業でなければ高い株価を実現することができず，高い株価を実現できなければ有利な資金調達は行い得ないからである。国有企業の株式会社化といえば，わが国などでは国有企業の非効率経営からの脱却をすぐさま連想しがちであるが，中国においては赤字企業などは株式会社化の対象として論外である。あくまでも優良企業でなければならない。ただ，現実問題として，歴史の古い大手の国有企業の場合は，基幹企業であっても旧式の設備や巨大な福利部門を抱えているのが通常である。それゆえ，優良資産（工場）のみを別会社化することによって即席の優良企業を編成し，それを株式会社に改組する方式が考案された。つまり，一種の分社型の株式会社化である。現地では自嘲気味に「包装上場（包装上市）」と称している。先にみた上場企業上位50社の筆頭株主に政府系の親会社が多いのはまさにこのためである*。

　＊　複雑な企業分割が行われた場合，親会社と子会社の間に複雑な取引関係が発生することがある（関連取引という）。物理的に事業が一体化した会社であっても法律上は別会社になるため売買契約が結ばれるが，市場価格を取引価格に採用しても実務的に操作の余地がないわけではなく，粉飾会計の温床になっている。

5　「社会主義市場経済」と株式会社

　このような，政府支配下の株式会社への資金集中は，株式会社化によって権限が失われることを嫌う現場の党官僚が思いつきで始めたものではない。背後にはより大きなレベルで中国共産党が企む「社会主義市場経済」の構想があり，株式会社化の動向に強い影響を与えている。

第10章 中国における株式会社

　周知の通り,「社会主義市場経済体制」は1992年10月の中国共産党第14回大会において公式に宣言された中国の新しい経済体制である。その特異さは,従来の価値基準では対峙的に捉えられていた「社会主義」と「市場経済」を組み合わせたところにあり,それゆえに世間では「形容矛盾」と揶揄され,一般には「共産党独裁＋市場経済」という理解が普及している。しかし,この経済体制は,実際のところ党の巨大な官僚機構をバックに付けた政府資本が主導的役割を果たす市場経済として構想されたものであって,経済の側面に限ってみても純粋な市場経済とみなすことのできないものである。この点,中国共産党第14回大会の江沢民報告が,「全人民所有制と集団所有制経済を含む公有制を主体とし,個人経済,私営経済,外資経済を補充とする」と宣言した通りである。この総方針の下,株式会社は有限会社とともにこの特異な経済体制に適合した「**現代企業制度**」(近代的企業形態)として正式に解禁された。そして,その際に特に重視されたのが資金調達機能と政府支配の維持であった。第14回党大会の方針を具体化した1993年11月の第14期3中全会決定は,「特殊な製品を生産する会社や軍需企業は国家の独資経営でなければならず,支柱産業とインフラ産業の基幹企業は国家が株式を支配し,非国有資金の出資を吸収し,国有経済の主導的作用と影響範囲を拡大する」と規定している。つまり,基幹産業や重要企業を中心に上場企業の株式を政府が支配し,民間資金を結合してその影響力を拡大させるというのが中国共産党の既定方針なのである。中国の市場経済は,しばしば,権力をも金銭に換える拝金主義の表情をわれわれにみせてくれるが,これを低開発の資本主義経済ゆえの現象とみなして安心していると思わぬ落とし穴に嵌ることになる。最終的には拝金主義者も沈黙せざるを得ないような背後の巨大な構造に注意が払われなければならないのである。

　それにしても,中国共産党に国有企業を株式会社に改組してまで資金を集めさせなければならなかった事情とは一体何だったのだろうか。これについては,改革開放による市場メカニズムの段階的導入に伴って生じた社会的資金循環の

現代企業制度：財産権が明確で,権限と責任の所在が明確であり,政治と企業が分離し,管理が科学的な企業のことを指す。

変容を指摘しないわけにはいかない。すなわち，計画経済の下で政府が一括管理していた生産資金が，改革開放の結果，社会各所に分散してしまったという事情である。拡大再生産投資に用いるため，政府が統一して徴収していた企業や農村の経済剰余は，労働意欲を刺激するためのボーナス制度の導入や，農産物価格の引き上げ等によって広く社会に分散してしまった。また，民間資本の成長の結果，政府の管理に属さない資本が蓄積され始めた。資本主義国であれば，社会各所に滞留する資金は，株式と借入金という2つのルートによって企業にバランスよく供給される。しかし，株式が「禁じ手」のかつての「社会主義」のもとでは国有企業は銀行借入金の形態に依存するしかなかった。このことが国有企業財務を余裕のない借入金依存体質にし，1980年代末から1990年代初頭の景気引き締め時には資金繰りを悪化させる原因ともなったのである。改革開放政策の進展によって一方で蓄積されていく社会的遊休資金と，その一方で進行する国有企業の借入金依存体質化。社会各所に散在する資金を安定的に調達できる株式会社への国有企業の改組は，まさにこうした社会的な資金循環の構造的矛盾によって準備されたものであったといえる。そして，にもかかわらず企業に対する政府支配を維持しようとする党官僚の意思が，資本主義の創業者と同様のプレミアム付新株発行を踏襲させたといってよいだろう。

6 創業者株の流動化と生産手段の公的所有をめぐって

　中国における株式会社の実態が以上のようであるなら，2006年6月に始まった創業者株の売却制限の解除はどのように解釈すべきなのか。政府支配の担保であった国有株の売却制限が解除されることから考えて，私有化に向けた動きと解釈してよいのだろうか。
　この改革は現在なお進行中のものであり，現時点でその結果を断定的に論じることはできない。しばらく推移をみる必要がある。しかし，背後にある改革構想や目下の制度整備の内容から判断すると，この改革も最終的には政府資本の肥大化として帰結する可能性が高い。
　まず，改革の進捗状況から確認しておこう。この改革は，正式には「株主権

分離設置改革」（股権分置改革）と呼ばれる。これまで市場で売買が制限されていた国有株などの創業者株の流通制限を解除する改革である。改革は 2005 年 4 月から始まり，2006 年 6 月から売買が可能になった。需給関係の崩壊を恐れる一般株主（もちろん党官僚やその親族も個人的に多くの株式を所有している）を慰撫するため，この改革は一般株主に対する各種の経済的「補償」を伴いつつ，各社の株主総会で一般株主の同意を得る方式で進められた。株主総会のピークは 2005 年秋から 2006 年末にかけてであり，一定の売却自粛期間を経た後，2006 年 6 月から市場での売買が解禁されている。株式数でいえば，2008 年 8 月から 2009 年末にかけて解禁されるものが多い。もっとも，現時点では実際に売却された創業者株はさして多くはない。2008 年 7 月末時点の統計によると，すでに正式に流通が解禁された創業者株は創業者株全体の 18.79％ に相当する 868.3 億株であったが，実際に市場で売却された創業者株はさらにその 3 分の 1 以下の 258.56 億株であったという。しかも，売却された創業者株の 69.75％ は「持株比率 5％ 未満の株主」によるものであって，その所有比率から考えると，国有企業の株式会社化の際に関連企業や取引先に協力を呼びかけた分の株式が売却されたものと推察される。株主総会の決議により売買解禁後も数年間は売却数や最低売却価格に縛りが掛けられた企業が多いことも影響を与えているだろう。メインとなる大株主の所有株式の流通はまだスタートラインに立ったばかりである。

　では，なぜこの段階で，この改革が政府資本の肥大化として帰結する可能性が高いと予測し得るのか。その第一の根拠は「**創業者利得**」の取得に求められる。殊に高収益企業では創業者利得は巨額となるが，その取得は売却によって初めて可能になる。先程の例で考えてみよう。先程の上場企業は政府の出資が 10 億元であり，所有株式数は 10 億株であった。その後 2.5 億株の増資によって政府持株比率は 80％（発行済株式総数は 12.5 億株）に低下したが，総資産は 30 億元から 60 億元に増大していた。ここで政府がこの上場企業の株式を 2.5

創業者利得：創業者が株式会社の設立に際して払い込んだ出資額と創業者株の売却収入の差として計算される利得。企業を高収益に導いたことへの一種の報償とみなされる。

億株売却したとしよう。政府所有株式数は 2.5 億株減少して 7.5 億株となり，持株比率は 60% に低下する。しかし，この上場企業の株式は，1 株 6 元の価格で取引され得るから（新株発行価格は 6 元であった），政府は 15 億元の売却収入を得ることになる。すなわち売却した株式の額面価格総額の 2.5 億元に加えて，12.5 億元の創業者利得を得るのである。問題は，政府はもともとこの上場企業に 10 億元の出資しかしていないということである。政府は支配下の上場企業にプレミアム付価格で新株を発行させ，創業者株の一部を売却することによって，初期投資額の 1.5 倍の資金を現金で回収すると同時に，増資によって総資産を 60 億元に倍増させた上場企業を 60% の所有比率で支配することが可能になったのである。もし，この上場企業の株式をすべて売り抜けてしまうのであれば，初期投資額の 6 倍に相当する 60 億元の売却収入を現金で得ることも可能であろう。これは明らかな政府資本の肥大化といわざるを得ない。社会に巨額の遊休資金が存在し，株式市場で株価が維持されている限り，このような肥大化が可能になるのである。実際，正式解禁後 2008 年 5 月末までの 2 年間の統計によると，創業者株の売却数 172.77 億株に対して，売却収入は推計で 2908.59 億元であったという（『上海証券報』2008 年 6 月 17 日付）。2006 年から 2008 年 1 月にかけての株価の高騰を受けて，15.9 倍の増大であった。

　第二の根拠は，国有資産の流動化を通じて，政府資本支配の実効性を高める構想を中国政府が明確に描いていることである。社会の隅々にまで政府資本を配した革命以来の経済建設路線を転換し，基幹産業や重要企業に政府資本を集約して，国民経済に対する支配の実効性を強化しようという構想を中国政府はもっている。これは，改革開放以来，民間資本が社会の各所で成長して政府資本の相対化が進展しているにも関わらず，在来型の軽工業部門や中小零細企業にまで政府資本が拘束され，強化すべき産業や企業に政府資本を追加出資できないというジレンマを踏まえたものであった。構想の根底にあるのは，かつてレーニンが NEP 期に提起した「瞰制高地の制圧」という古典的な思考である。国民経済の中には軍事作戦と同様に全体の情勢を制する戦略拠点があり，そこを政府資本で制圧すれば，他の分野で民間資本が優位であっても，政府資本による実効支配が保たれるという思考である。「国有経済の戦略的調整」と名づ

けられたこの構想は，呉敬璉等によって理論武装が進められ，1999年の中国共産党第15期4中全会において提起されて，2010年までの国有企業改革の総指針になった。呉敬璉等は，この戦略を，「国有資産の流動と再編を通じて，適度に国有経済の戦線を縮小させる前提の下で，国有経済の布陣と国有企業の組織構造を改善し，能力を集中させて国家が絶対に維持すべき産業と企業を強化する」，「国有資産を，分散した中小企業から大型・超大型の企業集団へ，低効率の不良企業から高効率の優良企業へ，一般競争領域から国有経済が役割を果たすべき戦略的領域に集中させる」（呉敬璉等〔1998〕『国有経済的戦略性改組』中国発展出版社）と表現している。つまり，弱小国有企業の整理淘汰は一気に進められるのであり，実際そのように進められた*。しかし，政府資本はトータルとしては維持され，むしろ増殖が図られることに注意しなければならない**。「収縮は，単に国有資本の分布領域の調整によるものであって，国有資本の数量の減少ではない」，「国有資本が比較的低効果の領域から比較的高効果の領域へと流動することにより，国有資産の数量は減少することがありえないばかりか，維持増殖をより良く実現できるようになる」ということになるのである***。これは，上場企業の場合，株式を市場で売却し，創業者利得の取得によって増殖した政府資本を重点分野に再投入することを意味する。先程の企業でも，創業者株の売却によって取得した15億元～60億元を新会社の立ち上げに投入するなら，総資産30億元～120億元の企業の設立が可能になる。同じ条件で再度，株式会社化して新株を発行すれば，その総資産はさらに増殖するだろう。国有企業のままであれば年々の内部蓄積に制約される企業規模の拡大や政府資本の増殖が，株式会社化と創業者株の流動化によって，「瞰制高地」への配置構造の調整を伴いつつ，実効的かつ飛躍的に加速されるのである。

* 国家統計局（2007）『中国統計年鑑2007』中国統計出版社，によると，政府支配の株式会社と国有企業は，工業企業だけでも，1999年の6万1000社から2006年の2万5000社へと減少した。
** 同期間に，それらの工業付加価値は3.36兆元から9.89兆元に，総資産は7.49兆元から13.52兆元に，資本は2.68兆元から5.87兆元に，税引前利益は525億元から8485億元にそれぞれ増大した。
*** 「国有経済がコントロールしなければならない産業と領域は主に，国家の安全に

表 10-6　国有資本経営予算

収　入	支　出
①政府100％出資企業からの上納利潤 ②出資株式会社の配当・株式利息 ③企業財産権（株式を含む）の売却収入 ④政府100％出資企業の清算収入 ⑤その他の収入	①産業発展計画や国有経済の配置・構造調整，国有企業の発展要請および国家戦略や安全などの必要に基づいて為される投資（資本性支出） ②国有企業の改革コストの補填（費用性支出） ③その他

(出所)　「国務院関於試行国有資本経営預算的意見」(2007年9月8日) をもとに作成。

関わる産業，自然独占の産業，重要な公益製品とサービスを提供する産業，および支柱産業とハイテク産業の中の重要基幹企業である」(中国共産党第15期4中全会決定)。

　第三の根拠は，まさにそのための制度整備が進行していることにある。2007年9月に運用が始まった「国有資本経営予算」は再投資される政府資本のバスケットといってよいであろう。この予算は，各政府レベルの国有資産監督管理機構またはそれに準じる機構ごとに編成され，表10-6にみるように，政府支配下の企業からの利潤上納と配当，資産や株式の売却収入を主な原資とし，これを「瞰制高地」の産業や企業に投入する構造になっている。支出に関しては，必要に応じて一部を社会保障等の支出に用いることが可能とされているが，財政赤字の補填は想定されていない。この点，株式売却収入を財政的に消費した日本などの国有企業の民営化とは対照的であり，国有資本維持の意思は明確であるといえるだろう。

7　今後の展望

　以上でみたように，中国の株式会社はその多くが政府によって支配され，民間資本を巧妙な方式で結合しつつ，その影響力を増大させている。そして今また，国有株を資本市場の中で流通させ，政府資本を肥大化させようとしている。中国の株式会社は，確かにその企業形態からいえば資本主義のそれと基本的に変わるものではない。しかし，その支配構造や，政治的に期待されている役割は，世界の株式会社の中でも異質な存在であるといえる。党官僚の権力に対する執着と「社会主義」政権の意思は，市場経済化が進んだ今日においても衰え

▶▶ Column ◀◀

レッドチップ企業

　香港は，世界金融と直結した中国の中の資本主義エリアとして，中国の株式会社にとって重要な資金調達の場になっています。2007年までの調達資金の半分弱が香港からのものでした。レッドチップ企業はまさにその資金調達を最大の目的として香港に登記設立された会社です。しかし，香港が中国に返還されたからといって，さすがに資本主義エリアの香港に本社を移転することは政治的にできませんし，事業の本拠地も大陸にあります。そこで香港に中間持株会社を設立して，そこで集めた資金を大陸に投資するという方式が取られます。自然，所有構造は複雑なものにならざるを得ません。図は世界最大の携帯電話回線会社である「中国移動集団」の所有構造です。この企業は，中央政府の国有資産監督管理委員会が所有するれっきとした国有企業ですが，国内各地に展開する携帯電話事業の設備投資資金を調達するため，香港に中間持株会社を設立して上場しています。また，この企業の所有構造をより複雑にしているのは，所有構造の各関節にダミー会社が存在しているからでしょう。それらは，租税回避地として世界的に有名な英領ヴァージン諸島に設立されています。まさに，市場経済のもとでの資本の集積・集中と政府支配，官僚のセクショナリズムが絡み合った「社会主義市場経済」の一端を強烈に示す企業形態であるといえるでしょう。

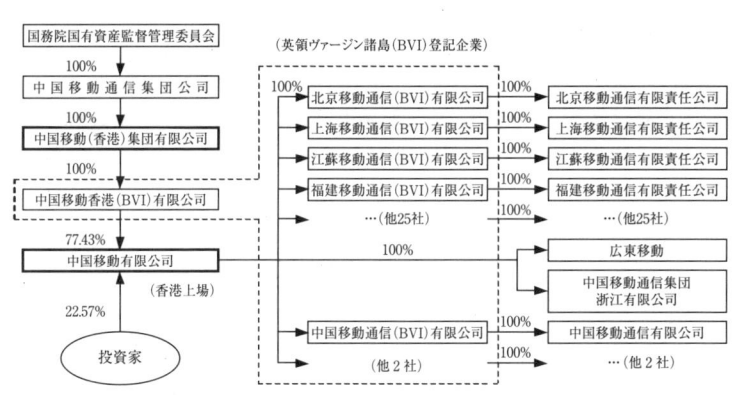

（注）　太枠は香港企業，破線内はBVI企業，その他は大陸企業。中国移動有限公司の子会社，孫会社は主要企業のみ。
（出所）　「中国移動有限公司2007年年報」。

ていないのである。

　ただ，忘れてはならないことは，株式を通じた党官僚の権力の維持と拡大は，皮肉にも市場メカニズムによって支えられているということである。プレミアム付価格での新株発行にせよ，創業者利得の取得にせよ，それらは企業の高収益性と社会的遊休資金の蓄積，そして何よりもそれらを背景とした株価によって支えられている。党官僚の権力を株価が支えるとは，歴史の皮肉以外の何者でもない。上海証券取引所の株価指数（上証指数）は，21世紀に入ってから1500ポイント前後で推移していたが，創業者株の最初の売却解禁日（2006年6月19日）から1年4カ月の間に6092.06ポイント（2007年10月16日）にまで急上昇した。そのあと急落して，2079.67ポイント（2008年9月12日）まで低下した後，リーマン・ショックを迎えた。現在は2625.64ポイント（2009年5月8日）にまで回復している。今後，変転する世界経済の中で中国はどのように株価を維持していくのか。国有株の売却収入を再投資する枠組みを整えた中国共産党の党官僚にとっては，これからが権力維持の正念場となるだろう。

　　［付記］　本章に収録した中国の政府系株式会社に関する現況調査は日東学術振興財団の資金援助を得て行われた。

［推薦図書］

野村資本市場研究所編（2007）『中国証券市場大全』日本経済新聞出版社
　　株式から債券，会計制度，機関投資家，証券会社，非流通株改革まで，中国証券市場の諸問題を網羅的に解説したハンドブック。
川井伸一（2003）『中国上場企業——内部者支配のガバナンス』創土社
　　ガバナンス論の視点から中国の上場企業を分析した研究書。資金面を重視した本章とは異なる視点からの分析であり必読。
張志雄・高田勝巳（2007）『中国株式市場の真実——政府・金融機関・上場企業による闇の構造』ダイヤモンド社
　　かつて上海証券取引所や邦銀上海支店に勤務した2名が明かす中国の証券市場と株式会社の知られざる実態。

［設　問］

1．中国の産業を1つ選定し，その産業に属する上場企業すべてについてそれぞれ

どのような所有構造になっているのかを調査し、特徴を分析してみよう。
2.「社会主義市場経済体制」は社会主義なのか、資本主義なのか、それとも全く新しい別の経済体制なのか。株式会社をめぐる改革の今後の成否も含めて検討してみよう。

(中屋信彦)

終 章

現代株式会社の社会的責任と社会的規制
――企業不祥事を中心に――

　株式会社は，生産・雇用・投資あるいは政治的活動を通じて，われわれの生活に大きな影響を与える存在になっています。良い影響だけではなく，企業不祥事にみられるように，悪い影響をももたらします。まさに現代のリバイアサン（巨大生物）です。企業不祥事に対応するために株式会社の社会的責任が求められています。はたして，それだけで十分でしょうか。本章では，まず，株式会社の社会的存在を確認した上で，企業不祥事が生じている原因を探る中で，企業の社会的責任と社会的規制が相互補完的に必要であることそして，その中に，株式会社の未来のあるべき姿もみえてくることを学びます。

1　現代日本における株式会社の位置

1　商品・サービス・雇用提供者としての株式会社

　株式会社は，企業数でも，従業員数でも他の企業形態を圧倒している。

　国税庁の『平成18年分の税務統計からみた法人企業の実態』では，株式会社は，全法人数258万5999社のうち96.3％（249万1017社），資本金10億円以上では，全法人6576社のうち95.1％（6257社）を占めている。総務庁の『事業所・企業調査』をみると，個人企業と法人（株式会社，合名・合資会社，相互会社，外国の会社，独立行政法人等，その他の法人）などを合わせた民営組織（個人企業と法人）の事業所数は，572万2559であり，そのうち，株式会社の事業所数は，257万1304と44.9％を占め，個人企業（273万5107，47.7％）についで多い。

　従業員数でみると，株式会社の占める比重はさらに高くなる。民営の従業員数5418万4428人のうち，株式会社は3953万8664人，73.0％を占めている。

株式会社はわが国における最大の雇用主である。ただ，株式会社は女性の比率が低く，非正規率は高い。男女別にみると，個人企業では，女性比率は54.2%（男：346万5332人，女：409万4002人）と高いが，株式会社では，女性比率は37.5%（男：2469万2567人，女：1484万6097人）と低い。また，従業員の雇用形態別にみると，会社――株式会社単独の統計が利用できないので会社で代用――の従業員数3996万3113人のうち，常用雇用数は3533万3311人，そのうち正社員・正職員は2289万4332人であり，非正規従業員は1706万878人，非正規率は42.7%である。男性の非正規率は29.9%，女性のそれは，63.8%と，女性の非正規率は高い。

とはいえ，わが国の多くの株式会社が節税対策等から形式的に株式会社形態をとっているので，株式会社の位置を明確にするには，大規模の株式会社のみをみる必要がある。

財務省の平成18年度の『法人企業統計調査』によれば，273万5630の営利法人のうち，資本金10億円以上の法人は5612と，数の上ではわずかに0.2%を占めるに過ぎないが，従業員数4188万8593人のうち682万2199万人と16.3%を，売上高では1566兆4328億5000万円のうち598兆22億9400万円，38.2%となる。注目すべきは，その比率は，資産総額では，1390兆2474億1700万円のうち657兆1787億7400万円と47.3%，当期純利益では，28兆1650億500万円のうち19兆6882億2800万円で，69.9%と高い値を示していることである。数の上で0.2%しか占めない大企業の株式会社が，わが国の法人全体の当期純利益の7割を占めているのである。まさに，富の集中である。

大企業が企業集団（本書第6章，参照）を形成し，中小企業を包含していることを考慮すれば，上の諸数値は，もっと高くなる。

2 投資機会提供者としての株式会社

さらに本来の意味での株式会社である上場会社は，投資家や投機家に投資機会を提供している。

全国証券取引所（東京，大阪，名古屋，札幌，ジャスダックなど）の上場会社数は，1961年と1985年を境に増大し，2007年末では2809社（重複分を除く）

に達し，3694億株の株式が取引されている。その時価総額は，487兆8953億円である。とりわけ，株式売買代金は，1991年のバブル経済の崩壊によって大きく減少するとはいえ，2007年には，GDPの2倍弱にもなる795兆1715億円にまで膨張している（東京証券取引所『東証要覧』2008年版）。2008年は，世界金融危機の影響で減少するが，それでも605兆4097億円である。

これらの株式投資は，この間の投資部門別株式保有比率の推移が示しているように（第5章，参照），投機性資金の流入を伴いつつ，M&Aや敵対的買収の増加をも背景として，外国人株主や投資信託が主に担ったのである。こうした変化の中で，配当の増大や配当性向の高まりにみられるように（序章8頁，参照），上場会社の経営は株主への利益還元を重視する経営となり，株主重視の米国型会社制度の導入を可能とする会社法の改正が生じたのである（第3章から第5章までの各章，参照）。

なお，個人株主数の増加についても，注目しておく必要がある。1960年度頃には約1000万人にすぎなかった個人株主数が，NTTの株式売却を含むバブル経済期に急増し，2000年度には3000万人を超え，2007年度には3996万人と4000万人に迫っている（全国証券取引所「平成19年度株式分布状況調査」）。単純平均で日本国民の3人に1人が上場会社の株主である。もちろん，この数字には重複（複数以上の会社の株主）があり，実際の個人株主数を表すものではない。日本証券業協会「証券投資に関する全国調査（個人調査）」2006年（http://www.skkc.jp/pdf/data/h18/report/01.pdf）によると，全国500カ所20歳以上の7028人の調査において株式保有比率が13.6%であったことから，2006年の個人株主数を約1329万人と推定している（同上調査9頁）。

国民多数が「投資家」として，株式市場に，したがって，株式会社の企業行動に関わるようになってきた側面を見ておく必要がある。今日の株主資本主義を是認する国民意識の現実的基盤の1つであるといったら言い過ぎであろうか。

* ロバート・ライシュ（雨宮寛・今井章子訳『暴走する資本主義』東洋経済新報社，2008年）は，今日の資本主義を超資本主義と呼び，そこでは，国民が生産者や労働者としてよりも，消費者や投資家としての意識で行動し，結果として，民主主義が否定される社会となっていることを指摘している。

3　政治資金提供者としての株式会社

　株式会社は，政治活動にも「参加」している。特に，上場会社を中心とする巨大株式会社は，鉄鋼連盟，日本自動車工業界，銀行協会などの業界団体や日本経団連をはじめとする中央経済団体を形成し，政府の政策決定や政党活動に影響を与えている。そのルートは，日本経団連などによる政策提言，財政諮問会議や行政改革委員会などの政府の各種審議会に加えて，政治資金＝企業献金である。

　日本経団連は，2002年経団連と日経連が統合して結成されたが，会員1343企業と130団体および地方団体から構成されており，文字通り，日本の巨大産業・企業の「総司令部」的存在であり，会長は「財界総理」ともいわれる。

　企業献金は，経営者が自らの所得から支出する個人献金ではなく，法人企業が利益の一部から政党等に寄附する資金であり，以前から贈収賄の危険をはらむものとして批判され，1993年経団連も「廃止を含めて見直す」と宣言していた。しかしながら，2003年に，日本経団連が自らの政策（「優先政策事項」）を判断尺度にして政党の政策評価を行い，評価づけが高い政党に，会員企業・団体が政治献金することを積極的に促すに至ったのである（日本経団連「政策本意の政治に向けた企業・団体寄附の促進について」2003年5月12日）。経団連による企業献金斡旋について，イギリスの経済週刊誌『The Economist』（2003年9月20日号）は，「献金疲労の終焉」（The End of Donor Fatigue）記事で，与党が法人税の削減や年金の企業掛金の上限設定など企業の租税負担を軽減してくれたことに対する見返りの意味をもつとし，日本経団連にはスキャンダルに対する責任も生じると述べている。

　株主オンブズマンは，「統一的に自己の固有の要求実現のために自民党等への巨額献金をすることが肯定されると，日本の政党は金によって『財界』や『業界』に支配されることになります。とりわけ，献金額が巨額であると，その金の力で，参政権を有する国民の自由な『言論』と平等な選挙権を前提に政党が政策を形成し実現するという民主主義の根本原則が崩れ」ると，日本経団連による企業献金斡旋中止の申し入れを行った（http://kabuombu.sakura.ne.jp/archives/040122-1.htm）。この問題の根本には，政治に参加する権利が，自然人

終　章　現代株式会社の社会的責任と社会的規制

表終-1　国民政治協会への寄附金上位団体・会社（2007年）

経済団体	（単位：千円）	会　社	（単位：千円）
日本自動車工業会	80,400	トヨタ自動車	64,400
石油連盟	80,000	キヤノン	50,000
日本鉄鋼連盟	80,000	新日本製鐵	40,000
日本電気工業会	77,000	三菱重工業	40,000
不動産協会	37,000	東　芝	38,500
日本百貨店協会	25,000	日立製作所	38,500
日本鉱業協会	21,000	松下電器産業	38,500
石油化学工業協会	20,000	住友化学	36,000
日本チェーンストア協会	20,000	JFEスチール	35,000
日本自動車販売協会連合会	18,600	住友商事	33,000
全国信用金庫協会	17,000	三井物産	33,000
日本化学繊維協会	13,000	三菱商事	33,000
板硝子協会	11,000	本田技研工業	31,000
セメント協会	10,000	日本郵船	30,000
全国乗用自動車連合会	10,000	武田薬品工業	28,370
日本製紙連合会	10,000	野村ホールディングス	28,000
日本チェーンドラッグストア協会	10,000	三菱電機	25,200
		伊藤忠商事	25,000
		日産自動車	24,000
		大和証券グループ本社	22,000
		昭和電工	21,000
		マツダ	20,000
		丸紅	20,000

（出所）　国民政治協会「平成19年収支報告」（http://www.kokuseikyo.or.jp/syuushi/h19.html）から作成。

にのみ認められるのか，法人にも認められるのかという議論がある。なお，自民党への企業献金は国民政治協会を通じて行われるが，代表的事例は**表終-1**のとおりである。

2　株式会社規制の3つの方法

1　Kaysenによる株式会社規制の3つの方法

　これまで述べてきたように，株式会社，特に巨大株式会社は，商品・サービスや雇用および投資の最大の提供者であるとともに，政治資金をも提供し，政治活動に「参加」し，株式会社が現代の経済生活のみならず政治をも支配とまではいかなくとも，大きく左右するようになっている。まさに，現代のリバイ

アサン（巨大生物）である。

それ故に，株式会社を規制する必要が生じるのである。特に，株式会社が企業不祥事の最大の担い手であるだけに，企業不祥事をなくす上でも，株式会社の規制が重要な課題となる。なお，株式会社制度と同様に規制のあり方も，米国型とヨーロッパ型は異なるけれども，以下では，米国型を中心に考えていきたい。

かつて，Kaysen は，会社権力を抑制する方法として，①「市場競争を促進する事による営利権力の制限」②「実業界の外部の機関による営利権力の広範囲のコントロール」③企業内部における権力行使に対する責任の制度化（institutionalization）の3つを挙げた（Carl Kaysen〔1959〕"The Corporation : How much power? What Scope?", Edward S.Masoned, *The Corporation in modern Society*, Harvard University Press, Cambridge, p.103, ただし，Robert A.G. Monks, Neil Minow〔2004〕*Corporate Governance third Edition*, Blackwell, p.24 からの再引用）。これを今日の視点から再解釈すると次のようになる。

2　市場による自動調整

前項①の市場競争の促進が会社の権力を制限するというのは，供給者と需要者の双方が競争状態にあれば，供給曲線と需要曲線が交わるところで価格が決定され，その下で財が生産されるときに「資源配分」が最も効率的に達成されるという市場メカニズムによって，供給者と需要者の行動が自動調整されるという考え方である。ただし，市場競争秩序自体は，反トラスト法ないしは独占禁止法で保証される必要があるが，それらが有効に機能しない場合，あるいはその強化を主張しないで市場による自動調整に信頼をおく考え方は，今日，リーマンショック以降の世界的金融でも批判されている「市場原理主義」である。

3　社会的規制

②の営利権力を規制する「外部の機関」の1つの代表は，いうまでもなく，国家ないしは政府であるが，もう1つは，従業員，労働組合，消費者（団体），住民（団体），NPO ないしは NGO などである。前者は公的規制ないしは政府

規制である。後者はボーゲルの言葉*に倣い市民規制と呼ぼう。この政府規制と市民規制をあわせて，ここでは社会的規制ということばを使用する。

> * デービッド・ボーゲル／小松由紀子他訳（2007）『企業の社会的責任（CSR）の徹底研究　利益の追求と美徳のバランス－その事例による検証』(The Market for Virtue : The Potential and Limits of Corporate Responsibility) 一灯社，4-5頁。ただし，ボーゲルの市民規制は，労働組合を含んでいないこと，その反対に，後述する企業の社会的責任に含まれる「管理職や従業員が抱いている価値観」を含んでいる点で問題がある。

政府規制は歴史的にも，所得格差，貧困，公害，環境汚染などの外部不経済のように市場による自動調整作用では解決しないこと，つまり「市場の失敗」を除去・是正する役割をもって登場した。しかしながら，1980年代以降の「小さな政府論」ないしは市場原理主義の下で，政財官癒着や官僚の弊害のような「政府の失敗」を根拠に，公共サービスや公企業の民営化や規制緩和＝競争導入が行われてきた。独占禁止法や会社法だけではなく，公益事業規制や環境・安全・労働・医療規制なども緩和されてきた。グローバリゼーション――正確にはアメリカ合衆国モデル中心の――がさらにこの傾向を促進する。「政府の失敗」そのものの問題は，ここでは論じない。政治家や官僚の自己保身の問題もあろうが，株式会社との関わり方の中で「政府の失敗」が生じていることを指摘しておきたい。

市民規制は，従業員による内部告発，労働組合による労働条件改善要求，消費者による商品告発・ボイコット，NPO，NGOによる圧力などであり，今日，株式会社への規制において，重要な役割を果たしている。

4　自主規制としての株式会社の社会的責任（CSR）

③の「企業内部での責任の制度化」が，企業の，正しくは，株式会社の社会的責任（Corporate Social Responsibility）であり，またそれを支えるステークホルダー型経営である。

CSRは，定義や内容は曖昧であるが，コンプライアンス（法令遵守）経営，社会的貢献，企業倫理などを内容としている。国際的にも国内的にも，政府レベルでも企業・経済団体レベルでも展開されている。国連のグローバル・コン

パクト，日本経団連の企業行動憲章や各社のCSR（資生堂の事例については，本書第4章，参照）などが代表例である。このCSRを保証する企業内部のあり方としてステークホルダー型コーポレート・ガバナンス構造が強調されてくる。

CSRが，特に今日，株式会社規制の方法として重視されて登場してきたのは，一方では，企業批判をかわす目的，言い換えれば，①の市場による自動調整ではうまくいかないことを物語るのであるが，他方では，グローバリゼーションが進展する中で②の政府規制が緩和されていることを挙げることができる（ボーゲル〔2007〕15頁，参照）。

以上にみたような株式会社を規制する方法は，社会に与えるマイナスの影響，企業不祥事に対して，どこまで有効であろうか。有効にするためには何が必要かを次に論じたい。

3 企業不祥事とその原因

1 企業不祥事の意味と実際

まず企業不祥事の意味を考えたい。企業不祥事の確立された定義はないが，不祥事の一般的意味が，「関係者にとって不名誉で好ましくない事柄・事件」（『広辞苑』第6版）であるとすると，企業不祥事は，「企業が引き起こした社会にとって好ましくない事件や事故」（小山厳也企業倫理研究グループ〔2007〕『日本の企業倫理　企業倫理の研究と実践』白桃書房，38頁），換言すれば，企業が社会に対して引き起こすマイナスの影響ということになろう。英語では，corporate scandalである。とはいえ，実際に生じている企業不祥事ないしはcorporate scandalは，代表的事例（表終-2参照）が示すように，火災・爆発などの産業事故，列車・航空機事故，食品偽装，偽装請負や男女間賃金差別および不当解雇など労働問題，データ改ざん，公共工事をめぐる贈収賄，粉飾決算や簿外取引および有価証券虚偽記載などの不正会計，総会屋への利益供与，インサイダー取引，脱税などにみられるように，その多くは，企業の法律違反ないしは違反疑惑である。企業犯罪＝corporate crime，企業故殺＝manslaughter，企業殺人＝corporate homicide，企業詐欺＝corporate scam, corporate fraudと表現さ

終　章　現代株式会社の社会的責任と社会的規制

表終-2　米国と日本における企業不祥事の代表的事例

	露見した年月	株式会社名	不祥事の内容
米国	1984年12月	ユニオン・カーバイド社（米系化学会社，2001年ダウケミカル社に買収）	40トンのイソシアン酸メチル漏れ死者　約1万人から2万人の被害者約55万人
	1989年3月	エクソン（米国石油会社，1999年11月モービルと合併し，エクソン・モービル社となる）	タンカー「エクソン・ヴァルディーズ」号がアラスカ海岸で座礁，約4万2000キロの原油が流失し，大規模な海洋汚染
	2001年12月	エンロン社（米国電力・エネルギー）	40億ドルの簿外取引と株価下落直前の経営者によるインサイダー取引
	2002年6月	ワールドコム社（米国通信事業社）	回線維持料を資産計上やその他の会計操作で利益を過大表示
日本	2000年6月	雪印乳業	乳製品による食中毒事件（被害者約1万3000人）
	2001年10月	雪印食品	国外産牛肉を国内産と偽装して，国産牛肉買取事業による補助金を不正取得，会社を閉鎖
	2004年3月	カネボウ	架空売上げなどを計上
	2004年5月	三菱自動車	大型車両事故続発　リコール隠し発覚　元社長業務上過失致死で有罪判決
	2004年8月	関西電力	配管破裂事故11人死傷
	2005年3月	東武鉄道	踏切で歩行者4人はねられ死亡
	2005年4月	松下電器産業（現パナソニック）	石油温風器で一酸化炭素中毒死亡事故，回収・修理
	2005年4月	JR西日本	福知山線脱線事故　死者107名，負傷者549名（2005年12月JR東日本羽越線脱線事故死者5名，負傷者32名，2006年1月列車接触事故死者3名）
	2005年6月	グッドウイル・グループ	違法派遣業務に業務改善・停止命令(2007年6月，日雇い派遣給与から「データ装備費」を違法天引き)
	2005年11月	木村建設　ヒューザー	耐震強度偽装，木村元社長は懲役3年，執行猶予5年，小嶋元社長は裁判継続中
	2006年1月	ライブドア	自社株の売買益などを売上高に計上
	2006年3月	西武鉄道	不動産売買偽装による総会屋利益供与，元専務らに執行猶予つき有罪判決，堤会長ら辞任
	2006年6月	村上ファンド	ニッポン放送株によるインサイダー取引，村上代表に懲役2年，追徴金11億円超の判決，控訴中
	2006年12月	大林組，清水建設，鹿島，奥村組，前田建設工業	名古屋市地下鉄延伸工事で談合，各社役員が辞任，大林元顧問ら逮捕，07年有罪確定
	2007年2月	リンナイ	ガス瞬間湯沸かし器で一酸化炭素中毒死亡事故（翌年7月パロマでもガス給湯器で一酸化炭素中毒死亡事故）
	2007年3月	フルキャスト	違法派遣業務に業務改善・停止命令
	2007年5月	ミートホープ	原材料の虚偽表示，賞味期限の改ざん，元社長が有罪判決
	2008年1月	日本マクドナルド	店長の残業代未払いに東京地裁が支払命令
	2008年1月	兼松	男女間の賃金格差，東京高裁7250万円の支払命令（2002年7月野村證券でも男女賃金格差に対して一部認める判決）
	2008年1月	日本・王子・大王・北越・三菱・紀州・丸住製紙，中越パルプ工業	再生紙偽装問題　公正取引委員会が排除命令，北越製紙社長引責辞任など

（出所）　ジョエル・ベイカン／酒井泰介訳（2004）『ザ・コーポレーション——わたしたちの社会は「企業」に支配されている』早川書房；『週刊東洋経済』2008年6月14日号などより作成。

247

れ，コンプライアンス（compliance：法律遵守）が重視されるところである。

2 企業不祥事と利益（株主利益）最大化

それでは，なぜそうした企業不祥事が生ずるのか。その回答を企業風土や企業倫理ないしは組織におけるヒューマンエラーなどに求める見解がある。そうした議論は有用ではあるが，企業不祥事の本質を曖昧にするおそれがある。ここでは，ジョセフ・E・スティグリッツ（ノーベル経済学賞を受賞し，アメリカ大統領諮問委員長，世界銀行副総裁など歴任），ジョエル・ベイカン（ブリティッシュ・コロンビア大学教授），ロバート・ライシュ（アメリカ合衆国のクリントン政権下で労働長官を務めた）らの見解に基づいて，企業不祥事の原因は，次の3つにまとめることができる。

第一は，一般的に「市場の失敗」と呼ばれるが，企業がそのコストを外部に押しつけた結果である。スティグリッツは，多国籍企業が開発途上国等で環境問題や汚職・贈賄問題，雇用問題などを生み出しているのは「企業方針としては，みずからのコストを社会に押しつける」（ジョセフ・E・スティグリッツ／楡井浩一訳〔2006〕『世界に格差をバラ撒いたグローバリズムを正す』徳間書店，290頁）ことから生じているとし，ベイカンは，「実際，費用を外部化しなくてはならないという企業の生来の強迫観念が，世界の社会の主要な社会問題，環境問題の病根であるといっても過言ではない」（ジョエル・ベイカン／酒井泰介訳〔2004〕『ザ・コーポレーション――わたしたちの社会は「企業」に支配されている』早川書房，82-83頁）と，またモンクス＝ミノウ（Robert A.G. Monks, Neil Minow〔2004〕p.108）も，株式会社はコストを外部に転嫁すると述べている。

外部不経済が企業不祥事の大きな原因の1つであることは，すでに1970年代半ばにハーバード大学の「企業の社会的責任」研究プロジェクトに参加した研究者も認めているところである。小山嚴也「アメリカにおける企業の社会的責任論の生成と展開」（松野弘ほか編著〔2006〕『「企業の社会的責任論」の形成と展開』ミネルヴァ書房，120頁）によれば，アッカーマン＝バウワー（Ackerman, R.W., Bauer R.A.〔1976〕*Corporate Social Responsiveness: The Modern Dilemma*, Reston）は，企業が対応する社会的課題事項を，①企業活動によって直接引き起

こされるものではなくむしろ社会の欠陥を反映した職業差別，貧困，麻薬，都市の荒廃など，②経済活動の外部への影響：生産設備からの公害，財・サービスの質，安全性，信頼性，マーケティング活動から生じる「曖昧さ」「ごまかし」，工場閉鎖や工場新設の社会的影響など，③企業内部に発生する雇用機会均等，職場の健康・安全，労働生活の質など，の3つに整理し，②と③の領域が重要であるとしている。ただし，③の労働災害や解雇なども外部不経済と把握すべきだと思われる。

このコストの外部化の根底にあるのが，利益最大化という企業目標である。特に，最近は，株式会社は株主のものであるという株主主権論に基づく株主利益の最大化，ないしは株価最大化が企業目標となっているのである（ローレンス・ミッチェル／齋藤祐一訳〔2005〕『なぜ企業不祥事は起こるのか――会社の社会的責任』麗澤大学出版会〔Lawrence E. Mitchell〔2001〕*Corporate Irresponsibility : America's Newest Export*, Yale University Press〕）。エンロンやワールドコムの粉飾決算には，株価最大化圧力があったといわれている（中北徹・佐藤真良「エンロン，ワールドコム事件と企業統治」『フィナンシャル・レビュー』2003年12月，16頁）。

3 企業不祥事と株式会社の性格：有限責任制と法人制

第二は，株式会社の有限責任制（limited liability）と法人制である。まず前者から見てみよう。

出資額を限度に責任を限定するという有限責任制は，大量の社会的資金の調達を容易にし，大規模事業組織としての株式会社の発達を可能にしてきたのである（第2章，第7章，参照）が，同時に，外部にコストを転嫁させることをも可能にしてきたのである。上村達男は，出資額以上に責任を問われないことを株式会社の「非倫理性」と言っている（上村達男・金児昭〔2007〕『株式会社はどこへ行くのか』日本経済新聞出版社，364頁）。

次のミッチェルの文章に，株式会社の「非倫理性」はよく表現されている。
「有限責任とは企業がどんなに環境を破壊しようと，どれほど債務を踏み倒そうと，マリブ（費用節減のため燃料タンクの設置場所を変更しなかったために事

故を起こしたゼネラル・モータースの自動車：引用者）のような車の爆発やタイヤの破壊あるいはアスベストによって，従業員や消費者を死なせようとも，そして年金などの手当なしに，とりわけ従業員を追い出そうとも，つまりどんなに痛みを引き起こそうとも，企業の賠償責任（それが問われたとしても）は，会社資産の範囲内にとどまる」（ミッチェル〔2005〕60頁）。

奥村宏は，バブル崩壊後，不良債権を抱えて経営危機に陥ったわが国の銀行救済のために公的資金が導入されたことに関して，「株式会社である銀行の最後の責任をとる者がいないから，国民の税金でそれを負担する。これはまさに株主有限責任のリスクを国民に転嫁したものである」（奥村宏〔2006〕『株式会社に社会的責任はあるか』岩波書店，46頁）と述べている。さらに，りそな銀行などの場合は，公的資金投入で株価が上昇したから，株主は有限責任さえ負わなかったという。まさにモラルハザード（moral hazard：道徳の欠如）である。モンクス＝ミノウやスティグリッツも，有限責任がコストの外部化を促進していることを認めている。

それでは，有限責任を廃止すべきか。スティグリッツは，有限責任の利点を活かすために，例えば20％以上の株式を保有する支配株主に，「企業自体が倒産した場合でも責任は負う」ように規則を変更することを提案している（スティグリッツ〔2006〕308-309頁，参照）。上村も，支配株主が有限責任を超える責任を果たすように制度の変更を訴えている（上村・金児〔2007〕120，258-259頁，参照）。

株式会社が法人であることが，さらに責任をとらない，ないしはとることができないことを可能にしている。わが国では，法人への刑事罰すら行われない。

［4］ 企業不祥事と規制緩和

第三は，政府規制の緩和である。

企業がコストを外部化し，社会にマイナスの影響を与えること，つまり「市場の失敗」を是正するために，政府規制が20世紀初頭以降，強化されてきたのであるが，1980年代以降の最近の企業不祥事は，この政府規制の緩和によって促進されているのである。

終　章　現代株式会社の社会的責任と社会的規制

　この典型は，合衆国では，エンロン事件である。電力産業の規制緩和により認められた先物市場取引（議会工作でエンロンがこの規制緩和を認めさせた）を通じて，エンロンは利鞘をかせぐために電力不足を起こさせ，卸売り価格を引き上げるという人為的な価格操作を行った。カリフォルニア州が電力市場の価格規制に乗り出したときに，価格下落が生じ，エンロンが経営危機に陥ることとなった。この経営危機の中で，粉飾決算やインサイダー取引が行われたのである（ベイカン〔2004〕133-134頁，参照。SARO ＆ MILLER／橋本碩也訳〔2002〕『エンロン崩壊の真実』税務経理協会も参照，特に，モンクス＝ミノウ〔2004〕の付録CDには，エンロン事件の議会公聴会資料などが収載されており，有益である）。付言すれば，エンロン社はいわゆる社会的責任にも熱心であった。このエンロン事件に続き，ワールドコム事件などの会計不正事件が相次ぐ中，2002年7月，企業改革会計法（Sarbanes-Oxley法）が制定されたのである。

　サブプライム・ローン問題に端を発するリーマン・ブラザーズの倒産，AIGの経営危機など2008年秋に露呈した金融危機は，まさにアメリカ合衆国の金融業における規制緩和の産物である。

　規制緩和と企業不祥事の関係は，わが国でも同様である。

　まずライブドア事件や村上ファンド，さらにカネボウなどのインサイダー取引疑惑や粉飾決算などの不正会計事件は，株式交換による自社株取得，株式の一万株分割など近年における会社法の規制緩和なしには起こりえなかったのである（上村・金児〔2007〕200頁，参照）。

　雪印乳業や雪印食品事件（中毒事件の背景に効率化があったことを指摘した論文に清水池崇治・飯澤理一郎「乳製品過剰下における乳業資本の収益構造に関する考察－雪印乳業食中毒事件の背景を視野に」『農経論叢』61号，2005年3月がある）や食品偽装事件の背景には，食品添加物や農薬の食品への使用基準を緩和したことや，行政による直接規制に代わり，企業の自主的規制に委ねるHACCP制度を導入した1995年の食品安全衛生法改正があり，建築偽装の背景には，仕様規定から性能規定へと変更し，建築物確認の「民間開放」を規定した1998年の建築基準法がある（内橋克人〔2006〕『悪夢のサイクル　ネオリベラリズム循環』文藝春秋，42頁）し，さらに偽装請負や日雇い止めなどと，労働の規制緩

和は直接に結びついている。

　JR西日本が起こした福知山線脱線事故の直接の原因は，運転手がカーブで減速しなかったことにあるが，その背景には，厳しい労務管理に加えて，収益主義的経営と国土交通省による安全規制の緩和があった。前者についていえば，分割・民営化され，経営基盤が脆弱であったJR西日本が完全民営化を達成し，外国人株主が増加し，高いROE（株主資本利益率）を設定する中で事故が生じたのであり，それがあれば列車事故をふせぐことができた列車自動停止装置（ATS-P）の設置義務を国土交通省は緩和していたのである。なお，福知山線脱線事故を契機に国土交通省は，2006年3月「運輸の安全性の向上のための鉄道事業法の一部を改正する法律（平成18年法律第19号），「鉄道に関する技術上の基準を定める省令等の一部を改正する省令」（平成18年国土交通省令第13号）を公布し，前者では，安全管理規定の作成・届け出の義務化，安全統括管理者の選任・届出の義務化，安全に関する情報の公表，後者では，速度超過防止用ATSや運転士異常時列車停止装置，運転状況記録装置などの設置の義務化，ATSの設置基準とその義務化などが規定された（詳細は，桜井徹「公益企業のコーポレート・ガバナンスと民営化・規制緩和――『企業不祥事問題』と『効率問題』に関わって――」『会計学研究』第21号，2007年3月，17-40頁を参照されたい）。

5　株式会社の社会的責任（CSR）と企業不祥事

　CSRが企業不祥事解決に果たす役割は，すでに紹介したベイカンやミッチェル，奥村宏は否定的である。経営者が道徳的目標を遂行しても，最終的には企業目標に従わなければならないからだというのである。ミルトン・フリードマン（Milton Friedman〔1970〕"The Social Responsibility of Business is to Increase its Profits", *The New York Times Magazine,* September 13）とこの点では意見を共にする。しかも，株式会社は，有限責任のゆえに責任をとらないのである。

　それでは，企業不祥事に対して，CSRは全く無力であろうか。ボーゲル（2007）は，発展途上国における米国企業を中心とするCSRの事例を丹念に分

終　章　現代株式会社の社会的責任と社会的規制

析し，その効果と限界を指摘している。すなわち，ボーゲルは，CSR は経営戦略の一貫であることを認めつつも，消費者運動や NGO などの団体の圧力を受けて行われており，特に，①発展途上国における労働条件の改善，②環境保護および③人権問題，に対して株式会社の自主規範は一定の効果を果たしていると結論づけている。

　①では，1990 年代に，スポーツ用のシューズやウェアのメーカーとして有名なナイキ社が，インドネシア・パキスタン・ベトナムなどの諸国で生産を委託していた下請企業における労働条件が低劣であるという批判をうけ，1998 年に創業者のナイトが一連の改革を提示し，労働条件の改善に効果をもたらしたこと，②では，石油精製メーカーである BP（ブリティッシュ・ペトロリアム）社が CO_2 排出削減を公約したこと，③では，軍事独裁政権が支配しているビルマにおいてパイプライン・プロジェクトに参加したユノカル社が，批判に応じて，ビルマから撤退したこと，などの成果がその代表的事例である。

　だが，自主規制としての CSR は，競争の中で利益最大化目標に従属せざるを得ず，本来の目標からいって大きくかけ離れていることも，ボーゲルは認めている。

　わが国の CSR の事例に関する研究でも，必要性を主張するものを別にすれば，CSR に一定の役割と同時に限界を認めている。特に注目すべきは，野村證券における男女差別問題に関する事例である。男女差別を訴えられた野村證券が裁判中に倫理規定を作成し，2004 年 10 月の和解後に人事コースを作成し，男女差別に対して改善を行うに至ったのは，原告とそれを支えた労働組合，団体，個人の運動が国連女性差別撤廃委員会での日本政府に対する批判，ILO のレポート作成などの国際世論を生みだし，スウェーデンの社会的責任投資分析会社（Global Ethical Standard Investment Service : GES）が野村證券を投資不適格リストに移行させ，そのことを公表したからである（田中均・沖和子「社会的責任投資が野村證券男女差別裁判の和解に及ぼした影響」『労務理論学会誌』第 17 号，2008 年，141-142 頁，参照）。なお，野村證券における女性管理職数とその比率は，2005 年 3 月末の 27 名，0.9% から 2008 年 7 月 1 日の 76 名，2.17% に上昇している（『Nomura CSR Report』2005 年版，49 頁，同，2008 年版，41 頁）。

この事例から，またボーゲルの指摘からも理解しうることは，CSR が一定の役割を果たす際，労働組合や消費者，NGO などの運動が不可欠であるということである。さらに，有効な政府規制が発揮されれば，株式会社の行動を規制することは可能であるということである。事実，ILO などの国際機関もその役割を一定果たしているのである。

4 社会的規制の下での CSR：株式会社の将来

企業不祥事問題を通じて株式会社のあり方を述べてきた。

外部機関である政府と労働組合，消費者団体，住民団体，NGO とが協同しつつ，換言すれば，政府規制と市民規制とを含む社会的規制の下で株式会社に社会的責任を求めていくことが重要となる。

その過程で，株式会社の長所でもあり欠点でもある法人制と有限責任制が変化ないしは変質していくことも十分考えられよう。特に，支配的株主の有限責任は，その責任の明確化のためにも，無限責任的な要素を含める形に改善していく必要がある。

これらの結果，株式会社に代わる新しい企業形態が生み出されるのか，あるいは，さらに高次の段階に株式会社が移行することになるのかは，現在のところ，不明である。たしかに株式会社は，16 世紀以降，経済力を発達させるために人間社会が作り出した機関ではあるが，その株式会社に人間が支配されるのではなく，それを再定義する中で，人間が作り直すことも可能であり，そうした段階に到達していることだけはたしかである。

（桜井　徹）

索　引

あ　行

ISS　*124*
IPO　*225, 226*
アウトサイダー　*206, 207, 209, 214*
アデナウアー，K.　*165, 190*
アングロサクソン型　*145, 161*
イールズ，R.　*151*
委員会設置会社（委員会等設置会社）　*10, 11, 60, 62, 63, 74-76, 79, 85, 87, 96*
移行　*203, 216*
移行経済　*215*
インサイダー　*194, 204, 209*
Institutional Shareholders Services　*116*
インフォーマル・ルール　*161, 162*
ウォールストリート・ルール　*41, 154*
ウォールマン，S. M. H.　*163*
エアハルト，L.　*165, 171-173, 190*
H株　*224, 225*
A株　*224, 225*
エージェンシーコスト　*88*
エージェンシー理論　*154*
エクイティー・ファイナンス　*106, 107*
M&A（合併・買収）　*112, 113, 207, 208, 211, 212*
MBO　*9*
LLC　*53*
LBO　*152*
オイケン，W.　*167-170, 175*
黄金株　*200, 208*
大塚久雄　*146, 147*
オランダ東インド会社　*23, 24*
オルドリベラリズム　*166, 167*

か　行

会計監査　*28, 29*
会計参与　*27, 29, 49, 57-60, 80*
外国人株主　*241*
外国人投資家　*8, 108, 111, 118*
会社機関　*78*
会社経営者　*87, 88*
会社構成員法　*153, 154, 163*
会社支配権市場　*152, 153*
会社はだれのもの？　*162*
会社法　*21, 22, 28, 29, 36, 245*
外部取締役　*157, 158*
株式会社　*21-27, 29-31, 35*
株式会社化　*219, 221, 223, 228*
株式会社権力　*152*
株式譲渡制限会社　*22, 29, 30, 57-61*
株式所有構造　*98, 99*
株式持ち合い（株式相互持ち合い）　*7, 9, 31, 32, 66, 99, 101, 103, 104, 108, 110, 122, 159, 160*
株式持ち合い形成の要因　*111*
株主　*21, 25-28, 30, 31, 34*
株主価値　*157*
株主権　*28*
株主権分離設置　*223*
株主権分離設置改革　*230*
株主行動　*113, 115*
株主資本主義　*8, 9, 150*
株主重視　*150, 159, 162*
株主主権　*162*
株主総会　*26-31, 78, 160, 221*
株主第一位　*149, 163*

255

──の規範　145, 147
株主代表訴訟　10, 58, 75, 95
株主提案　65
株主反革命　154
カルテル　174
カルパース　32
監査委員会　51, 74, 75, 79
監査制度　50
監査役　21, 22, 27-29, 34, 50
監査役会　27-29, 177-180, 183
監査役会設置会社　50, 61, 79
監査役設置会社　50, 59, 60, 63, 69, 70, 84, 87
監視義務　81
瞰制高地　232-234
間接金融　159
間接有限責任　26
機械制大工業　24
機関設計　37, 201
機関投資家　32, 66, 68, 91, 113, 115, 154, 157, 160
起業　43
企業形態　175, 176
企業献金　242
企業集団　240
企業組織再編法制　11, 134
企業統治　62, 71, 74
企業の社会的責任（CSR）　33, 89, 94, 151, 156, 245, 246, 252, 253
企業不祥事　244, 246, 248
企業倫理（ビジネス・エシックス）　33, 81
議決権行使行動　120
議決権行使方針・ガイドライン　117, 121
規制緩和　6, 11, 42, 250
擬制資本　227
寄託議決権　185, 188
キャロル, A.　88
共益権　28
共同決定制度　180

共同決定法　183
業務監査　28
金庫株　8
金融化　2
金融自由化　3, 4
金融の証券化　4
グローバリゼーション　2
グローバル資本主義　2
グローバル・スタンダード　145
経営会議　91
経営者革命理論　152, 154
経営者支配　31, 83, 100, 112
経営組織法による共同決定　182
経営統合　12, 131, 135
経済的責任　89
計算書類　37
決算公告　21
公益代表の取締役　158
公開会社　47, 58, 59, 62, 67, 69, 75
公開株式会社（ロシア）　200, 206
公共の利益　147-149
合資会社　20, 21, 26
構造改革　6
公的資金投入　5
合同会社　22, 23, 26, 46, 53
合名会社　18, 20, 21
コーポレート・ガバナンス　34, 62-64, 66, 111, 112, 116, 150-153, 156, 159-162, 203, 208-210, 246
国有株　219, 223, 230
国有企業　193, 194, 196, 206, 217, 219, 221-223, 228-230
国有経済の戦略的調整　232
国有資本経営予算　234
国有法人株　223
国連グローバル・コンパクト　90
個人株主　241
個人企業　17, 18, 20, 23

索引

国家株　*223*
国家コーポレーション　*213, 214*
コンセンサス　*115*
コンプライアンス　*33, 81, 94*
コンメンダ　*19*

さ　行

サーベンス・オクスリー（Sarbanes-Oxley）法　*114, 251*
最低資本金　*39*
財閥　*127*
財務諸表　*104, 106, 107*
三角合併　*8*
産業活力再生特別措置法　*12*
CEO（最高経営責任者）　*91*
CSR　→企業の社会的責任
COO（最高執行責任者）　*91*
G5プラザ合意　*4*
自益権　*28*
時価会計　*7*
事業譲渡　*37*
事業持株会社　*128*
資金調達　*223, 226, 228*
自己資金比率規制　*5*
市場原理主義　*12, 244*
市場による規律　*150, 159*
執行役　*51, 75, 76, 79, 93*
執行役員　*87, 93*
執行役員制　*63, 72-74, 93*
支配　*100, 101, 103-105, 113*
支配株　*206, 210*
支配証券　*223, 224*
資本主義　*218*
指名委員会　*74, 75, 79*
社員　*19, 21-23, 26*
社員総会　*19-22*
社外監査役　*9, 28, 66-68, 79*
社会的規制　*244, 254*

社会貢献的責任　*89*
社会主義　*193, 197, 215, 217, 218, 222, 234*
社会主義市場経済（体制）　*218, 228*
社会的市場経済　*165*
社会的責任　*151, 156*
社会的責任投資（SRI）　*97*
社会的遊休資金　*230*
社外取締役　*10, 51, 66, 71, 74, 76, 93, 94, 96, 114, 122*
ジャンク・ボンド　*152*
シャンシャン総会　*82*
上海証券取引所　*219, 236*
私有化　*219, 222, 223, 230*
受託経営層（取締役会）　*80, 83, 84*
出資者　*17, 18*
出資と経営の制度的分離　*99*
出資持分　*21*
種類株式　*58*
純粋持株会社　*128, 131*
小企業　*195, 196*
上場会社　*149, 240-242*
　中国の――　*218*
少数株主権　*97*
所有と経営の分離　*27, 31, 94, 152, 206, 214*
所有と支配の分離　*31, 94, 152, 154*
新自由主義　*2, 82, 88*
深圳証券取引所　*219*
スコット，J.　*115*
ステークホルダー（利害関係者）　*33, 88, 89, 152-154, 156, 157, 160, 163, 246*
政府資本　*221, 229, 232, 234*
設立手続き　*37*
善管注意義務　*69, 81, 94*
全般経営者　*81, 95*
全般経営層　*83, 84*
専門経営者　*27, 83*
創業者　*227, 230-232*
創業者利得　*231, 233, 236*

257

ソキエタス　*18*
組織変更　*37*

た　行

大会社　*9, 47*
代表執行役　*75, 79, 84, 85, 87*
代表取締役　*21, 27-30, 50, 79, 84, 85, 87, 94*
小さな政府　*6*
忠実義務　*69, 81, 94*
直接有限責任　*21*
TOB　*7*
定款　*22, 23, 26-29, 49*
定款自治　*46*
敵対的企業買収　*152*
独占禁止法　*11, 126, 244, 245*
特別決議　*63, 64*
独立系企業集団　*11*
独立取締役　*96*
特例有限会社　*22*
年金基金　*154*
ドッド, E. M.　*148*
トップマネジメント（最高経営層）　*83*
ドラッカー, P. F.　*88*
取締役　*21, 27-31*
取締役（会）　*78*
取締役会　*22, 27-31, 34, 80, 155-158, 178-180*
取締役会のスリム化　*92, 93*
取引関係　*101, 103, 107, 122*

な　行

内部取締役　*157*
「南海泡沫会社」事件　*146*
日本経団連　*242*
日本証券投資顧問協会　*118, 121*
日本的経営システム　*107*
日本取締役協会　*93*
年金基金　*157, 159, 160*
ノース, D.　*161*

は　行

パートナーシップ　*145, 147, 149*
バーリ, A. A.　*88, 206*
バブル経済　*4, 108*
B株　*224, 225*
PDCA　*90*
非公開会社　*57*
ビジネス・エシックス　→企業倫理
非上場会社　*149*
フォーマル・ルール　*161, 162*
普通決議　*63*
部門管理者　*81, 83*
フライブルク学派　*167*
ブランバーグ, P. I.　*156*
不良債権（問題）　*4, 21*
ブレア, M. M.　*154*
プレミアム　*226, 230, 232, 236*
ブロック株　*206, 209*
米国型会社制度　*241*
閉鎖株式会社　*200, 203, 205*
報酬委員会　*74, 75, 79*
法人　*18, 20, 22, 254*
法人格　*37*
法人制　*249*
法人中心の株式所有　*7*
包装上場　*228*
法的責任　*89*
ホールディング　*210, 214*
香港証券取引所　*219, 224*

ま　行

マニュファクチュア　*24*
マネーサプライ　*171*
ミーンズ, G. C.　*88, 206*
ミュラー＝アルマック, A.　*165*
民営化　*193, 194, 197, 200, 222, 234*
無限責任　*18, 19, 24, 148*

索　引

無限責任社員　*19, 20*
メインバンク　*160, 161*
持株会社解禁　*11*
持株会社　*126*
持分　*19-21, 23*
持分会社　*23, 52*
モンタン共同決定法　*181, 182*

や・ら　行

有限会社　*20-22, 26, 198, 199*
有限責任　*26, 249, 254*

有限責任社員　*19-22, 24, 26*
有限責任制　*146-149, 249*
優先株　*200, 201*
ユニタリー企業　*195, 197-199, 214*
ユニバーサルバンク　*185*
利害関係者　→ステークホルダー
倫理的責任　*89*
累積投票　*202, 206*
レッセフェール　*167*
レッドチップ　*219, 227, 235*
六大企業集団　*11, 136*

執筆者紹介（所属，執筆分担，執筆順，＊は編者）

＊細川　孝（龍谷大学経営学部教授，序章）
芳澤輝泰（近畿大学経営学部准教授，第1章）
小松　章（一橋大学大学院商学研究科教授，第2章）
佐久間信夫（創価大学経営学部教授，第3章）
片岡　進（関西大学商学部准教授，第4章）
瀬川新一（名城大学経営学部准教授，第5章）
安達房子（京都学園大学経営学部准教授，第6章）
今西宏次（同志社大学商学部教授，第7章）
前田　淳（慶應義塾大学商学部教授，第8章）
藤原克美（大阪大学世界言語研究センター准教授，第9章）
中屋信彦（名古屋大学国際経済政策研究センター准教授，第10章）
＊桜井　徹（日本大学商学部教授，終章）

〈編著者紹介〉

細川　孝（ほそかわ　たかし）
　1962年　生まれ
　　　　　立命館大学大学院経営学研究科博士課程後期課程中途退学
　現　在　龍谷大学経営学部教授
　主　著　『現代の大企業』（共著）中央経済社，2003年
　　　　　『CSR経営の理論と実際』（共著）中央経済社，2009年

桜井　徹（さくらい　とおる）
　1950年　生まれ
　　　　　日本大学大学院商学研究科博士後期課程満期退学
　現　在　日本大学商学部教授，博士（商学，日本大学）
　主　著　『ドイツ統一と公企業の民営化──国鉄改革の日独比較』同文舘，1996年
　　　　　「郵便事業自由化と社会的規制──ドイツにおける最低賃金導入問題を中心に」
　　　　　『立命館経営学』第46巻第6号，2008年3月

現代社会を読む経営学④
転換期の株式会社
──拡大する影響力と改革課題──

2009年8月20日　初版第1刷発行　　　　　　　　　検印廃止

定価はカバーに
表示しています

編著者　細川　　孝
　　　　桜井　　徹
発行者　杉田　啓三
印刷者　藤森　英夫

発行所　株式会社　ミネルヴァ書房
607-8494　京都市山科区日ノ岡堤谷町1
電話代表（075）581-5191番
振替口座　01020-0-8076番

ⓒ細川・桜井ほか，2009　　　　　　亜細亜印刷・藤沢製本

ISBN978-4-623-05489-3
Printed in Japan

現代社会を読む経営学

全15巻
（Ａ５判・上製・各巻平均250頁）

① 「社会と企業」の経営学　　　　　　　　國島弘行・重本直利・山崎敏夫 編著
② グローバリゼーションと経営学　　　　　赤羽新太郎・夏目啓二・日髙克平 編著
③ 人間らしい「働き方」・「働かせ方」　　　黒田兼一・守屋貴司・今村寛治 編著
④ 転換期の株式会社　　　　　　　　　　　　　　　　細川　孝・桜井　徹 編著
⑤ コーポレート・ガバナンスと経営学　　　　　　　海道ノブチカ・風間信隆 編著
⑥ CSR と経営学　　　　　　　　　　　　　　　　　　小阪隆秀・百田義治 編著
⑦ ワーク・ライフ・バランスと経営学　　　遠藤雄二・平澤克彦・清山　玲 編著
⑧ 日本のものづくりと経営学　　　　　　　　　　　鈴木良始・那須野公人 編著
⑨ 世界競争と流通・マーケティング　　　　　　　齋藤雅通・佐久間英俊 編著
⑩ NPO と社会的企業の経営学　　　　　　　　　　　馬頭忠治・藤原隆信 編著
⑪ 地域振興と中小企業　　　　　　　　　　　　　　　吉田敬一・井内尚樹 編著
⑫ 東アジアの企業経営　　　　　　　　　　　　　　　中川涼司・髙久保 豊 編著
⑬ アメリカの経営・日本の経営　　　　　　伊藤健市・中川誠士・堀　龍二 編著
⑭ サステナビリティと経営学　　　　　　　　　　　　足立辰雄・所　伸之 編著
⑮ 市場経済の多様化と経営学　　　　　　　溝端佐登史・小西　豊・出見世信之 編著

──── ミネルヴァ書房 ────

http://www.minervashobo.co.jp/